教育部新农科研究与改革实践项目
贵州省农业经济管理创新团队项目

以知塑型 以德铸魂

新时代人才培养研究

洪名勇 等著

Yizhi Suxing Yide Zhuhun

Xinshidai Rencai Peiyang Yanjiu

中国社会科学出版社

图书在版编目（CIP）数据

以知塑型　以德铸魂：新时代人才培养研究/洪名勇等著. —北京：中国社会科学出版社，2023.5
ISBN 978-7-5227-1384-7

Ⅰ.①以… Ⅱ.①洪… Ⅲ.①高等学校—人才培养—研究—中国　Ⅳ.①G649.2

中国国家版本馆 CIP 数据核字（2023）第 026143 号

出 版 人	赵剑英
责任编辑	戴玉龙
责任校对	周晓东
责任印制	王　超
出　　版	中国社会科学出版社
社　　址	北京鼓楼西大街甲 158 号
邮　　编	100720
网　　址	http://www.csspw.cn
发 行 部	010-84083685
门 市 部	010-84029450
经　　销	新华书店及其他书店
印　　刷	北京明恒达印务有限公司
装　　订	廊坊市广阳区广增装订厂
版　　次	2023 年 5 月第 1 版
印　　次	2023 年 5 月第 1 次印刷
开　　本	710×1000　1/16
印　　张	18
字　　数	249 千字
定　　价	128.00 元

凡购买中国社会科学出版社图书，如有质量问题请与本社营销中心联系调换
电话：010-84083683
版权所有　侵权必究

目 录

第一章 绪论 … 1
- 第一节 以知塑型：提升创新素养 … 1
- 第二节 以德铸魂：培育高尚道德 … 8
- 第三节 智育德育相生共融才能良性发展 … 11

第二章 以知塑型、以德铸魂：理论框架 … 13
- 第一节 德才关系历史审视与当今选择 … 13
- 第二节 高校创新型人才培养理论规划 … 20
- 第三节 高校高尚品德人才培养理论规划 … 30
- 第四节 以知塑型、以德铸魂 … 34

第三章 智育德育视角下高校人才培养调查研究设计 … 37
- 第一节 研究内容与目的 … 37
- 第二节 研究方法 … 49
- 第三节 研究挑战与创新 … 51
- 第四节 调查问卷设计及内容 … 53

第四章 基于以知塑型的创新人才培养研究 … 81
- 第一节 知识是什么 … 81
- 第二节 知识教育及其价值 … 91
- 第三节 实践教育及关系探讨 … 106

第四节　基于以知塑型的创新人才培养关键影响因素
　　　　　研究……………………………………………………… 114

第五章　高校人才培养研究
——以德铸魂（师生维度）………………………… 135

第一节　相关概念界定 ……………………………………… 135
第二节　德育教育理论 ……………………………………… 136
第三节　德育实践研究 ……………………………………… 147
第四节　高校人才培养中德育教育分析 …………………… 159

第六章　智育德育视角下高校人才培养优秀经验及成效 ………… 184

第一节　智育德育视角下高校人才培养成效 ……………… 184
第二节　智育德育视角下高校人才培养基本经验 ………… 196

第七章　智育德育视角下高校人才培养存在的问题及
　　　　　对策建议 ……………………………………………… 225

第一节　智育中存在的问题 ………………………………… 225
第二节　德育中存在的问题 ………………………………… 234
第三节　提高高校人才智育水平的对策建议 ……………… 242
第四节　提高高校人才德育水平的对策建议 ……………… 257

参考文献 ………………………………………………………… 269

后　　记 ………………………………………………………… 282

第一章 绪论

百年大计,教育优先。教育是国之大计、党之大计。党的十八大以来,以习近平为核心的党中央高度重视教育工作,召开了全国性教育大会。印发下达《中国教育现代化 2035》,持续强化对各级各类学校智育德育工作,推动教育综合性变革。为此,新时代背景下高等教育工作在提高学生创新能力智育教育的基础上,应加强对学生德育的重视程度,促使学生培养践行以知塑型、以德铸魂。

第一节 以知塑型:提升创新素养

立足于国际环境视野分析,中国高校智育教育发展方式由"封闭守旧,外部依赖式"向"开放适应,自我发展式"转变。此外,基于中国高校自身数量与质量关系的视角分析,中国高校智育教育发展方式由"扩张规模,外延增长式"向"提高质量,内涵建设式"转变。①

众所周知,创新是一个国家或地区的核心竞争力。党的十六大报告指出,"创新是一个民族进步的灵魂,是一个国家兴旺发达的

---

① 梁平:《德法兼修:新时代卓越法治人才培养的实践进路探索》,《河北法学》2021 年第 3 期。

不竭动力"。① 党的十七大报告指出，"自主创新能力、建设创新型国家是国家发展战略的核心，是提高综合国力的关键"。② 党的十八大报告进一步指出，"实施创新驱动发展战略，科技创新是提高社会生产力和综合国力的战略支撑，要提高原始创新、集成创新和引进消化吸收再创新能力，更加注重协同创新"。③ 党的十九大报告强调，"创新是引领发展的第一动力，是建设现代化经济体系的战略支撑"。④ 可见，从党的十六大至党的二十大，创新的重要性越发重要，尤其是中国经济步入新常态，要求提升发展质量，追求"中高速"经济增长，不再以常规性要素驱动，而是实施"创新驱动发展战略"，大众创业、万众创新已成为时代的主流。与此同时，国家顶层设计十分重视创新能力的培养。不过，高校智育教育如何破除僵化的体制性教育方式，提升学生的创新能力，还需要高校、教师与学生"三位一体"共同发力，满足国家对创新人才的新需求。

一 高校要构建以学生发展为中心的创新模式

（一）构建以学生发展为中心的创新基础环境

学生创新能力与素养的培育是一个系统性工程，不仅需要以学生发展为中心创新理念的指引，还需要构建创新的基础环境、实施平台和保障机制。一个优良的创新基础环境是培养学生创新能力的基本要求。当然，创新基础环境应包括：一是学科专业建设角度，应有明确的创新型人才培养方案；二是课程设置角度，应有"专创融合"的课程体系；三是实践教学角度，应有与创新实践相配套的基础实验平台；四是师资角度，应有符合创新教育的"双师双能

---

① 江泽民：《全面建设小康社会，开创中国特色社会主义事业新局面》，https://www.mfa.gov.cn/ce/como/chn/sawj/tpyjh/szyw/t10855.htm，2022年7月15日。
② 胡锦涛：《高举中国特色社会主义伟大旗帜　为夺取全面建设小康社会新胜利而奋斗》，https://www.doc88.com/p-0199784058314.html?r=1，2022年7月15日。
③ 胡锦涛：《坚定不移沿着中国特色社会主义道路前进　为全面建成小康社会而奋斗》，http://www.doc88.com/p-6671146576747.html，2022年7月15日。
④ 习近平：《决胜全面建成小康社会　夺取新时代中国特色社会主义伟大胜利》，http://www.gov.cn/zhuanti/2017-10/27/content_5234876.htm，2022年7月15日。

型"专任师资队伍；五是管理体制角度，加大创新能力培育专项资金的投入，持续强化创新创业学院和创新创业中心综合力量。

（二）构建以学生发展为中心的创新实践平台

创新实践平台的构建应该具备整体性与前瞻性，既需要依靠创新创业园、创客空间等专业性平台，又要依靠学校实验室、科研基地等基础性平台，构成一个整体的、前瞻性的创新素养培育的平台，[1] 不断满足学生学习和发展不同阶段的新需求。当然，层次化的创新实践平台需要有效利用校内外资源，建设基础夯实的认知教学平台。[2] 此外，伴随数字化的飞跃发展，基于"互联网+"为代表的创新创业理念构建的网络仿真创新实践平台，能够有效扩展学生创新能力提升的时间和空间。其在空间上具备虚拟性，时间上具备机动性，打破了传统创新实践平台对教学时间、物理空间的桎梏。不仅能够从移动端等随时随地获取相关资源从事一系列虚拟仿真的创新实践活动，数字化的创新实践平台能够有效推动创新教育的多层次发展。[3]

（三）构建以学生发展为中心的校企合作协同创新长效机制

在"创新驱动发展战略"和"地方普通本科高校向应用型转变"的大政方针下，为迎合国家高新产业发展需求、结合学校与学生发展要求，校企合作、产教融合逐渐成为学生"创新+应用"能力培养的最基础模式。[4] 较为传统的校企合作模式主要包含以高校为管理核心的产业园、创新实验室，以企业为管理核心的校外实习、实训基地等方式。不过，以学生发展为中心的校企合作，相关

---

[1] 王忠良、张瑞丽、沈晓敏、刘梅榕、夏雨天：《"互联网+"背景下大学生创新创业实践平台建设面临的几个问题》，《教育教学论坛》2019年第47期。
[2] 傅丽容、王锐萍、汪继超、关亚丽、梁伟：《"三平台、三阶段、三层次"实验教学体系的构建与成效》，《海南师范大学学报（自然科学版）》2019年第4期。
[3] 郑直：《应用型本科院校学生创新能力培养的内涵与路径》，《社会科学家》2016年第12期。
[4] 黄文、李文：《以学生发展为中心的学生创新能力培养模式》，《大学教育》2021年第7期。

企业要全方位参与学校专业规划、教材开发、教学设计、课程设置、实习实训等有关环节，并且确定学生是行为的第一主体，协同创新活动的第一目标是培养应用型、创新型人才。为此，只有构建系统化、层次化、网络化的人才培养体系，才能够适应不同学生在不同学习阶段的需求。因而需要将人才培养成效作为校企合作的第一评判标准，构建校企合作协同创新的长效机制。①

（四）构建以学生发展为中心的创新教育评价与保障体系

从创新创业理念、培养目标、课程体系、师资团队、效果反馈等多个维度对高校创新创业教育展开全方位的评价。不过，从评价的主要内容能够得出，当前创新教育的评价体系存在不明确的评价目标、评价主体和评价时间这三个"不明确"问题。② 当然，造成这三个"不明确"问题的原因只有一个：没有构建以学生发展为中心的评价体系。创新教育基础环境、实践平台、校企合作机制都是以学生发展为中心的创新教育的保障条件，一同组建了创新教育保障体系，要有别于"大众创业、万众创新"的普惠政策，必须要专门针对学生，资金使用主要分配在学生上，并且也要服务于学生创新创业。

（五）构建以学生发展为中心的"专创融合"的创新性人才培养体系

构建"专创融合"的创新能力人才培养体系是一个新的系统工程，既要有优良的创新基础环境、稳定的创新实践平台和健全的校企合作长效机制，又要有创新创业保障体系，即各级政府的政策支持，学校的场地支持，校企合作师资、平台、项目以及资金支持。显然，这是一个多方协同体系，协同的多方必须要有一致的理念、价值取向与利益诉求，是以学生发展为中心的创新能力人才的培养

---

① 郑直：《应用型本科院校学生创新能力培养的内涵与路径》，《社会科学家》2016年第12期。

② 黄文、李文：《以学生发展为中心的学生创新能力培养模式》，《大学教育》2021年第7期。

目标。为此，建构创新能力人才培养体系，以学生发展为理念，以专业和创新教育相互融合为抓手重新建构新的教学体系，才会真正保证创新教育的广度、深度、质量、效果和长效性。

二 教师要发挥学生创新能力的引路人作用

（一）提升教师的职责意识

创新能力人才的培养不仅需要教师热爱从事的教育事业，而且要具备良好的敬业与奉献精神。为此，教师要懂得教育的规律，利用现代教育方法与手段激发学生的心智，提升学生的创造性，把提升学生的创新能力作为教育的终极目标。同时，教师要充满危机意识，不断加强培训、进修和自修，使每位教师在各自的岗位上充实自己，做到有创新与奉献的精神。

（二）注重教师在课堂中应发挥的作用

首先，教师是教学活动的"设计者"。教师依据教学大纲与教学计划，结合所擅长之处，确定教学进度与内容。并且要懂得全方位建构知识框架，对零散的知识点适当地整合。其次，教师是教学过程的"组织者"。教学过程中既包括整个教学过程的组织，也包括某一教学环节的组织。[1] 教师事先需要对教学环节可能出现的突发情况预先设想多种方案，以便灵活应对。再次，教师是教学环节的"启发者"。教师需要依据教学内容，通过设置不同情境，引领学生自己发现问题、思考问题以及解决问题。[2] 最后，教师作为启发者，根据不同方式来提升学生的思维质量。教师需要培养学生不信奉权威，勇于打破常规和提出自己的独有新观点，以提高学生的创新能力。教师是教学过程的"激励者"。激励既可以是物质的，也可以是精神的。课堂以及实践教学过程中，教师适当的激励往往会收到令人意想不到的效果。

---

[1] 钟柏昌、刘晓凡：《创新能力培养的学理机制与4C教学模式建构》，《现代远程教育研究》2021年第4期。

[2] 丁志光：《走出课堂教学改革的认识"误区"》，《中国教师》2004年第8期。

（三）改革教师的实践教学方式

实践教学中应采取以教师为主导，以学生为主体的教学模式，注重理解问题与解决问题的能力。假如是验证型的实践教学方式，教师会向学生提出实践要求，学生应依据实践原理独立思考，制定相关的实践步骤，并且在规定的时间内完成实践。针对综合类和设计类实践，宜采用半开放实践的形式，在一定时段内，系统组织学生进行实践，激励学生提出一些设想，利用实验仪器进行深入实践研究。总而言之，应该充分利用现有的实践条件，以教师为主导，因材施教，针对不同层次、不同兴趣爱好的学生提供不同的实践机会，并给予他们自主选择权去参加综合性实践或科研性实践，进而不断培养他们的创新精神与创新能力。①

三 学生要修炼自身创新的内力

习近平总书记在党的十九大报告中强调，"青年兴则国家兴，青年强则国家强。青年一代有理想、有本领、有担当，国家就有前途，民族就有希望。中国梦是历史的、现实的，也是未来的；是我们这一代的，更是青年一代的。中华民族伟大复兴的中国梦终将在一代代青年的接力奋斗中变为现实"。② 因此，高校青年学子要牢记总书记嘱托，修炼自身内力，提升创新能力。

（一）创新精神和创新意识的培养

学生要不断促使自己接触到更多的前沿科学技术知识的机会，从而寻求自我创新能力的提升，激发出自我兴趣和创新欲望。学生不仅能够以优秀典型为学习榜样，构建自我的精神支撑；而且可以参加各式各样的竞赛活动，去发现一些新问题；同时应该多和老师、同学在一起参加讨论、辩论和争论，互相交流、提出疑问、畅

---

① 胡金敏、谢双维：《论学生创新能力培养中教师的主导作用》，《继续教育研究》2011年第3期。

② 习近平：《决胜全面建成小康社会 夺取新时代中国特色社会主义伟大胜利》，http：//www.gov.cn/zhuanti/2017-10/27/content_ 5234876.htm，2022年7月15日。

谈见解、激发兴趣与探索精神，进而夯实自我分析和解决问题的素养。[①] 增强自我创新能力的方式有很多，在学校里认真学习好每一门专业课程，打好知识体系、理论基础、技能基础为起点，充分利用假期时间参与社会调查和实践，提升自我社会实践能力，进而扩展实践视野。当然，面对竞争加剧的现实社会，要认清自我，变革学习方式，积极主动地接受新知识，做到理论联系实际，所学的知识不仅局限于学校与课本的范围内。我们要打开眼界，虚怀若谷地学习有关的先进技术和知识，并且结合自身实际，因人而异培养自我的创新能力和素养。

（二）创新人格和创新能力的培养

创新能力具体是指利用现成的知识体系，研究新问题时，充分发挥自我想象力，大胆地去质疑和进行假设，以合适的新方法分析与解决问题。[②] 不过，创新人格具体是指当代学生要拥有胸怀天下的责任感、具备独立生存的自信心、不屈不挠的进取心来适应与社会发展与创新的需要。因而要把创新人格和创新能力当作学生的核心竞争力进行培养，这将持续影响其后续的竞争以及持续竞争能力。众所周知，学生作为一个特殊的群体，拥有强烈的求知欲，易于接纳新鲜的事物，具有极强的可塑性。当然，新时期培养学生的创新人格和创新能力的关键就是持续地学习。[③] 不仅需要发挥老师培养创新人格的作用，而且要利用好社会实践培养创新能力。拥有创新人格和创新能力的社会才能够有利于人类永续生存，成为中华民族的伟大复兴和现代化建设的垫脚石。

[①] 蔡建培、陈桂芬、刘国宁：《依托科研办学　探索高校培养高素质人才的教育模式》，《黑龙江高教研究》2006年第1期。

[②] 崔喜艳、宋惠、姜秀云：《建设优良学风，做合格大学生》，《高教研究》2009年第2期。

[③] 蔡建培、姚玉霞、刘晓彦：《大学生创新能力自我培养的研究与探讨》，《吉林师范大学学报》2010年第1期。

（三）通过科研等学术活动进行综合能力培养①

培养学生自我怀疑的科学精神、科学道德和综合能力，最终目的就是让学生积极参加科研与科技活动。富有开拓创新能力的学生，仅凭教师的传授解惑是远远不够的，更需要自我努力、自我培养。此外，充分认清自我的优势与劣势，充分发挥出自我存在明显优势的领域，并且逐渐建立起自己的优势，我们会慢慢拥有自己应有独特的见解，会带来自信心和自豪感。此时，我们质疑的胆子就会越发大起来，进而出现才思泉涌的现象。尽管学生主持的科研项目极其不容易，但是学生理应争取立项的机会，从而锻炼自己的综合素质，不断挖掘出自己真正的兴趣与爱好，并且一定要形成对事物的一整套独特的见解。与此同时，要利用一切机会和可利用的条件，进行调查、走访和讨论。② 此外，依据科学性、实用性和适应性的原则，在实践课题中遇到困难要及时找相关领域的专家学者进行请教，争取在实践中寻求构建科学的分析方法和解决问题思维的策略。

第二节 以德铸魂：培育高尚道德

"道德存在的根本意义就体现在一种对人际关系的协调上，特别是在对权力制约之外的人与人之间的关系。在这个不依靠法律来维持秩序的领域里，道德成为评价人们行为是否恰当的一个重要标准。其实，人类对道德的需要如同对营养的需要一样。只是我们往往意识不到。"③ 高校不仅要培养学生的创新素养，而且要强化学生

---

① 胡金敏、谢双维、丁振军：《工程光学教学中培养学生创新能力模式探析》，《中国成人教育》2010 年第 2 期。

② 蔡冬、闫雪：《新形势下高校大学生创新能力培养的研究》，《当代职业教育探索》2009 年第 1 期。

③ 赵振洲：《现代西方道德教育的策略研究》，山东人民出版社 2010 年版，第 2 页。

道德的培育。不过,学生思想道德的形成,一方面通过一定程度的硬性教育和强化教育完成;另一方面需要加强世界观、人生观、社会观、价值观、是非观等的形成,实质是学生在教师的引导启发下,开动脑筋,循序渐进形成的结果。①

一 德育是一种特殊活动,具有独特的作用和地位

人的思想道德是非智力因素的构成部分。当然,在人类的进化过程中,非智力因素发挥着不可磨灭的作用。当一个人拥有优良的品德、强烈的责任感、坚韧的毅力、远大的理想抱负,就会去自我努力学习,从而攀登知识的殿堂。德育的内容是丰富多彩的,目的是要引导学生树立起正确的人生观、价值观、世界观,不断提升学生认识世界并改造世界的能力。然而,德育对学生的影响是一项长期的、反复的、潜移默化的过程。教师要对学生进行思想启迪、教化,使其拥有高尚的道德。当然,应充分发挥德育的独特作用,不断把学生培养成为有良好的道德品质,有团结协作的精神,有对人类神圣的责任感等品格的社会群体。总而言之,应着重培养学生的意志力、进取心、自信心等的能力,从而提升学生的思想道德品质。

二 德育工作重在落实

重视德育在学生教育中发挥的功效,不是把德育孤立开来,高校德育坚决不能脱离社会实践活动,也不能隔断和其他高校的合作。德育落实到位,应考虑高校的实际情况,构建一套完整且系统的工作运行机制。

(一)设立专门的德育工作机构

高校德育要有专门的领导小组做好顶层设计工作。适当制定德育的目标、规则、制度,并且要落实教育内容、时间和活动经费,尤其是保证德育的科研经费到位,从而保证德育的顺利开展。此外,要设立德育的专门机构,负责协调与上传下达,督促德育落实

---

① 徐爱瑛:《德育与智育的关系探微》,《现代教育》2015年第Z2期。

和开展。积极组织专业人员研判德育中出现的新问题,并提出解决问题具体建议。

（二）建立专门的德育师资队伍

伴随经济与科技的飞跃式发展,迫切需要重视德育的师资队伍建设。为此,各个高校要结合自身的实际情况,遵照学校的规模、设置的课程,系统科学配备德育的师资力量。并且不断强化对德育师资队伍的管理和培训,进而提升教师的高度责任心、过硬的德育理论水平和工作能力。总而言之,德育的高校专任教师,要拥有过硬的综合素质、思想作风、工作作风、组织纪律等。

（三）拓宽德育形式

高校的德育,主要包含课堂和课外德育。课堂和课外德育,都应积极拓宽德育形式,寻找适应德育的有效载体。课堂是德育的主阵地,因而要注重以理论传输为主,通过德育理论的灌输,不断提升学生的认识能力和思想境界。[1] 与此同时,要切实重视实践教育,给学生营造一个优良的环境,激励学生多多参与社会实践活动。

（四）建立德育考核制度

建立完善的德育考核制度,是德育实施的重要保证。要做到对学生的整个德育学习情况、道德教育情况进行全面记录、分类、存档。既包括对学生入学后开展的思想、道德教育的内容,开展德育活动的次数,又包括学生的思想道德现状、改变过程等情况,需要加以详细的记载和评估。

（五）建立失德惩罚机制

道德评判体系不具备法律条文那样明显的界限,但是其具有明确的美丑善恶的评价标准。学生要在学习、工作、生活中坚持文明相处、团结友爱、相互激励的行为习惯。对出现的不文明、不道德的行为,不要听之任之,坚决对不道德的行为予以制止。此外,高校要针对自身的实际情况,把不符合道德的行为公之于众,并形成

---

[1] 李炳慧：《略谈高校德育质量观》,《学理论》2011 年第 30 期。

条文加以制度化。更为重要的是对不道德的行为要使之受到舆论的谴责与惩罚,使其退守道德底线。①

第三节 智育德育相生共融才能良性发展

一 智育德育相生共融的重要性

"智"是由"懂"到"会","德"是由"会"到"融"。德育能够把自立意识、自我约束、自我评价、自我剖析等能力灌输至学生内心之中,有利于推动智育的发展。"智"是学生对客观世界规律性的认识,是学生运用相关的手段和方法,提升观察力、记忆力、思维力、想象力等能力。智育表现为学生对现实问题的发现、分析、解决的过程,是一种直线型的心理变动过程。不过,德育中的"智"是学生在对社会价值观、人生观、伦理观、道德准则的理解与掌握的前提下判断、评价社会问题的是与非、善与恶的素养,是其观察力、记忆力、思维力、想象力等能力在生活中的具体化。②德育以道德思维为主,不是从已知到运用的直线式的过程,是一种波浪式、螺旋式的发展过程。只不过这一过程是长期的、不间断的反复教育以及多次实践相长的过程。

二 推动智育德育相生共融良性发展

推动智育德育相生共融良性发展应该从理论上认识"智育"和"德育"相辅相成的关系。在德育中应按德育的"规律"去实施教育,不偏重于大道理。聚焦于培养学生一般的道德品质,为国家现代化建设输送品德高尚的合格人才。此外,"智育"和"德育"结合起来,应该遵照循序渐进的德育原则。学生德育教育中,需要用崇高的理想信念、高尚的道德情操激励学生,促使其树立起共产主

---

① 陈向东:《论高校"德育为先"的观念培养和制度构建》,《广西警官高等专科学校学报》2011 年第 6 期。
② 徐爱瑛:《德育与智育的关系探微》,《现代教育》2015 年第 Z2 期。

义远大理想。如果一个学生拥有高尚的道德和远大的追求,其会在一定程度上弥补"智"的不足。反之,拥有高智力的学生,在"德"方面没有受到良好的熏陶,其"智"有可能会走向邪路,这是被无数实践证明的一个不变的真理。为此,学生应把"德"和"智"结合起来,使其在准确掌握思想道德准则与规范时,学会系统思考和明辨问题,推动"智"的发展。只有这样做,学生才能拥有开拓的"创造性思维"和娴熟的"动手能力",促使学生成为有能力、有品德的德才兼备的新时代的国家栋梁人才。

第二章 以知塑型、以德铸魂：理论框架

由于中国高等教育体制上存在"两张皮"问题，致使全面贯彻党的教育方针，抓好全面素质教育这项工作很难落实。因此，需要建立和完善在党委统一领导下，校长以及行政系统为主体的德育智育管理新体制。与此同时，要大力发挥教师的作用，使其成为学生的良师益友，当好学生健康成长的指导者和引路人，用自身的好思想、好道德、好作风为学生树立学习的榜样。只有这样，高等教育才能够自觉履行智育德育工作职责，提供强有力的制度和措施约束，使学校智育德育工作任务得以明确、规范。

第一节 德才关系历史审视与当今选择

一 德才关系历史审视

人才选拔中关于德才关系的认知，从古至今一直没有标准。不同时代的不同发展阶段，人们对德才分量、尺度、顺序的把握都有着不同的对待方式。系统梳理出中国历史上德才关系结构的演进变化与"排列组合"，为更好地以史鉴今、以史资政，在全面深化改革的新的历史时期实现德才观上的与时俱进，具有重要的现实意义。[1]

（一）重才轻德的唯才论

能力出众，品德极差，即有才无德，是重财轻德的唯才论理念

---

[1] 许晓桃：《德才关系的历史审视与现实意义》，《中共中央党校学报》2014年第3期。

下培养出的一种人才类型。纵观中国历史，可以发现，在社会剧烈动荡、新旧王朝交替的时代的特定时期，统治者往往会突破甚至颠覆传统的选拔用人观念，把"唯才是举"作为核心的用人取向。

始于春秋，各诸侯为了完成霸业，纷纷争抢天下英才，"入楚楚重，出齐齐轻"[①]可谓是当时最真实的写照。名门望族竭尽全力招揽门客，由此视为一股不可忽视的力量。楚汉争雄时，刘邦因为广纳天下人才，大败强秦，并且一统天下。

三国纷争时期，曹操是第一个明确提出"唯才是举"的政治人物。曹操从一个地方势力逐渐发展强大，并且最终打败袁绍等强大的割据势力，成功的根源固然众多，而最为重要的是其大力推行"唯才是举"的选人用人标准。210年，曹操首次发布具有划时代意义的《求贤令》，"自古受命及中兴之君，曷尝不得贤人君子与之共治天下者乎？及其得贤也，曾不出闾巷，岂幸相遇哉？上之人求取之耳。今天下尚未定，此特求贤之急时也。'孟公绰为赵、魏老则优，不可以为滕、薛大夫'。若必廉士而后可用，则齐桓其何以霸世！今天下得无有被褐怀玉而钓于渭滨者乎？又得无有盗嫂受金而未遇无知者乎？二三子其佐我明扬仄陋，唯才是举，吾得而用之"。[②] 214年，曹操又发布《举士令》，"夫有行之士，未必能进取，进取之士，未必能有行也。陈平岂笃行，苏秦岂守信邪？而陈平定汉业，苏秦济弱燕。由此言之，士有偏短，庸可废乎！有司明思此义，则士无遗滞，官无废业矣"。[③] 显然是对《求贤令》选人用人标准的进一步提升。217年，曹操颁布了《举贤勿拘品行令》，"昔伊挚、傅说出于贱人，管仲，桓公贼也，皆用之以兴。萧何、曹参，县吏也；韩信、陈平负污辱之名，有见笑之耻，卒能成就王业，声著千载。吴起贪将，杀妻自信，散金求官，母死不归，然在魏，秦人不敢东向，在楚则三晋不敢南谋。今天下得有至德之人放

[①] 王充：《论衡·效力篇》（第十三卷），岳麓书社2006年版，第69页。
[②] 陈寿：《三国志》，中华书局2005年版，第13页。
[③] 陈寿：《三国志》，中华书局2005年版，第18页。

在民间，及果勇不顾，临敌力战，若文俗之吏，高才异质，或堪为将守；负污辱之名，见笑之行，或不仁不孝而有治国用兵之术。其各举所知，无有所遗"。[①] 曹操希望大家能够各举所知，勿有所遗。极力提倡"唯才是举"，促使曹操的身边英才荟萃，为曹操南征北战和一统天下发挥了不可磨灭的作用。当然，曹操不将人才的道德标准作为选人用人与否的衡量根据，是对古往今来选人用人传统的一次完全颠覆。

（二）重德轻才的唯德伦

1. 传统的儒家思想看重德行胜于才干

孔子强调治理天下者要"正"，"为政以德，譬如北辰，居其所而众星拱之"。[②] 孔子主张以德取人，应该让有品德的人治理国家。孔子曾说，"如有周公之才之美，使骄且吝，其余不足观也已"。[③] 此外，当孔子的学生冉求助力富人季氏搜刮民脂民膏时，孔子十分反感地说，"非吾徒也，小子鸣鼓而攻之可也！"[④] 尽管冉求具备优秀的才能，但是德行不好，孔子不仅公开不承认其是自己学生，而且明确其他学生要声讨冉求。孟子则传承了孔子的"重德"观念，提出"贤者在位，能者在职"[⑤]。孟子指出，只助力国君开疆扩土，那就是为虎作伥，应该号召用仁德让统治者走上正道。孟子认为，让"好善"的人执掌大权，国家才会得到永续发展。

2. 重德轻才思想到汉代以后有进一步发展

汉代把举"孝廉"作为选才用人的重要标准，不孝顺廉洁的人一般是不能够做官的，因而其成为汉代入仕的最为重要途径。汉代思想家都赞成有德无才的人得到重用，但是有才无德的人不应该重用，甚至强调无德无才的人比无德有才的人好很多，危险性小一

---

① 陈寿：《三国志》，中华书局2005年版，第22页。
② 孔丘：《论语》，中华书局2006年版，第1页。
③ 孔丘：《论语》，中华书局2006年版，第4页。
④ 孔丘：《论语》，中华书局2006年版，第7页。
⑤ 孟轲：《孟子》，吉林人民出版社2007年版，第6页。

些。翼奉曾说，"人诚向正，虽愚为用；若乃怀邪，知益为害"。[①]其认为正直诚信的人虽然智力稍微差一点，仍旧可以为国家所用；但是心术不正，其智力只能为国家带来危害性，这样的人是绝对不能够任用的。翟方进认为，没有优良品德的人是没有用处的，尽管才华出众，终会是国家的祸根隐患。"不仁之人，亡所施用；不仁而多材，国之患也。"[②]诸葛亮在《出师表》中曾讲道，"亲贤臣，远小人，此先汉所以兴隆也；亲小人，远贤臣，此后汉所以倾颓也"，同样表明高尚品德的重要性。

3. 重德轻才的思想影响深远

隋朝王通则认为违背仁义道德的人，会"为贼""为乱"，是一个国家祸患的最大根源。宋明时代，理学家与心学家都十分强调重德轻才的重要性。朱熹认为要"讲明义理，以修其身"。明确做好学问就是为了修身，不断提高人的文化修养与道德水准。王阳明认为教育就是促使人们"渐于礼义""入于中和"，就是通过教育让人养成崇高的道德品质，升华其思想境界。宋儒延续了孔子在《大学》中的"格物、致知、正心、诚意、修身、齐家、治国、平天下"思想并进行条理化，强调"八条目"，主要讲的是人心性修养事情。

重德轻才，尽管要求要重视道德，但是过于轻才是不可取的。重德如果进入一个极端，可能会导致有才会损害道德的扭曲价值观，亦就失去其应有的分量，甚至被人们所忽视。以往一直在讲"女子无才便是德"，弦外之音就是男子应该具备才能。这也是在相当长时期内许多人竟然愿意以"文盲""大老粗"自称，不但不感觉到羞耻，反而认为是荣耀，实质上就是"无才便是德"观念在现实生活中的一种畸形反映。

乱世重才，治世重德，体现了不同时期的不同用人策略。尽管

---

① 班固：《汉书》，中华书局2005年版，第391页。
② 班固：《汉书》，中华书局2005年版，第432页。

重视道德是古代选人用人的一条基本准则，不过在治世和乱世，对于用什么样的人，还是存在差异与侧重的。开疆拓土等需要才能，但励精图治、治理江山，需要的是"德"。针对这个问题，魏征认为，"天下未定，则专取其才，不考其行；丧乱既平，则非才行兼备不可"。① 因此，在王朝稳定时期，尤其需要崇高道德的人来治理国家，这样才能够政通人和；在改革的关键时期，特别需要有才能的人，当然这是人类社会发展的客观规律所决定的。

（三）求全责备的无才论

金无足赤、人无完人，每个人的德与才都是不完美的。何况用人标准不同，对德才的要求自然而然就存在着不同，因此，需要选人用人者依据要求确立不同目标，确立合适的德才标准，即德才兼备选人用人原则的相对性。事实上不要求求全责备，是中国古代统治者选人用人的一大共同点。开明的君主都能够深刻意识到，一个人不可能完美无缺、全德全才，德才完美的人实质上在这个世界上是不存在。因而古代中国统治者在选人用人时，时常是不拘泥小节，而是随器授任。

汉高祖刘邦是知人善任的高手，曾说过，"夫运筹策帷帐之中，决胜于千里之外，吾不如子房；镇国家，抚百姓，给馈饷，不绝粮道，吾不如萧何；连百万之军，战必胜，攻必取，吾不如韩信。此三者，皆人杰也，吾能用之，此吾所以取天下也。项羽有一范增而不能用，此其所以为我所擒也"。② 刘邦之所以能够成功，是因为有张良这样的战略人才，有萧何这样的理国之才，有韩信这样的征战大将。

辩证来看，垃圾就是放错了位置的资源。实践表明，才贵适用、实用、使用。我们需要做到"大才大用""小才小用""无才不用"，切忌大才小用的"屈才"、小才大用的"宠才"，避免此才彼

---

① 司马光：《资治通鉴》，上海古籍出版社2003年版，第1347页。
② 司马迁：《史记》，中华书局2006年版，第37页。

用的"误才",熟视无睹的"弃才"。应该从求全责备的无才论中跳跃出来,发现人才并重用人才。不同层次的人才都有各自的用场,各式各样的人才既需要有相通的德才标准,又囿于工作性质、职责权限等的差异。因此,我们对待人才培育不应该一味地求全责备。

(四)德才兼备、以德为先的择优论

宋代政治家与史学家司马光不仅正本清源,并且第一次厘清了才、德、贤三者的关系,其通过历史案例,提出了自己对于德才关系上一整套鲜明的主张。他认为,才是德的依靠与基础,德是才的统率和核心。进一步指出,应该要用才资德、用德润才。与此同时,要依据先天禀赋与后天努力,把人才分为德才兼备的圣人、无德无才的愚人、德胜于才的君子和才胜于德的小人,为此,深刻探究了选人用人失误带来的各式各样的危害,提出以上四种人在任用中的先后顺序,从而得出了"审于才德之分而知所先后"的用人原则。总而言之,司马光是中国古代德才思想的集大成者,其德才观的核心要义是德为才帅,先德后才。

党的十八大以来,中央提出要坚持德才兼备、以德为先的用人标准,这一标准实际上是在承认人无完人前提下的择优原则。大致包含两层意思:一是德才两者是有机统一的,处于同等重要的地位;二是德才不能同时兼得的情形下,需要明确两者主次的定位,一般要求在才能相对等的条件下,应该优先挑选德高一等的人。在实际生活中,由于形成对德才的固化的思维模式致使用人失误是常有现象,从而严重地制约了我国人才的选拔与任用。为此,中国的高等教育要扬弃以司马光为代表的古代先贤先哲的选人用人智慧结晶,坚持德才兼备作为一贯培养人才的导向原则,从而造就一大群适合于社会主义现代化建设的高质量人才。

二 德才关系当代选择

(一)社会人才需求曲线

借鉴微观经济学商品需求曲线的知识来构建我国社会人才需求曲线(见图2-1),其中横轴代表个体品德,纵轴代表个体能力。

同时把社会人才需求曲线分为四种类型，第一种类型——能力强、品德好→德才兼备（右上角）；第二种类型——有能力、无品德→有才无德（左上角）；第三种类型——能力差、品德好→有德无才（右下角）；第四种类型——无能力、无品德→无才无德（左下角）。同时，依据德才关系的历史审视，我们发现社会人才需求曲线的右上角才是当代高校人才培养所要迈向的必由之路，即培养出能力强、品德好的德才兼备的人才。

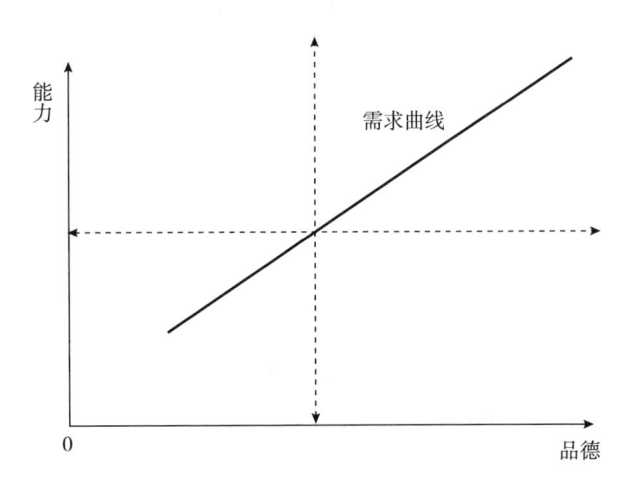

图 2-1　社会人才需求曲线

（二）能力强、品德好：德才兼备、以德为先的择优论

"才者，德之资也；德者，才之帅也。是故才德全尽谓之圣人，才德兼亡谓之愚人，德胜才谓之君子，才胜德谓之小人。德薄而位尊，知小而谋大，力小而任重，鲜不及也。"① 这些话，反映了古人对德才关系的辩证认识。此外，当今社会更加强调德与才是辩证统一的关系。为此，新时期高校人才培养要坚持德才兼备、以德为先的正确观念为指导。我们正处在实现中华民族伟大复兴"中国梦"的重要历史时期，在这一新的历史起点上全面深化改革，需要更多

---

① 《周易》，上海古籍出版社 1989 年版。

优秀的人才层出不穷、源源不断地涌现出来，为"中国梦"添砖加瓦、建功立业。伴随中国完成了全面建成小康社会的第一个百年奋斗目标，并依据社会人才需求曲线（见图 2-1），高校人才培养的当代选择要培养出能力强、品德好的德才兼备的社会主义优秀人才。

第二节 高校创新型人才培养理论规划

近年来，伴随着人工智能、物联网、移动通信为代表的新一代信息技术加速突破以及应用，高校创新型人才培养早已被推至人才培养的战略高度层面。为此，高校要持续深化教育教学改革，加大素质教育的推进力度，推进数字化教育教学方法，不断提升人才培养质量，从而营造一种创新型人才成长的育人环境。学生创新能力的培养不仅是时代发展、国家经济社会发展、高校改革发展的迫切需要，而且是学生自我发展、自我实现的内在需求。[①] 对高校来说，在建设创新型国家的关键时期，学生创新能力培养是人才培养的一个重要方面。如何构建学生创新能力培养体系，成为高等教育改革的一个重要研究课题。新时代新背景下，高校改革应该以服务区域经济甚至是全国经济社会发展为目标，准确识变、科学应变、主动求变，按照"科教协同、产教融合、理实融合"的要求构建学生创新能力培养体系。[②]

一 构建科教协同育人机制

长期以来，中国高校的人才培养模式比较单一，人才培养的主体几乎局限于高校本身，同时与有关科研院所、行业企业等社会组

[①] 张新君、李铁、沈学利：《构建大学生科技实践创新能力培养体系的探索与研究》，《教育教学论坛》2016 年第 25 期。

[②] 王琪、章天金：《地方学生创新能力培养体系的构建与实践》，《大学教育》2021 年第 10 期。

织存在很大程度上的脱节。学生进入社会工作后，对社会中存在的复杂问题的解决能力较差，创新素养存在极大欠缺，不能够有效适应社会发展需求。针对这一难题，高校应该加大力度构建多元科教协同主体、实施科研与教学的"三个转化"以及构建探究式学习共同体。

（一）构建多元科教协同主体

高校需要整合校内外多类别资源，形成"学校+科研院所、学校+行业龙头企业、学校内部跨学院协同"等不同的协同主体，积极参与到创新型人才培养模式中去，以打破单一的高校为主导的传统育人教学的组织模式。首先，高校要不断加强与不同的科研院所的合作，构建"未来技术学院"等相关学院的平台，多多开展有关学科前沿知识的讲座，着力拓展学生的学术视野和开阔学生的创新思维。其次，切实强化高校和行业龙头的协同合作，将行业龙头面临的实际前沿科学问题引入课堂教学中，着力培养学生解决复杂工程问题的素养。最后，增强不同院系专业的协同合作，深层次推动不同学科专业复合型人才的培养，从而提升综合思维与解决疑难杂症的能力。

（二）实施科研与教学的"三个转化"

高等教育的本质体现与内在逻辑要求就是科研与教学的一体融合。[①] 因此，着力将科研与教学工作相互融合，不仅是培养创新型人才的重要途径，而且有利于协调实施科研与教学的"三个转化"，有利于进一步提高创新型人才的培养质量。

1. 将科研平台转化为教学创新平台

利用高校与科研院所、行业企业等协同合作所带来的全新资源，提升科研实验室、工程研究中心等相关平台对学生开放力度。不仅可以共享大型科研仪器等设备，为学生参与科研活动创造条件。此

---

① 刘玉荣、张进、韩涛、李璐、雷宇：《材料类卓越工程师人才培养的探索与实践》，《高教学刊》2018年第5期。

外，利用资金强化教学实验室的建设，在满足教学的基础上，不断培育学生科技创新能力，提高学生的动手实验素养。同时，依靠工程研究中心、重点研究基地，创建创客实验室以及创客空间等学生实践和创新创业平台，增强学生的创新能力。

2. 将科研成果转化为教学内容和实验教学项目

依靠不同层级的科研平台甚至是依托相关的重大科研项目，建立科教融合、互为补充的人才协同培养新机制，尤为重要的是需要将全新的科研成果适时转化为有用的教学内容，利用较高水平的科学研究来支撑高质量、高素质人才的培养。譬如，农学学科可在办学理念以及教学内容等维度上加入一些新思想、新概念、新研究成果，将化学、生态学、经济学与管理学等前沿学科的内容引入农学专业教学、实验教学、创新创业项目以及不同类学科竞赛中，来培育厚基础、宽口径、高素质、强能力的创新型人才。

3. 将科研活动转化为培养创新型人才的实践育人过程

提升学生的理论水准必须加强课堂教学质量，而培养学生的创新意识与创新能力的重要手段就是激励学生参与教师的科研项目。[①] 实施学生全员导师指导制，促使有科研兴趣且优秀的学生参与到教师的科研团队中，这样促使学生做到早进实验室、早进团队、早进课题，尽早提升学生的科研创新意识和能力。当然，教师应该将具体的科研项目依据研究内容和研究难度依次分配给不同年龄段的学生来完成，并且可以依据学生的完成度给予其相应的创新学分。当然，鼓励部分学院对学生实施一对一导师管理制度，这样能够将科研活动贯穿于学生创新能力培养的始终。

（三）构建探究式学习共同体

通过构建探究式学习共同体，高校、科研院所、行业企业等不同的育人主体为实现共同目标而充分发挥协同合作作用，一起解决

---

① 胡放荣、黄新、陈满娥、陈元枝：《新工科背景下科教协同培养创新型人才的方法研究》，《西部素质教育》2019年第2期。

高校、科研院所、行业企业所需要攻克的科研问题。此外，教师与学生一同参与科研活动，不仅有利于强化学生的科研实践能力，而且是对构建创新型人才培养模式的一种探索。探究式学习共同体的核心本质就是要求学生自主地构建知识结构体系，为有效解决问题在科研中强化完善知识储备、增强认识，不断探索解决各式各样问题的新方法，提高自身的创新能力。

二　建立产教融合人才培养机制

产教融合是高校为提升学生培养质量与行业企业开展资源建设、平台建设等方面深度合作的一种创新模式。高校通过探索校企共建实习实训基地新机制、创建校企共建人才培养新模式以及培育"双师型"教师队伍等有效方式来提升学生的实践能力和解决复杂工程问题的高级思维，从而培养能满足行业企业需求的创新型人才。

（一）探索校企共建实习实训基地新机制

高校可以通过与行业企业共建实训基地等方式，加强实践教学基地建设。当然，也可以从加强实验教学项目的综合性、设计性和创新性建设方面，分别构建资源共享型、学科综合型、产业引领型3个层次的实习实训基地，增强学生解决复杂工程问题的能力。同时，创新实施"教师+工程师"一起授课机制，建立校企联合对学生成绩进行学业评价的机制。当然，教师与工程师组成的专业教学团队，有益于丰富课堂教学资源，开拓学生的学习空间，增强学生积极主动开展探究式学习的能力。

（二）创建校企共建人才培养新模式

1. 构建产业技术学院新的工程教育组织模式

高校应该建立相关的现代制造技术重点实验室和大数据与信息工程学院，构建以产业技术学院为载体，联合制订适用于该学院的人才培养方案、有关课程、互派人员学习交流、构建"双师型"教师队伍、联合开展科研项目及共建实习实训基地等方式深入合作，大力强化学生社会实践能力的培育，提升学生的工程应用能力。

2. 深入推进学校和新闻、法律等实务部门的合作

高校可以将法学教育和司法实践紧密结合起来，制订实施学校与法律部门协同培养计划，用以培养卓越法治人才。当然，为适应媒体深度融合和行业创新发展的相关要求，要不断深化相关宣传部门与学校协同合作联合建立新闻学院，用以培养卓越新闻传媒人才。

3. 构建订单培养班的人才培养模式

高校可以通过构建订单培养班的人才培养模式，利用校企联合办学、订单式的人才培养模式，联合制订人才培养方案、共建师资队伍、共育专业人才等领域发挥出校企深度融合、资源共享的优势。开创校企合作的新模式，在培养卓越应用型人才的探索与实践上的一次全新尝试。

（三）培育"双师型"教师队伍

高校应该协同整合具备创新创业指导经历、深厚理论素养和丰富实践经验的专家学者，通过"派出去，引进来"的方式，不仅可以派遣部分青年教师到行业企业进修学习的有效方式，增强青年教师的实践创新能力。与此同时，积极引进行业企业的专家，组建一支具有理论与实践经验相结合的"双师型"教师队伍体系。此外，高校要有效利用产教融合基地，逐步开设创新创业实践、职业定位等创新创业课程，编写专业课程教材，开发网上课程等一系列资源。

三　创建理论与实践融合的教育教学模式

理论是创新的基础，理论教学过程要发挥实践对学生实践能力以及创新能力的培育。[①] 逐渐探索开设一批交叉学科研讨类课程和多视角解决问题的课程与构建学研创结合的创新型人才培养体系，从而构建理论与实践相结合的创新能力培养新模式。

[①] 谢火木、刘李春、钟杰、翁挺：《构建"一体四翼"实践教学体系　加强本科生实践创新能力培养》，《中国大学教学》2017年第8期。

（一）探索开设一批交叉学科研讨类课程和多视角解决问题的课程

高校实施跨越式发展以及增强创新人才的培养能力的重要抓手和必然选择必须要开设一批交叉学科研讨类课程的多视角解决问题的课程。交叉学科吸收了不同学科范式的优点，并且跨学科、跨机构之间的协同效应促进了以往被专业学科所忽略的研究领域，有利于冲破学科专业之间形成的垄断，从而促进了新型学科的强势发展。[①] 与此同时，应对科技和社会快速发展的需求，只有整合优势学科的资源优势，通过跨学科、跨学院、跨专业的交叉复合型人才培养模式，才能有效改观以往不同学科间相互隔离的封闭状态，不仅有利于拓展学生的学术视野，强化学生的创新能力和专业综合能力培养，而且有益于实现跨学科之间的学术资源以及教学资源的分享。

（二）构建学研创结合的创新型人才培养体系

1. 加强创新创业教育，完善"创意—创新—创造—创业"教学体系

高校在探索创新创业教育工作时，以双创师资团队、创客空间、创新创业课程等为支点，把学科竞赛、创新创业训练计划、创新创业师资培训的实施为延伸，点面结合，做到"创意—创新—创造—创业"系统的教学体系，全力为创新型人才培养提供相关制度保障。在开放共享、服务师生的创客发展空间既涵盖了交叉学科门类，又构建出立体化的时间教学方式。促使刚进入校园而萌生创意色彩的学生能够在教师的指引下，在创意基础上通过数字化手段查阅有关资料进行科研或创业实践活动。

2. 注重培养学生的辩证思维、批判性思维能力

创新型人才的培养不仅拥有将知识与实践有效结合的能力，更

[①] 陈磊、唐桂华、王秋旺、何雅玲、陶文铨：《新工科背景下能源动力专业大学生交叉创新创业能力培养机制的探索与实践》，《高等工程教育研究》2019年第S1期。

需要在专业学科框架内进行探索与发现的能力。此外，解决实际问题时应当具备严谨的辩证思维能力，同时做到不唯上、不唯书的批判性思维。因此，高校要适时鼓励和引导学生积极参与国内外大学生创新活动，注重科研训练，提升辩证思维能力、增强批判性思维素养，加强跨校间学生之间的长效交流机制，从而不断提升学生的科研团队协同合作能力、跨学科交流应对能力以及科研创新能力。当然，要探索推进适应于学生的教学方法和手段的改革，通过设定案例式、问题式、课题式等互动类型的教学方式，培育学生的独立思考以及批判性思维能力。

3. 注重培养学生分析解决复杂工程问题的能力

高校在提升学生的设计思维、系统思维能力，增强其分析解决复杂工程问题的能力的重要途径就是扎实做好学生课堂教学、实验教学、科学研究、竞赛活动等培养环节。高校要建立完善校、省、国家、国际4级竞赛培训管理以及激励机制，实施"以赛促学"强化学生的创新意识。积极鼓励学生在专业任课教师引导下踊跃参加"挑战杯"、数学建模、电子设计等各式各样的竞赛。此外，高校全力组织学生参加以大学英语、高等数学等专业性学科竞赛、"互联网+"等为主的大学生创新创业大赛，大力支持学生不同种类的科技创新、创意设计、创业计划等专项性竞赛活动。

四 创新人才的"三维"培养模式

以学生为核心，以理论与实践为支撑，通过推进教学与教研相融合，面向学生创新能力培养，构建创新人才培养"三维"模式。该模式由专业课程体系、教师工作室、学校实验平台和实践基地（企业、政府部门等组织）四个关键环节组成（见图2-2），四个关键环节非孤立地存在，而是相辅相成、相互依赖的。首先，学生需要进行专业课程知识的系统学习，积累学科知识和相关理论，为科研和创新做准备。其次，通过专业知识和相关理论的学习后，在教师工作室中各成员可以就研究问题进行讨论、相互交流，同时老师结合自己的研究实践和学科前沿问题等知识对学生的学科知识和学术前沿进行提升。再次，在学校实验平台中将理论问题与现实中的实际问题相结合、设计模拟实验和预调研等，通过实验平台将研究方案、设计进行预测、调试，初步研究成果进行检验等，使研究更具合理性、可行性。最后，在实验平台检测成功的研究设计、研究方案在实践基地进行实际应用，通过实践调研、实验等所获得的数据资料又在实验室平台进行筛选、处理，得出的结果又在教师工作室进行问题分析、研讨，形成具有创新性和研究意义的学术问题，如此往复，旨在提高学生的创新能力和实践能力。

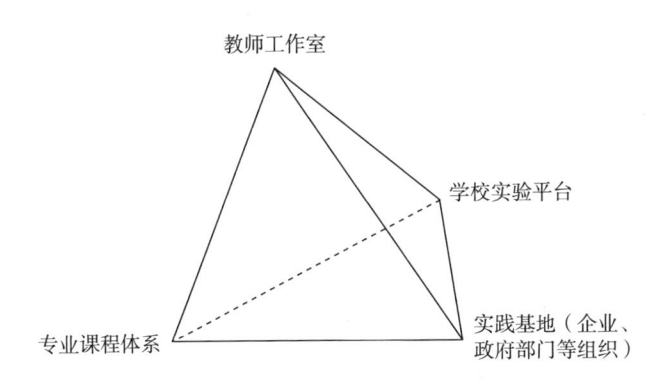

图 2-2 创新人才培养"三维"模型

（一）"定位精准"的专业课程体系

培养创新人才是高校的重要目标，因而需要与之相对应的专业课程体系支撑。高校要充分发挥出创新理念的引领作用，对专业课程的不同组成部分重新编排、组合，增强学生的基础理论知识和自主创新、自我发展等的核心能力。[①] 目前，高校的专业人才培养课程体系大多还是比较保守的，课程融合创新的意识不强，没有有效贯彻以学生发展为中心的教育理念。然而，高校专业创新人才培养的"三维"模式设置推动了创新人才培养的专业课程体系。首先，专业基础课与必修课等课程不变的前提下，通过复合型和应用型两

---

① 胡金焱：《创新创业教育：理念、制度与平台》，《中国高教研究》2018 年第 7 期。

个类别设置专业选修课课程，依据不同人才培养目标分流设置实践教学，学术型学生重视创新能力培养，实践型学生重视专业技能培养，构建具有个性化实践教学模式。其次，利用优化的课程体系设置，将学生专业知识和创新能力有机整合，从而增强学生综合素质和创新能力。一方面，通过数字技术的运用可以在原有课程中适当加入互联网媒介等内容；另一方面，不同高校依据自身特色和可持续发展的需要，开设相关的新课程，以达到培养学生自主学习能力以及团队协作能力的要求。①

（二）"教师工作室制"教学新模式

"教师工作室制"教学模式是包括教师在内的工作室全体成员对本专业学科的前沿问题和知识展开分析研讨与探索，而老师结合自己的研究实践和对学科前沿知识的把握等再次对学生的学科知识和学术前沿掌握进行整合的一种全新教学模式。"教师工作室"的教学模式不仅实现了老师与学生之间及时有效沟通，而且为增强学生学术创新素养与分析问题能力创造了良好的学术氛围。因此，要不断在高校设置"教师工作室"，确立"导师引领、同学互助、教研结合、推陈出新"的教师工作室的原则，将工作室学术成果应用于专业课堂教学活动，进而影响和带动一大批学生走向学术化与专业化。

（三）"开放包容"的学校实验平台

高校科研教学的重要载体是拥有强大的实验平台基地，这是高校创新能力的一大体现。② 实验平台的建设与良好运营不仅能够增强学生创新能力，而且充分发挥出学生的自主性学习。此外，"三维"模式创新人才培养的学校实验平台建设应以学科建设为根本、服务教学科研、致力于学生创新能力培养为基础，建立开放包容的

---

① 王瑞锦、吴劲、周世杰、张凤荔、张萌洁：《新工科背景下"信息安全系统研发"实验课程的重构》，《实验技术与管理》2020年第9期。

② 李春林、翁钢民：《一流学科的演进特征及网络协同演化机理》，《中国科技论坛》2017年第1期。

实验平台。在学生创新能力培养过程中通过实现平台的问题监测系统，可以把学生设计的研究方案中的缺陷体现出来，达到帮助研究者针对不足进行改进，从而提高研究方案、设计的可行性、合理性。与此同时，学生的研究数据可以通过学校实验平台开展数据处理分析，能够在实验平台中找到明显的体现各项指标的差异，有助于学生更好地发现理解其中的问题，并且锻炼了学生分析问题与系统思维的能力。

（四）"校企联合"的创新实践基地

创新人才最为重要的培养环节就是增强学生的实践能力实践。[①]实践对于学生创新能力的实现具有重要意义，一定程度上关系着学生与行业人才需求的匹配度。通过建立校企联合的创新实践基地为着力点，增强学生的实践能力为抓手，以提升学生创新创业竞争力为目标，达到社会发展以及企业选人用人的要求。[②]学生在实践基地中不仅可以将在课堂中所学的理论知识转化为实践能力，并且能够让学生在实践中认识到自己的优缺点，规划出不同的职业规划。此外，校企联合的创新实践基地模式培养出来的学生是真正意义上做到了"产学研"结合，利用校企之间的优势互补，进而做到高校与企业之间学科建设与人才培养的双赢。

五 创新型人才培养需求曲线

创新是一个民族进步的灵魂，是一个国家兴旺发达的不竭动力。高校创新型人才的培养不仅需要加强理论知识的学习，而且要强化实践能力的提升。借鉴微观经济学需求曲线的知识来构建创新型人才类型的需求曲线（见图2-3），其中横轴为理论知识，纵轴为实践能力。通过对创新型人才类型需求曲线进一步细分发现，创新型人才可以分为四大类。创新型人才A类是强理论知识和强实践能

[①] 陈怡琴：《金融硕士专业学位研究生专业实践体系的构建路径探索》，《学位与研究生教育》2021年第6期。

[②] 张金鲜：《新形势下提升大学生高质量就业能力的策略分析》，《黑龙江高教研究》2014年第3期。

力，创新型人才 B 类是强实践能力而弱理论知识，创新型 C 类人才是强理论知识而弱实践能力，创新型 D 类人才是弱理论知识和弱实践能力。为此，高校要立足党和国家用人的实际需求不断培养出既有强实践能力又具备理论高度的创新型 A 类人才，这样才能使我国高校人才的培养立于不败之地。

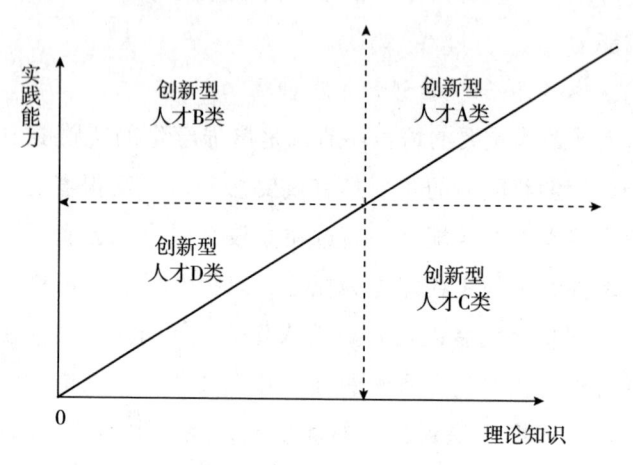

图 2-3　创新型人才类型

第三节　高校高尚品德人才培养理论规划

江山代有才人出，各领风骚数百年。每个时代都期盼杰出人才的出现。只有人才济济，国家的事业才会繁荣，国运就会兴旺。[①] 正是由于德是人才的灵魂以及德是一种自律机制。高校加强德育建设不仅可以使学生掌握正确的思想、理论与观点，树立正确的世界观和人生观；而且能够培养学生爱祖国，守纪律、团结奋进的集体主义精神，尊重他人，诚实、公正、谦虚、有礼貌的高尚道德品质。

---

① 关谊：《德是人才的灵魂更是执政者的根本》，《干部人事月刊》2001 年第 10 期。

一　德是人才的灵魂

学生追求真、善、美的统一，实质上就是创新能力所必备的，探索"真"的创新活动必须以"美"为心理动力，以"善"为价值导向和行为准则，以促进社会和谐、谋求人类幸福为归宿。创新能力培养进程表明，"仅凭知识和技巧并不能给人类的生活带来幸福和尊严。人类完全有理由把高尚的道德标准和价值观置于客观真理的发现者之上"。[①] 因此，创新能力的培养与创新人才的思想道德取向、审美意识和精神面貌息息相关。德是人才的灵魂，具备高尚的思想道德素质为创新活动提供精神动力、提供思想保障，以及提供科学的思维方式。

（一）思想道德素质为创新活动提供精神动力

推动创新活动有序开展的力量，主要来源于人类崇高的思想道德和强烈的理想信念，出于对祖国的无比热爱以及拥有奉献精神和顽强的意志。如爱因斯坦所言，"雄心壮志或单纯的责任感不会产生任何真正有价值的东西，只有对于人类和对于客观事物的热爱与献身精神才能产生真正有价值的东西"。[②] 就中国而言，正是由于新中国成立后一大批无私的科学家毅然决然放弃国外丰厚的物质条件回到祖国的怀抱。老一辈科学家的动力就在于他们拥有一种无私奉献、艰苦奋斗、勇于攀登的伟大精神。改革开放后，邓小平多次强调中国要意识到培养"勇于思考、勇于探索、勇于创新"的"闯将"的紧迫性，这是由于"没有一点闯的精神，没有一点'冒'的精神，没有一股气呀、劲呀，就走不出一条好路，走不出一条新路，就干不出新的事业"。[③] 历史的实践表明，创新能力培养以及创新活动实施是无比艰辛的，仅依靠智能素质即"才"，却没有坚韧不拔的品格，勇于探险的精神、不畏磨难的勇气，创新活动一样不

[①] 曹成伟、刘荆洪、贺亚茹：《技能型人才创造品格与素质培养》，南海出版公司2009年版，第142页。

[②] 杜卡斯、霍夫曼：《爱因斯坦谈人生》，世界知识出版社1984年版，第46页。

[③] 邓小平：《邓小平年谱》（下），中央文献出版社2004年版，第1342页。

会成功。当且仅当一个人具备坚定爱国之情与报国之志,才能把"热爱祖国,矢志不渝"的爱国情怀和"天下兴亡,匹夫有责"的重担转化为中华民族伟大复兴的思想道德取向,从而产生"苟利国家生死以,岂因祸福避趋之"的爱国创新行为。

(二) 思想道德素质为创新活动提供思想保障

崇高的思想道德素质既能够为创新活动提供源源不断的精神动力,也能为创新活动提供强有力的思想保证,以确保创新活动的正确价值取向。高校创新人才就是要培养出为中国特色社会主义事业奉献终身的人才。这就要求其既具有较快的学习适应能力,又应该树立远大的世界观、人生观和价值观,在创新活动中发扬爱国主义、集体主义和社会主义的精神。与此同时,创新人才必须要牢牢奉行全心全意为人民服务的宗旨,自觉遵守和维护社会主义社会基本道德规范,从而才能保证创新成果的价值意义。

(三) 思想道德素质为创新活动提供科学的思维方法

马克思主义的世界观和方法论,不仅是崇高思想道德素质最核心的内容,同时是创新型人才开展创新实践所必需的方法论前提。创新思维方法必须对传统的思维方式进行扬弃,强烈反对迷信、不唯上,通过对复杂事物本质的追求寻找其运行的规律。不过,"辩证法在对现存事物的肯定的理解中同时包含对现存事物的否定的理解,即对现存事物的必然灭亡的理解""辩证法不崇拜任何东西,按其本质来说,它是批判的和革命的。"[①] 对此,我们倾向认为创新思维方法是一种辩证的批判的思维方法,更有甚者,可以理解为唯物辩证法有益于创新思维方法的培养。"当我们的世界观中具有了这种批判的精神和怀疑的勇气,在我们的思维深处才会激发出推崇创新、追求创新、以创新为荣的创新意识,爆发出创新的热能。这样,我们才能对现存的思想、观点、理论以及现实生活中的各种现象进行批判性的反思、质疑,提出新的思想、新的观点、新的理论

---

① 《马克思恩格斯选集》(第二卷),人民出版社 1995 年版,第 112 页。

和新的问题，在此基础上不断地超越现实而有所创新。"①

二　德是一种自律机制

"自律"是行为主体在认同、内化社会道德规范的前提下，自我控制和自我调节，当然需要依靠行为主体内在信息指引其自律行为。不过，从伦理学的视角来分析，"他律"强调的社会准则对人类行为的约束，既可能存在引导作用，也可能存在制约作用。需要明确的是，他律是以自律为基础，但他律的过程会对自律形成一定的压力，自律行为的养成，进一步促进思想道德修养的良性循环。②

（一）自业自得的世界观自我教育

某人所在的位置不同，在很大程度上决定了其有不同的世界观。当然，世界观又指导着方法论。自业强调的是人类自谋生计而所从事的工作。自得就是促使自己感到舒适的状态。人类优良的世界观、人生观和价值观正是在学生阶段所形成的。如果不正确及时引导可能会导致其养成消极的世界观，造成其眼界狭隘、思想庸俗等弊端。当然，世界观与方法论具有一致性。消极世界观会使学生误入歧途。此外，学生养成自律的行为习惯，能够推动其形成积极向上的世界观。因此，学生自律品格培养对其世界观以及自我教育有着不可忽视的作用。

（二）自尊与自信的人生观自我教育

马克思主义认为，不同社会情境下生产力与生产关系的作用下塑造了人们的不同价值观。自尊是对自我的一种尊重，是主体内在精神的需求，也强调外在事物对主体的尊重。自信是我们对待一切事物都要有的一种对自我肯定与充满信心的品质，是我们克服一切艰难险阻的必要条件。当然，自尊以及自信都是人自我价值感的认同。为此，我们要在生活、学习和工作中，尊重自己的同时更要做

---

① 周希贤：《马克思主义"三观"意识是创新素质的灵魂》，《马克思主义与现实》2008年第2期。

② 朱才菊：《大学生思想品德的缺失与自律精神的培养》，《内江科技》2009年第5期。

到尊重他人，当遇到艰难险阻时，以自信积极向上的精神状态去面对。此外，自律可以引导我们学会自尊，促使我们充满自信。

(三) 自立与自强的价值观自我教育

价值目标、价值取向、价值选择、价值追求等都是价值观的核心内容。价值观与世界观、人生观紧密联系、不可分割。① 自立通常是指依靠自己的力量做事、不为外面的诱惑所打扰。自强意指通过自我激励，奋发向上，不断向卓越的自我方向前进。自立自强能够促使我们依靠自己应有的力量，独立生存与完成任务，逐渐摆脱对父母亲朋的过分依赖。与此同时，我们经过自我激励、积极向上，才能够为国家、社会以及自身的发展进步出谋划策，且能够拥有强大的行动力，进而为实现中华民族的伟大复兴而不懈奋斗。

第四节　以知塑型、以德铸魂

当前，中国正处在迈向建设社会主义现代化强国的新征途。为此，高校教育要适应党和国家事业发展需求，培育一大批德才兼备的人才。正确把握我国高校人才培养方向，培养什么人、怎样培养人、为谁培养人，是教育的根本问题。因此，高校教育应该清楚认识到学生的教育是第一位的，重在提升学生的创新意识与创新能力，不断瞄准国际一流水准，立足于中华优秀的传统文化之中。

一　爱国是第一位的

在中国，自然科学人才还是社会科学人才，都必须具备强烈的民族认同感与国家认同感，肩负着为中华民族伟大复兴的强烈使命感。新中国成立70多年的历史中，涌现出无数优秀创新人才的代表：钱学森、邓稼先、钱伟长、袁隆平、黄大年等。这些优秀的国家人才都在不同时期对我国的科技发展做出了卓越贡献，他们是中

---

① 冯平：《精神文明建设者的自律和他律》，《社会科学研究》1997年第2期。

华民族史册上不可磨灭的真正民族英雄。然而，他们都拥有一个最为基础的共同点就是都是中国最坚定最忠诚的爱国者。

二 重在提升创新意识和创新能力

众所周知，人才是第一资源，创新是第一动力。中华民族的伟大复兴依赖创新，创新则依靠人才。近现代以来的人类发展，实质上就是一部科技发展创新的历史。尽管中国是一个善于创新的大国，但是近代中国的没落却阻止了我国创新的脚步。伴随着新中国成立以及改革开放序幕的拉开，新中国高等教育事业得到迅速发展，早已拥有世界上规模最大的高等教育体系。不过，中国具备成为创新大国和强国的重要基础，高校人才培养要具备高度的创新意识和能力。

三 瞄准国际一流水准

改革开放后，中国科技得到长足发展，引来了以美国为代表的西方国家对中国科技的遏制打压，最终目的就是为了阻遏中华民族伟大复兴的前进步伐。面对严峻的挑战，中国既要有顽强不屈的拼搏斗争意志，更要有冷静理性的科学精神。中国科技发展要"杀出一条血路"，最为关键一点就是培养出一批具有国际一流水准的创新型人才，推出一批具有重大原创性的成果。为此，中国要瞄准国际一流水准，打造具有国际一流水平的战略科技人才、科技领军人才、青年科技人才以及高水平创新团队，不断在前瞻性基础研究上取得较为重大的突破。

四 立足中华优秀传统文化

中国的高校教育既要汲取世界人类文明的优秀成果，更为重要的是要植根于中国优秀的传统文化。因此，中国的创新人才培养要有"知之者不如好之者、好之者不如乐之者"的学习境界；要有"格物、致知、诚意、正心、修身、齐家、治国、平天下"的追求，为中华民族伟大复兴建功立业；要有"先天下之忧而忧、后天下之乐而乐"的博大胸怀。立足于博大精深的中华优秀传统文化，高校创新型人才的培养定能成为拥有强烈中国心、深厚中国智、连绵中国情的一代社会主义现代化强国的建设新人。

当前，加快形成以国内大循环为主体、国内国际双循环相互促进的新发展格局，是事关全局的系统性深层次变革，关键就是要保持我国产业链和供应链完整，创建具有自主知识产权的科学技术体系。在党的集中领导下，通过制度、机制、政策等多方面的统筹，充分发挥全国一盘棋、集中力量办大事的制度优势，在新的举国体制下一定能尽快实现这一目标。坚持以德为先，培养德才兼备高素质人才。中国高校教育的目标，是要培养为人民服务、为巩固和发展中国特色社会主义制度服务、为改革开放和社会主义现代化服务的高素质人才，成为具备理论知识、实践能力与高尚品德为一体的德才兼备的人才（见图2-4）。

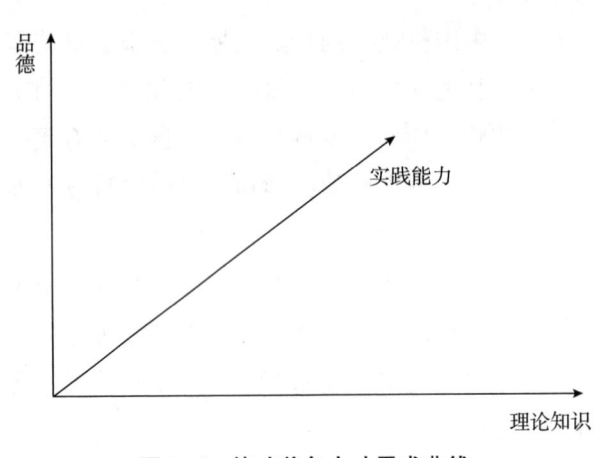

图2-4 德才兼备人才需求曲线

第三章　智育德育视角下高校人才培养调查研究设计

第一节　研究内容与目的

教育是国之大计、党之大计。以习近平为核心的党中央高度重视教育工作，始终把教育摆在优先发展的战略地位，开启了加快教育现代化、建设教育强国的历史新征程。[①] 2021年3月，习近平在福建考察时强调，"要全面贯彻党的教育方针，落实立德树人根本任务，坚持教育公益性原则，深化教育改革，办好人民满意的教育"。[②] 习近平在党的十九大报告中强调："青年一代有理想、有本领、有担当，国家就有前途，民族就有希望，中国梦是历史的、现实的，也是未来的，是我们这一代的，更是青年一代的。"[③] 2021年，习近平在两会指出："教育，无论是家庭教育还是学校教育都不能过于注重分数，分数是一时之得，没有形成健康成熟的人格，

[①] 陈全国：《坚决贯彻以习近平同志为核心的党中央决策部署，高度重视积极配合中央脱贫攻坚专项巡视工作》，http：//cpc.people.com.cn/n1/2018/1011/c64094-30335911.html。

[②] 习近平：《用新时代中国特色社会主义思想铸魂育人，贯彻党的教育方针落实立德树人根本任务》，https：//baijiahao.baidu.com/s?id=1628350118828757423&wfr=spider&for=pc。

[③] 习近平：《习近平在中国共产党第十九次全国代表大会上的报告》，http：//cpc.people.com.cn/n1/2017/1028/c64094-29613660.html。

这是不行的"。① 因此，不仅需要培养学生的专业知识和技能，还要重视学生的道德品质的培养。

　　作为教育重镇，高等院校应该从德育和智育两个角度培养学生，即"以知塑型，以德铸魂"，使学生能够内外兼修，成为社会栋梁之材。② 高等学校智育德育研究之所以如此重要，首先是因为高校教育面对的主体是青少年，他们肩负着国家和民族的未来。通过智育德育的培养，让青少年能够更好地成长起来，更好地为中华民族的崛起贡献出自己的一分力量。其次是高等院校相对于其他教育主体来讲，对青少年群体进行智育和德育培养具有一定的比较优势。家庭或者社会等其他主体也会对学生的发展产生一定的影响，但是在师资队伍、硬件软件等基础配置方面还是没有高等院校准备充分。高等院校不仅有为传授专业知识而组建起来的师资队伍以及完善而先进的教育基础设施，还有为提高学生思想品德教育所成立的组织机构和运行机制，能确保高校智育德育能够有组织、有计划地进行。相对于中小学，高等院校中有大量具有丰厚的知识储备且各有所长的高级知识分子，拥有相对成熟的道德判断力，能更好地"传道授业解惑"。教师与学生之间的学习模式也逐渐转变为求知为主，而不是被动地由老师传授知识，学生被动地吸收知识，应对考试，考取高分。相反，教师和学生之间互动性较高，教师利用较好的学习氛围将知识传授给学生，帮助学生理解和掌握各种知识，学生也可以及时提出自己的疑问，与教师实现教学相长，帮助其将自己所掌握的知识落实到实践过程中。在此基础上，教师和学生不仅能够将知识融会贯通，还能够促进双方的共同发展，满足智育德育工作的需求。③

---

① 习近平：《习近平总书记看望参加全国政协会议的医药卫生界教育界委员》，https://m.guancha.cn/politics/2021_03_07_583302.shtml?s=wapzwyxgtjdt。
② 宋争辉：《中国优质高等教育资源区域分布非均衡化的历史演变与现实思考》，《高等教育研究》2012年第5期。
③ 罗红杰：《"以文化人"到"立德树人"的系统逻辑》，《系统科学学报》2002年第3期。

然而，在实际的高校教育中还存在很多问题。一方面，应试教育占据主导地位，教师过分强调学生的考试成绩和理论知识积累抑或师生间只以学习为主，使得高等院校育人功能很难发挥出来。另一方面，由于全球化和信息化进程的加快，学生的价值观受到了很大的冲击，与父母和教师之间的沟通交流逐渐减少，缺乏自我约束、无视集体利益等问题频频发生。因此，对智育德育视角下高校人才培养情况进行分析和研究，根据实际情况提出相应的建议，对于改进高校智育德育工作具有十分重要的现实意义。"以知塑型，以德铸魂"，人的全面发展不仅要求提高专业知识和能力，也要求注重培养高尚的道德品质，提高人文素养，促使个体拥有健全的人格。

一 研究背景

（一）学科知识的分化发展

随着大数据时代的到来，人们开始适应信息快速传播的趋势，各种高新技术的应用更是让人们的生活变得多姿多彩，享受着与以往大不相同的数字化变革。

在整个变革过程中，人才的紧缺尤为突出。如何在大数据时代抓住发展机遇，靠的就是人才。而人才的培养与高校学科知识的学习和思想品德的培养息息相关。然而，高校教育的发展依然比较滞后，严重脱离了大数据时代人才需求，学科知识面狭窄，课程封闭，缺乏系统性和完整性，单纯注重自身专业知识的发展，并没有将产学研较好地结合起来。科学技术进步和社会发展要求高等教育进行改革，尤其是要加大力度改革传统的专业口径狭窄、课程设置过分专业化、教育内容局限于某一专业领域的人才培养模式。在目前的高校德育培养过程中，高校仅仅只是依靠说教的方式进行培养，如举办各种讲座等，但这种方式并不能较好地发挥出学生的主观能动性，再加上说教的内容比较空泛，在实施过程中可能会忽视人的身心发展规律。改变过去仅仅注意专才教育、对德育重视不够、学生专业道德素质不强的做法，日益重视和加强智育德育相结合的高校人才培养,"以知塑型,以德铸魂"成为高等教育人才培养的重中之重。新时代全球视野下,如何培养新时代人才这不仅需要专业知识的积累,还需要重视专业人才的道德建设,做到立德树人。因此,学科知识的分化发展促进了高校人才培养重心的转变,也加快了人才培养的现代化推进。

(二) 高等学校目标体系的调整

结合一定的社会历史背景和时代需求,为了实现教育目的,高等学校会不断完善教育目标体系,确定切实可行的培养模式,构建具有实效性的课程体系,使其能够满足国家和政府对高校学生的基本素质要求和保证学生的学习质量。我国社会主义高等教育人才培养总目标由党和国家的教育方针所决定,即培养德、智、体、美、劳等全面发展的社会主义事业的建设者和接班人,它是各级各类学校教育共同遵循的目标。高等教育进行人才培养,主要是分为三个层面的培养目标:一是从高等教育的全局层面进行培养的目标和基本要求;二是从各个层次出发,如专科、本科等层次进行的人才培养以及基本培养规模要求;三是分专业和分学科进行人才培养。"高等教育的任务是培养具有创新精神和实践能力的高级专门人才,发展科学技术文化,促进社会主义建设。"① 但是,各种不同层次与类型的高等学校在性质和学科设置上不同、服务面向不同,因此其培养目标有所区别。培养目标应该适应21世纪社会、经济和科技发展的趋势和要求,构建多样化、具体的、合理的人才培养目标体系。在制定人才培养目标时,应防止人才规格的单一性,注意规格的多样性,坚持共性与个性的统一。共性即同一层次的学历教育要达到国家教育方针规定的基本要求。个性即各学校根据所处的地理环境、地缘优势以及自身的特点和任务,制定多种层次、多种类型、多种规格的人才培养目标,突出自身的特色。不同学校、不同

---

① http://www.moe.gov.cn/jyb_xwfb/moe_1946/fj_2015/201512/t20151228_226185.html。

专业对人才培养规格与业务要求应各具特色、各不相同。同一学校、同一专业、同一班级学生知识结构与能力培养应因材施教，既满足社会对新时期人才多层次、多类型、多规格的需要，也满足学生个性发展的需要，使其能够较好地适应社会发展。

(三) 学生主体意识的增强

1. 大学生主体意识的基本内容

大学生的主体意识主要是指大学生将自身所学的专业知识与社会实践活动结合起来，在活动过程中产生的自我意识，即较强的主人翁意识和社会责任感，主要分为社会意识、时代意识和专业意识等。

大学生的社会意识。无论个体或群体，都必须处于一定方式存在的社会关系之中。因此，无论个体或群体，都必须自觉意识到自身与社会千丝万缕的联系，意识到因这种联系而产生的自己对于社会的义务、对于他人的责任，积极地投入艰苦的学习并服务于社会，强化自身与社会的联系。这不仅是他们的基本义务，更是其社会存在的依据。在大学生与社会这一特定的关系中，大学生的社会意识不仅表现在大学生对自身的认识，还表现为大学生对自身与社会联系的认识。具体来说，大学生必须具有自主意识、使命意识、进取意识和自审意识。

大学生的时代意识。大学生的时代意识包括历史意识、现代意识和未来意识。历史意识指大学生应在一定的程度上把握世界和中国社会的历史，只有把自我和社会置于历史背景之下，才能较深刻地认识现在、理解自我和社会、准确地把握住未来。大学生的现代意识，要求大学生将现代的一切都摄入自己的视野，并以此作为调节自己行为的一种根据，作为服务社会的一种参考。未来意识是主体在实践基础上，通过人脑思维活动产生的对客体运动趋势和前景的反应。它具有反映指向的超前性、形成过程的跳跃性以及反映结果的或然性等特点，是反映性与创造性、现实性与超越性的辩证统一。未来意识的本质是一种使命意识，是强烈的社会责任感在心灵中的反映。

大学生的专业意识。大学生是科学知识领域中的求知者和探索者,其知识水平、工作能力、学术成果必须为社会所认可、接受。大学生的专业意识,根植于大学教育自身的内在规律。一位优秀的大学生,必须以学好自己的专业为己任,具有严谨的作风和拼搏的精神。在自己的专业领域内,要不断吸取新信息、新知识,不断涉足新领域、学习新方法、掌握新技术、建立新观念,把专业学习和专业研究推向新阶段、新水平,并准备随时与实践结合起来,为推动社会进步和科学的发展而贡献自己的聪明才智。大学生的主体意识内容丰富,它是一个动态的多层次多侧面的有机整体,其内涵也不是一成不变的,只有不断地调整完善,充实提高,才能处在最优化的结构状态。

2. 学生主体意识的增强对高等教育的影响和新的要求

随着科学技术的迅猛发展,生产力得到了进一步的提高和解放,社会越来越进步,学生的主体意识也得到了极大的增强。[①] 随之而来的是,学生对高等教育有越来越高的要求,归纳为以下三点:

一是对人才培养模式和专业设置的要求。学生主体意识不断增强,会逐步影响他们看待这个世界的基准点,会产生自己的独特的认知观念。尤其是当面对以后的人生抉择问题时,学生会逐渐有更强的自主性,不会满足于脱离于时代发展的培养模式,会更倾向于多样化的培养模式,丰富其专业知识的同时也能够较好地结合时代发展的需求,成为全方面发展的人才。这也就意味着高等学校在制订人才培养方案时,应该要改革原来的人才培养方式,"以知塑型,以德铸魂",使学生能够在专业知识积累的基础上,学会做人,学会做事,更好地适应社会的发展。

二是对教学内容和课程体系的要求。学生主体意识增强了,他们对其在大学内所学的知识也就有了新的标准,这就要求高校在教

---

① 高侠:《论高校人文社会科学教育》,《教育发展研究》2004年第9期。

学内容、课程体系方面做出调整和改革以适应他们的需要。高校会根据培养目标和培养模式的改革要求，将教学内容进行更新，优化课程体系，使得课程内容能够尽量丰富，并且具有一定的实效性和可操作性，让学生能够"学得进去"。在深入学习过程中，尤其是结合专业知识的传授过程中，要尽量将本专业知识发展前沿介绍清楚，加深学生对本专业的认识，更能够从本专业的角度了解未来专业发展前景，让学生能够自主进行探索，提高学生的实践动手能力。

三是对教学方法和手段的要求。与以往传统的填鸭式教学方式不同，学生应该发挥其主体意识，主动参与到学习过程中来，积极主动学习，保证学生能够较好地融入学习中来，提高学习质量和学习效应，发挥其主动性和创造性，使其能够在教学过程中发挥其主体作用。常规课堂教学手段已经无法满足学生的学习需求，应该根据学生的专业特点和实际需求，因材施教，让学生能够启发式、讨论式、研究式学习，能够通过现代信息技术让学生能够更好地进入学习状态，提高学生自主学习能力和创新实践能力，实现学生的个性全面发展。

3. 高等学校体制改革

高等教育改革全面推进，使高等教育规模获得很大发展、结构进行了科学合理的调整、教学质量和办学效益得到逐步提高，促进了规模、结构、质量、效益协调发展。高等教育体制改革为实现人才培养高质量发展提供了运行机制的保证和环境支持。

（1）高等教育观念和教育指导思想的转变

伴随着我国社会主义现代化进程的加快和市场经济体制的逐步完善，高等教育观念发生了极大的转变。在教育发展观上，坚持规模、结构、质量、效益协调发展；在教育质量观上，坚持融知识、能力、素质为一体，推进素质教育和创新教育；在人才培养观上，坚持学生在教学过程中的主体地位，提倡个性发展，培养创新能力。现在，四年制的本科教育逐渐成为一种学科知识平台型教育。

地区性理工科院校更加注重面向地方经济建设，坚持为区域经济和社会发展服务，在教育思想、办学体制、培养模式等方面形成自己的办学理念和人才培养特色。

（2）高等学校办学体制的改革

教育的改革与发展必须与社会经济的发展相适应，高等教育的发展亦是如此。高等学校办学体制要改革，就要实现办学主体的多元化，让教育不再局限于方寸之地的教育，而应该是让社会力量进入其中的全方位多层次宽领域的办学体制。逐步完善以政府办学为主体，公办和民办学校共同发展的全方位多层次教育格局。多元化的办学主体必然导致人才培养模式的多样化。因为投资主体不一样，人才培养的目标、规格和要求也不尽相同。加之各地方院校自身实力存在较大差异，所处地区的社会生产力发展水平不尽相同，地方经济发展对学校的要求与期望也不一致，必然使地方院校培养出的人才呈现多样化的特征。

（3）投资体制的改革

高等教育经费的投入的多少及合理与否，在很大程度上影响着高等教育的发展。现代高等教育，由于科学技术的高速发展，教学要求提高，办学规模扩大，对教育经费的要求也相应地增加，单纯依靠国家财政拨款已经远远不能适应发展的要求。高校投资体制改革是建立以国家或地方财政拨款为主，多渠道筹措教育经费的投资体制。除了按非义务教育收取学生学费、国内外银行贷款、社会捐资助学、校办产业收入等渠道外，中外企业、学校联合办学的道路也是多渠道筹资的有效途径。联合办学不仅缓解了办学经费不足的困难，而且给学校注入了新的办学思想和管理理念，影响和改变了地方院校的人才培养模式，增加了人才培养多样化的途径。

4. 高等教育大众化

大数据时代，国家要想发展，就必须重视人才的培养，尤其是创新人才的培养。而面对我国人口基数大的现状，如何缓解人口问题，就必须从人才资源的角度出发。高等教育就是其关键，尤其是在现代化科技进步的过程中，高等教育将持续推进大众化入学。世界上发达国家已经实现了高等教育大众化，甚至是普及化。发展中国家也正在积极推进高等教育大众化。我国高等教育大众化入学的特征和趋势表现在以下几个方面：

（1）国家大力发展高等教育，将人力资源转化为人力资本

从1999年以来，我国高等教育的规模持续扩大，高等教育的发展充满了生机和活力，发生了较大的变化。高等教育大众化不仅顺应了人民群众日益增长的对于高等教育的强烈需求，而且促进了民族素质的整体提高和经济的发展，并为早日实现共同富裕提供了强有力的人才和智力支持。随着我国高等教育大众化进程的加快，不断满足广泛的多样化的社会需求和人才需求，必然形成高等教育多样性和人才培养模式多样化的特征。从劳动人口教育构成来看，"大众化阶段"培养的本科生仍是未来社会生产的组织者和技术骨干，高等教育的社会价值不可替代地居于重要地位。[①]

（2）终身教育是智育德育发展的新境界

现代教育理论认为，在现代社会，一方面，人的发展才是最大的发展，并且人的发展应该是全方位的发展；另一方面，现代社会的发展瞬息万变，知识的更新速度也相当快。所以，"以知塑型，以德铸魂"的实现更是时代发展的要求，不仅要提高人才的知识技能水平，还要提高人才的思想道德水平。知识经济时代的来临，行业、职业等的变更节奏加快，社会就业的竞争加剧，为了适应社会变化和提高求职的竞争力，终身学习成为大众的必然选择，终身教育成为社会发展趋势。加速高等教育与基础教育、职业教育、成人教育的相互衔接和沟通，构建终身学习的机制，使高等教育从封闭式教育走向开放式教育，满足社会全体成员的各种学习需求，以知识创新推动整个社会的可持续发展。

---

① 张大良：《课程思政：新时期立德树人的根本遵循》，《中国高教研究》2021年第1期。

(3) 社会需要的层次性和选择的自主性决定了智育德育的重要性

无论是发达国家还是发展中国家，要想发展，就必须举全社会的力量大力发展教育。这不仅仅是政府层面的重视，更需要全社会各方力量的参与。面对社会需要的层次性和选择的自主性，应该结合全社会各方力量，拓展智育德育涉及范围和领域，让智育德育的培养真正得到落实，让各层次人才的智育德育水平得到提高。

二 研究内容

在我国高校教育发展的今天，随着新时代高等教育理念的不断创新，《普通高等学校学生管理规定》《高校思想政治教育工作质量提升工程实施纲要》等重要文件的发布均为高校人才培养工作的顺利开展指明了方向，要坚持将教育与实际相结合，充分发挥高校教育在人才培养过程中的关键性作用和优势地位。重视智育德育视角下高校人才培养，不仅能够满足高校人才的培养质量和数量要求，还能够满足社会发展对人才的需求，使得高等教育的推动不仅能够供需平衡，还能够较好地推动社会的发展。[1]

本书的研究主要包括四部分内容：

（一）构建以知塑型，以德铸魂的理论框架

教育活动通过传递社会文化遗产使得受教育者生理和心理得到全面协调和谐的发展。[2] 在此过程中，智育和德育具备特有的功能，两者并不是孤立存在的，相反两者之间息息相关，相互依存。智育主要是指通过各种教学活动，由教育者向被教育者传递各方面知识，引导被教育者认识自我价值的过程。德育则是指在教育双方学习的过程中，通过传递道德规范，使得个体能够在思想品德教育方面有一定的发展，意识到自身所应该遵循的行为道德规范。两者的衡量尺度和具体的表现形式大不相同，通过智育，个体能够逐渐具

---

[1] 任碧波：《德育与智育的关系辩证》，《河南师范大学学报》1998年第3期。

[2] 杨成荣、张屹山、张鹤：《基础教育公平与经济社会发展》，《管理世界》2021年第10期。

备认识世界和改造世界的能力，而德育则是将规范个体对世界或者身边事物的认知。因此，构建以知塑型，以德铸魂的理论框架是课题研究的前提条件。

（二）探究智育德育视角下高校人才培养的现实困境与总体要求

培养什么人的问题，是坚持正确的教育方针，建设社会主义精神文明和物质文明的重大奠基工程。教育的本质属性始终围绕"人"的问题。[1] 在社会价值取向发生重大变化的背景下，面对世纪变局和百年疫情，智育德育视角下高校人才培养面临着严峻挑战，比如德育与智育的割裂、认知与情感的分离、知德与行德的分离等问题。[2] 面对这些问题，要培养德才兼备的社会主义现代化人才，高校要坚持以人为本的原则、坚持引导学生知行统一原则、坚持针对性和连贯性统一原则。在具体分析智育德育视角下为高校人才培养奠定基石。

（三）分析智育德育视角下高校人才培养的影响维度和影响因素

分析智育德育视角下高校人才培养的影响维度和影响因素是有效提升教育实效性和针对性，能重点掌握智育德育视角下高校人才培养显著成效的关键部分和前提条件，这也是本书研究的重要组成部分。本书主要运用文献分析的方法，理论联系实际，从宏观、中观、微观三个维度分析考察当前智育德育视角下高校人才培养的影响因素。宏观维度从社会经济变迁、社会结构变迁、价值观念变迁等角度来分析；中观维度从高校智育德育模式、智育德育课程设置、高校智育德育评价体系等角度来考虑；微观维度从教师和学生主体价值观来分析。

（四）探寻智育德育视角下高校人才培养的路径选择

智育德育视角下高校人才培养不仅可以促进育人和育才相结合，还可以培养德智体美劳全面发展的社会主义建设者和接班人，从而

---

[1] 郭小香：《比较思想政治教育的"比较"意蕴研究》，《思想理论教育》2021年第10期。

[2] 郗会锁、艾秀廷：《立德树人让学生终身受益》，《人民论坛》2021年第12期。

实现社会主义高校人才培养的根本目标。[①] 本部分是基于智育德育视角下高校人才培养的路径选择，对新形势下如何推进智育德育视角下高校人才培养做出全面解答。主要从观念更新、时空转变、载体优化、系统建构、环境营造五个方面进行考察。第一，高校更新观念，树立正确的人才观和现代教育理念，提升教师队伍素质；第二，时空方面要坚持连续性和系统性相统一；第三，优化高校智育中德育课程设置，充分利用多媒体资源，积极搭建网络德育新平台；第四，将德育要素和智育要素连接起来，促进德育系统与智育系统相协调，实现德育与智育大系统的良性循环；第五，智育德育过程中创造良好的社会环境、校园文化环境以及和谐的家庭环境，力求在综合阐述中探寻优化高校智育德育视角下人才培养的针对性对策和路径。

三 研究目的

高校智育与德育作为培养高素质人才的两个方面，对于教师和学生实现人生价值，促进成长都有着至关重要的作用和影响。本书试图结合学界对智育和德育的基本内涵，探究智育德育视角下高校人才培养的现实状况，分析智育德育视角下高校人才培养的影响维度和影响因素，结合道德教育的基础理论和当前的现实问题，进一步提出智育德育视角下高校人才培养优化措施，促进高校人才高质量发展。因此，本书的主要研究目的由两个方面构成：一是从教师和学生的维度分析高校人才培养的影响因素，考察当前高校智育德育进行中遇到的现实困境。二是结合现实问题和相关理论，系统地、有针对性地提出智育德育视角下高校人才培养的现实路径，力求实现培养德才兼备的社会主义现代化人才的目标。

[①] 冯建军：《论新时代中国特色社会主义教育理论》，《南京社会科学》2021年第10期。

第二节 研究方法

智育德育视角下高校人才培养是一个系统工程，需要综合运用各种研究方法从不同的维度分析当前智育德育视角下高校人才培养的现实困境和影响因素，从而为提高智育德育视角下高校人才培养实效性提出有针对性政策建议。本书主要采取以下几种方法来分析智育德育视角下高校人才培养的影响因素、影响维度和实现路径。

一 文献分析法

在大量阅读相关文献资料的基础上，进行客观全面的分析和整理，主要阅读的范围是学界一些权威学者的有关论述和发表的期刊论文以及公开出版发行的专著等，吸收各家长处，借鉴有关智育德育视角下高校人才培养的研究成果，启发新思维。[1] 智育德育视角下高校人才培养的路径设计主要是基于文献分析的方法，从时空的维度切入，从古至今，从西方到东方，了解目前学界的研究进展。目前关于智育德育视角下高校人才培养的研究已有一定的成果，尤其是在智育德育研究方面已经比较完善了。[2] 因此，在研究的过程中将历史上有关智育德育视角下高校人才培养的研究成果进行梳理，形成一条线索，为本书的研究提供一定的思路和方法。[3] 然而，智育德育视角下高校人才培养是一个庞杂的系统工程，是由教育者、受教育者、智育德育目的、人才培养目标等诸多因素构成的，所以在准确把握智育德育视角下高校人才培养的影响因素和优化路径设计的过程中需要注意诸多环节。在这个过程中，为了提高其实

---

[1] 李均、黄丹阳：《"人"的回归与高等教育研究的微观转向——来自微观史学的启示》，《江苏高教》2021年第8期。

[2] 万恒、王芳：《普通高中教师生涯指导胜任力评价指标体系的构建》，《教师教育研究》2021年第2期。

[3] 宗晓华、余秀兰、谢鑫：《追求有温度的指标：新时代本科教育质量评价的德育之维》，《江苏高教》2021年第10期。

效性，需要遵循一定的内在逻辑，运用一定的逻辑思维方法将庞杂的各个要素整理，系统分析，将历史与逻辑的方法结合起来。在通过大量的文献资料的阅读、整理与分析的前提下，结合现有理论基础，基于本书的研究思路，将理论与实际问题相结合，凸显智育德育视角下高校人才培养的现实价值，提出有效的智育德育视角下高校人才培养的优化路径与对策。

二 比较分析法

比较分析法，主要是通过对事物的相同点或者不同点进行比较，发现其中可能存在的关联，加深研究者对各个事物的认识和理解。在对收集到的数据和资料进行分析的过程中，会着重对两个或者两个以上的事物或者对象进行区分比较。在对我国高校人才培养的资料收集过程中，与其他国家的培养模式进行比较，了解到可能存在的相同点和不同点，挖掘其中的原因，吸收借鉴其他国家人才培养的优秀经验，为智育德育视角下我国高校人才培养提供经验借鉴。

运用比较分析的方法，主要是横向比较研究和纵向比较研究，将国际上的研究与国内的研究、将历史上的研究与当前的研究进行比较，以便更加全面深入地认识智育德育视角下高校人才培养的重要性，更好地把握智育德育视角下高校人才培养路径优化。在比较鉴别中，批判借鉴对研究有启发的成果，拓宽研究思路。[1]

三 问卷调查法

本书所采用的问卷主要是围绕着师生维度展开的。通过对问卷的填写，收集研究对象的相关信息，并进行整理归纳。问卷调查法在统计学、心理学、教育学等方面应用比较广泛。根据研究内容可以将问卷分为结构型问卷和非结构型问卷两种类型。一是结构型问卷，主要是指问卷中所涉及的问题的类型或者格式以及答案可能都是固定的。所有访谈对象都会在同一种结构下回答问题，答案比较

---

[1] 侯怀银、宋美霞:《我国德育研究的基本状况、特点与趋势——基于2010—2019年全国教育科学规划德育课题的统计分析》,《现代教育管理》2021年第3期。

固定，这种类型主要是应用在比较大型规模的调研，以便对收集到的问卷数据进行处理和分析。[1] 二是非结构型问卷，这种问卷在开展调查之前可能并不需要准备标准的问题，而是以调查者自身对调研内容的把握，循序渐进地进行访谈，在不改变最终访谈目的的前提下，自由进行访谈。[2] 在访问过程中要注意用语准确，要清楚表达，转换成被访谈者能够理解的话语，避免模糊表达。尤其是在当被访谈者表示异议时，要及时进行解释，并且安抚被访谈者，保证访谈的顺利进行。要避免诱导性的询问，针对调查对象的具体情况，适当调整自己的访谈语句，避免使用专业性术语。如果在访谈过程中出现这些专业性比较强的表达，被访谈者就会很难进行回答，即使调查者进行了解释说明，但是依然会带有倾向性。

第三节　研究挑战与创新

一　研究挑战

智育德育视角下高校人才培养对于教师实现人生价值和学生健康成长都有着至关重要的影响。本书试图结合学界对智育德育视角下高校人才培养的研究成果，探究智育德育视角下高校人才培养的现实困境，分析智育德育视角下高校人才培养的影响维度和影响因素，系统地、针对性地提出优化智育德育视角下高校人才培养的现实路径，促进高校智育和德育互动协调发展，实现培养德才兼备的社会主义现代化人才的目标。在此过程中，主要的研究难点有以下几点：首先，相关知识比较薄弱，智育主要在教学过程中体现出

---

[1] 李刚、辛涛：《基础教育质量的内涵与监测评价理论模型》，《华东师范大学学报（教育科学版）》2021年第4期。

[2] 林丹、王静、白秋晶：《改革开放以来我国中小学德育政策分析：内容、特点与走向》，《教育科学研究》2021年第2期。

来，而教学过程就会涉及各方面的学科知识;[1] 其次，本书涉及智育德育视角两个方面的内容，资料繁多庞杂，整理分析比较耗费时间；最后，就是智育德育视角下高校人才培养的研究是一个不断探索和学习的过程，需要借鉴教育学、社会学、心理学等多学科的知识。

二 研究创新

（一）探索新时代高校智育德育新形式

高校在教学过程中进行人才培养，不仅要提高学生的知识储备，拓展其知识面，使其能够掌握一定的专业知识，还要提高青年大学生的道德认识，建立道德观念，产生道德情感，形成良好的道德行为。现代社会处于经济转型的关键时期，网络、互联网、数字经济、疫情等多种思潮冲击着人们，也给学生身心发展带来了极大影响。因此，希望可以突破传统知性德育课程化、课程知识化、教学灌输化的藩篱，通过丰富智育形式，寓德育于智育中，寓德育于日常生活时间汇总，推动大学生道德认知能力的提升，促进将知德和行德相结合、认知和情感相结合、智育与德育相结合。

（二）构建新时代高校人才培养的理论框架

新时代时期，高校人才的培养不仅仅只是局限于智育方面，德育的重视也逐渐成为高校教育的重中之重。智育和德育并不是孤立存在的，两者相互依存。通过"以知塑型，以德铸魂"问卷调查，基于收集到的高校人才培养数据，构建新时代高校人才培养的理论框架，探索高校人才培养的新模式。

（三）有机结合智育和德育的理论研究与教育实践

国内外有关智育和德育的研究成果非常之多，但是如何将学理的研究成果与现实中的问题相结合，如何将智育德育统一起来，加

---

[1] 王仕民：《平衡与渗透：德育和智育关系的现代走向》，《中山大学学报（社会科学版）》2006年第5期。

大对高校人才的培养，这样的探索和研究比较少。[①] 本书希望一方面对于高校人才培养中智育德育研究进行突破和创新，从现实困境、影响维度和影响因素等出发，将智育德育统一起来，力图实现拓宽德育形式和促进智育发展；另一方面，有关智育德育视角下高校人才培养的影响维度和影响因素的分析，以及智育德育视角下高校人才培养优化路径的系统考察有助于高校思想政治教育有针对性地开展教学和实践活动。本书整体架构就是分析智育德育视角下高校人才培养现实困境的基础上，结合智育德育视角下高校人才培养的影响因素分析，提出优化智育德育视角下高校人才培养的现实路径，进一步实现培养德才兼备的社会主义现代化人才的目标。

（四）系统优化智育德育视角下高校人才培养路径

对于智育德育视角下高校人才培养的研究是一项涉及多学科的研究，内容庞杂。智育德育视角下高校人才培养优化路径考察必须着眼于方法上的科学性和整体性，实现高校人才高质量发展。[②] 本书从整体着眼，结合相关学科基础理论，基于对智育德育视角下高校人才培养现实困境、影响因素和路径优化的分析，落脚于观念更新、时空转变、载体优化、系统建构、环境营造五个方面的路径建构，突破传统教育手段和方式的局限性，在综合阐述智育德育视角下高校人才培养影响因素分析的基础上，实现培养德才兼备的社会主义现代化人才的目标。

第四节　调查问卷设计及内容

一　调查问卷的设计

问卷的核心就是从现实问题中出发，提出研究假设，获取相应

[①] 吴联星：《真善美的统一：德育与智育的价值回归》，《上海教育科研》2006年第8期。

[②] 梁柱：《坚持德育与智育的辩证统一》，《中国高等教育》2000年第5期。

的数据和资料验证前期的研究假设，完成研究目的。首先就是要明确问题，在整个问卷过程中如何向被调查者进行访谈和咨询，才能收集到需要的答案和资料，实现研究目的。其实这整个过程就是一个研究目的实际操作的过程，即在问卷中将研究问题具体化，围绕着研究课题进行问题设计，主要涉及以下几个步骤：

（一）探索性工作

调查问卷设计的第一步就是探索性工作，也就是要结合相应的文献资料进行梳理和思考，将所要研究的内容和要点融入问卷中，具体到问题的设计过程。探索性工作会根据具体的研究问题而展开，也会跟调研的规模而有所不同。首先，熟悉研究选题，对调查对象进行分析和预评估，逐步完善研究思路和问卷的逻辑框架。尤其是要和研究对象进行沟通交流，了解实际情况，结合调查问题不断修正完善调查方案。当问卷设计中涉及大量的敏感性问题、难以操作的问题和比较含糊的问题时，要通过访谈进一步细化，了解被访谈者的想法和感受，寻求可能的解决方法。探索性工作能够发现研究者以前未曾注意到的各种问题，比如，题目设计成开放型问题好还是封闭型问题好？某些问题放在问卷前部分还是放在问卷后部分好？概念提出是不是过于专业化？被访者的语言习惯是什么，他们听不懂我们的提问怎么办？等等。从而有助于将含糊的变得具体，复杂的变得简单，不符合实际情况的变得因地制宜。[①]

（二）形成问卷初稿

研究者会根据前期准备将各种对研究课题的思考具体化，形成较为完善的研究思路，并将其逐渐汇编成为研究问题，并将各种答案考虑在内，使问题和答案的设计较为合理和完善，逐渐形成问卷的初稿。首先，研究者要将通过探索性工作所累积下的资料和感悟进行整理，并且挖掘出研究脉络，也就是研究问卷的整个逻辑框

[①] 蒋萍、宋瑛：《问卷调查法》，东北财经大学出版社1990年版，第78页。

架，将其分为几个部分，并将部分之间的逻辑关系捋清楚。具体的操作就是要根据探索性工作的内容，将可能涉及的问题一一列出来，并且分门别类，逐步积累，将可能涉及的问题全部考虑进来，完善问卷。其次，要将每个部分的问题和答案列举出来，梳理各个问题的顺序，完善问题和答案的排列。也就是根据每个部分的问题，捋清楚相应的逻辑关系，并在此基础上梳理问卷内容，形成有内在逻辑的完整问卷。最后，根据整个前期的准备工作形成问卷的初稿。

（三）试用和修改

问卷设计初稿完成后不能直接用作调查，必须先进行试用和修改。问卷法与访谈法等和其他调查方式不同，它的不足和错误不可能在实际调查过程中随时进行修改和完善，一旦进行，就是一锤子买卖。问卷一经发出，一切潜在问题和错误都将直接展示在被调查者面前，出了问题基本上无法挽回。等到回收上来，研究者将悔之莫及。特别是大规模结构化的问卷，样本量少则上百，多则成千上万，问卷数量巨大，问卷设计中任何微小的不足，都会最终放大成为大问题，在资料统计和分析阶段产生不可弥补的影响。调查一旦展开，研究者即使发现了问题也往往无法纠正。因此，问卷设计过程中试用和修改至关重要，一切修正工作都必须在开始正式调研之前。[①] 问卷在实际进行调研之前可以进行预调研，主要是分为主观评价法和客观检验法。一般情况下，调查人员会根据调查规模适当进行选择，但也可以将两种方式结合起来一起进行试调查。一种是客观检验法，即将问卷初稿进行反复校正之后，就先打印出来，以此作为小规模预调研的调查问卷。如选取较小范围的调研对象，直接开展调研，并将调研过程中出现的问题记录在册，当天晚上直接汇总，并根据实际问题直接修正调查问卷。根据实际的调查问卷的

---

① 唐美玲、王明晖、王雁：《高校问卷调查研究方法与实践》，同济大学出版社2019年版，第213页。

分析结果，检验调查问卷是否存在逻辑问题，能不能获得研究相关的数据，是否可以保证调研结构能够达到预期效果。要避免在正式调研过程中还出现同样的错误。预调研的目的就是为了发现问卷中可能出现的问题，并及时进行修正和完善，做到精益求精。具体会考虑到以下部分：一是回收率。回收率是指问卷发放下去，填写完毕后又回收到调查者手中的比例。回收率主要靠问卷回收的数量，不考虑问卷回收的质量。回收率在一定程度上是对问卷调查的总体评价，也是对问卷设计的总体评价。回收率如果太低，就要认真考虑问卷设计中是否存在较大问题。问卷是否需要进行较大程度的修改。如果实在不行，就要推倒重来，进行重新设计。二是有效回收率。有效回收率指的是所有回收上来的问卷中能够进行统计分析的合格的问卷的比例。所谓合格就是除掉各种废卷，比如填答不全的问卷、作弊的问卷、其他有问题的问卷等。有效回收率比回收率更能反映问卷调查工程的质量和问卷本身的质量。如果回收上来的问卷中出现较多的作弊问卷，那是属于调查实地质量控制的问题。但是如果回收上来的问卷中出现了比较多的填答不全、不完整，就很有可能是问卷设计的问题。这次调查有90%的回收率，但其中的有效回收率只有80%，很多问卷的问题没有作答，或者即使作答也是明显乱填的，那么问卷设计存在很大问题，需要对问卷进行修改。[①]三是填答错误。有效回收率只是衡量问卷设计标准之一，对填答错误的分析也会有助于问卷设计的改进。出现填答错误尤其是出现具有共性的填答错误，一般都是问卷设计有问题的。问卷设计导致的填答错误有以下情况：比如指导语设计不当，指示不清，多项选择变成了单项选择，表格设计过于复杂或者跳答太多导致被调查者弄不清而乱答，这些都会导致填答错误率上升。四是填答不全。有些问卷不是填答错误而是根本就没有填写或者有一些问题没有填写

---

① 董焱、王晓红、牟静：《问卷调查数据分析实务》，首都经济贸易大学出版社2019年版。

第三章　智育德育视角下高校人才培养调查研究设计

（比如问卷中的一部分问题或者从某一题开始都没有填答），这种情况也与问卷设计有关。比如，问卷设计得太难或者太长，回答者无法填答或者不愿太花费时间；有些问题过于隐私，被访者拒答；答案设计没有做到穷尽性和互斥性，模棱两可，让被访者无从选择导致不填。①

另一种是主观评价法，即根据主观感受进行评价，一般是参考相关领域的专家学者或者行业顶尖任务对该问卷的看法，来修正和完善问卷。尤其是该部分专家拥有不一样的经验，思考角度也大不相同，因此会从较多的角度对问卷提出意见，尤其是针对问卷中出现的逻辑问题更是能够一眼就能看出来。根据专家们的意见，不断修正完善问卷内容，逐条修改，使得问卷内容逐步完善。

（四）问卷打印

问卷在经过试用或修改之后，最终定稿，就可以进行打印。打印出来的纸质版问卷可以作为调研过程的主要依据，如果规模较大，则会启用电子问卷。在打印问卷的过程中，要将问卷进行调整，保证问卷的格式适合进行填写，尤其是问题较多的情况下，将问卷调整为调研员适宜填写的格式。要避免出现打印错误，尤其是要注意一些关键性的数字或符号，比如"6"和"9"，否则就会对调查产生难以挽回的影响。②

二　调查问卷维度分析

本次调查主要分为高校教师和高校学生两个维度，主要从智育和德育视角出发分析智育德育视角下高校人才培养情况。

（一）高校教师德育智育情况统计变量

《智育德育视角下高校人才培养情况（教师篇）》问卷中主要分为四个板块，如表3-1所示。第一个板块是基础信息变量，主要是了解教师的基本情况，如教师的年龄、性别、民族、政治面貌、

---

① 尹德涛、宋丽娜：《旅游问卷调查方法与实务》，南开大学出版社2008年版。
② 上海政法学院：《改革与思考：高校教育发展研究》，上海社会科学院出版社2009年版，第134页。

婚姻状况、任教单位、任教专业、职称和最后学历等情况，大致分析出教师的基本情况。第二个板块是智育情况，主要围绕着课堂教学情况、学习资源情况和学习实践情况进行调查。第三个板块是德育情况，主要围绕着德育认知情况、师生关系情况、家庭教育情况和学校德育情况等方面进行调查。第四个板块是智育和德育认知情况，了解教师对智育德育的认知。

表3-1　智育德育视角下高校人才培养情况（教师篇）

维度		调查题项
基础信息		年龄
		性别
		民族
		政治面貌
		结婚
		任教单位
		任教专业
		职称
		最后的学历
智育情况	课前准备	在上课前会有备课准备
	课堂教学	如何开始课堂教学
		是否会将自己的科研成果引入课堂教学中
		是否引入丰富的案例教学
		是否会进行知识点衍生教学
		是否应该将交叉学科知识引入教学中
		上课过程中是否有学生举手表达自己的疑惑
		课堂上是否向学生推荐本专业的名著
		课堂上是否向学生推荐本专业的顶级期刊
	课后反思	遇到教学问题，课后是否会花时间解决该问题了
		课后是否与同事经常交流教学方面的经验
	专业课程体系	是否了解学校（学院）有为学生学业进步而设计的专业课程体系设计

续表

维度		调查题项
智育情况	教师工作室	是否有属于自己的工作室让学生课余时间进行自习
	学校实验平台	是否了解学校有实验平台让学生开展相关实验活动
	实践基地	学生是否参加过实践基地（企业、政府部门等组织）的社会实践活动
德育情况	德育认知	是否认为德育与思想政治教育是一致的
		在德育教育方面是否做到了言传身教
	师生关系	学生如果主动咨询关于德育的问题时，是否耐心给学生解答
		学生德育工作投入的精力
		会经常和学生进行交流和沟通
		从学生的学习、生活和工作等方面了解
		觉得和学生之间的关系融洽
		当学生犯错了，会如何处理这样的事件了
		"经过我的教导，学生的问题行为都有了较大的改善"是否符合实际
	家校共育	是否经常和学生的家长进行学生德育方面的沟通交流
		认为当前家庭教育对学生德育教育的促进作用
	学校德育	认为所在的学校将智育与德育工作有机结合方面的工作开展得怎么样
		所在的学校开展德育活动的频率
		"不同年级有相对应的系统的阶段性德育规划和措施"对此，认为学校是否实施过
		所在学校的德育交流研讨活动是否制度化、经常化
		当前学校德育工作的效果怎样看
		认为学校领导是否重视德育工作
	智育与德育	德育和智育的地位关系怎么样
		对智育德育教育有什么好的建议

1. 基础信息变量

综合分析各类人口统计变量与高校教师智育德育情况之间的关系，借鉴美国管理学家菲利普·科特勒提出的人口统计变量可以分为年龄、性别、家庭人口数、婚姻状况、职业、教育、宗教、种族及国籍十类，① 本调查从中选择了代表高校教师基础信息的内容：年龄、性别、民族、政治面貌、婚姻状况、任教学院、任教专业、职称和最后的学历等了解被调查者的基本情况，同时对被调查者进行分类，以便考察不同群体的智育德育情况。

2. 智育情况

问卷中针对智育情况的研究主要围绕着课堂教学、专业课程体系、教师工作室、学校实验平台等情况进行调查。

一是课堂教学。为了了解教师的课堂教学情况，从课前准备、课堂交流和课后反思三个维度进行。"在上课前是否会有备课准备"，顾名思义，教师会根据接下来的课程安排适当将自己的课程任务进行分解并做好相应的准备工作，如设计教学过程、撰写教案等。并且还要考虑到如何提高课堂效率，激发同学们的学习热情，保证课堂教学任务的顺利完成。这些都需要教师做好相应的课前准备。最关键的是，每个学生的知识储备不一样，相应的思考能力和思考范式也不同。因此，在整个教学过程中，还需要将学生的学习进度考虑进来，以期能够满足学生的不同学习需求，更好地做到教学相长。"如何开始课堂教学""是否引入丰富的案例教学""是否会进行知识点衍生教学"等问题的提出，主要是了解教师是否能和学生进行良好的课堂交流，使得课程能够较好地进行。教学就其本质而言是一种交流，没有课堂交流，课堂教学就不可能发生，学生全面素质的提高就无从谈起。良好的课堂交流是教学成功，并达成培养学生创新能力和实践能力的基本条件。通过自己的经验或者优异的科研成果的引入，使得学生能够主动和教师进行沟通交流，启发学生进行自主思考，培养学生的主体创造能力，使学生能够实实在在地参与到整个教育过程中，学到东西，并且能够灵活运用。课

---

① 菲利浦·科特勒：《科特勒行销全攻略》，曹辰编译，北京现代出版社2004年版，第5页。

堂进行的过程中，教师要注意教学质量的保证。教学质量主要取决于课堂质量和教师对教学节奏的调整。决定教学质量的一个重要因素，就是课程内容对多少学生来说是有意义的。在教学过程中，如何帮助学生建立新的个人理解是教师需要关注的。与知识的灌输相比，真正有意义的是为学生提供富有个人意义的学习体验，由学生自己在知识的相互作用中不断建构或重组知识结构。"是否会将自己的科研成果引入课堂教学中"这类问题就可以了解教师是否能够从自身的角度出发，通过自身经历来向学生传输相关的专业知识，让学生能够更好地融入课堂。"遇到教学问题，课后是否会花时间解决该问题""课后是否与同事经常交流教学方面的经验"这些问题主要了解教师在课后是否进行课后反思。对于教师来讲，"反思教学"是整个教学过程中最关键的一步，尤其是要将自己的在课堂上的教学实践进行反复琢磨，深刻认识到自己的长处和不足，不断去完善自己的教学方式。通过教学反思，不仅能提高自身的教学水平，还能改进自己的教学实践能力，让自己的教学思维方式能够较好地和教学实践结合起来，做到知行合一。[①]

二是专业课程体系。"是否了解学校（学院）有为了学生学业进步而进行专业课程体系设计"等问题的设计是为了了解教师对学生专业知识学习的认知情况。为了适应当代社会、科技发展和知识转型带来的挑战，教师的教学过程应该要建立在学生的实际需要之上，尤其是在为学生学业进步而进行专业课程体系设计的基础上展开教学活动。从形式上，改变传统的"一言堂"式教学，提高学生的课堂参与度，教学中多设计一些互动环节，引发学生自主学习和自主思考。从内容上，要以学生的兴趣为主导，引入电影、游戏等学生喜闻乐见的事物，将枯燥的案例生动活化起来，让学生的学习有更多的代入性体验。每一个专业都有特定的培养方案，根据专业需求与专业培养人的目标来设置相关课程步骤。教师在进行教学过

---

① 陆启越：《德育评价范式：内涵、类型及演变》，《大学教育科学》2021年第1期。

程中要注意课堂教学内容的调整，使其能够具有较高的实用性，能够提高学生的学习兴趣。在教师与学生交流过程中，要强调学生进行选课时一定要选取本专业相关的课程，不在于多，而在于精。因为太多和专业相关性不大的课程内容会降低学生学习的积极性，同时也会使学生的负担过重。

三是教师工作室。通过"是否有属于自己的工作室让学生课余时间进行自习？"问题的统计。作为学生学习路上的引领者，教师工作室可以是团队合作的场所，在这里，可以大大增强合力攻坚取长补短的机会，这里是促进团队成员尤其是承担引领任务的人专业成长的地方。学生在工作室里学习，会有压力，但是也能够将压力转化为前进的动力；有紧迫感，能促使自己多干事、干成事；有了明确的目标、规划、措施，学习起来也会少走弯路，更容易取得优秀的成绩，并且也会更加与外界沟通，能够较好地锻炼其社会实践能力，充分展示自己，能够有更多的机会与优秀的人沟通交流，从而发现自己的短处与不足，更加明确自己的努力方向。再就是，对于学生来说，工作室是学习的课堂，是展示的舞台，更是与高手过招的地方，也是攻坚克难的阵地。"近朱者赤，近墨者黑"，有老师的指导，手把手地指点，对于学生来说可能不一定有成长的捷径，但是至少会少走很多弯路。因为，学生的学习会放在聚光灯下，学生会全身心投入学习中，并且也会像放在显微镜下一样，如果存在问题，则会更容易及时发现问题并进行改正，且能够对症下药，帮助学生在实践中学会分析问题和解决问题。当学生接受一项任务时，并在工作室完成时，这时候如果是轻车熟路，那么就是展示才能的时候；即使不熟悉，也可以找同工作室的同学一起探讨，从中得到锻炼。当完成每一项任务时，学生就会收获到成功的喜悦。教师工作室的建立以及面向全体学生的使用，都会使得教师和学生能够更好地学习进步。教师工作室的师生可以集中学习，通过各种学习任务的完成，大幅度提高师生解决问题的能力。在教师专业素养的影响下，整个工作室的科研氛围比较浓厚。

四是学校实验平台。"是否了解学校有实验平台让学生开展相关实验活动"等问题主要是为了明确从教师的角度了解学校实验平台是否真的发挥较好的作用。教师可以利用学校实验平台进行实验活动和教学活动，这也是教学活动能够进行的必要条件。教师作为高校人才培养的教育者，对学校实验平台的需求较为急迫。毕竟，在整个教学过程中，教师是作为引导者的存在，学生要在什么样的场合进行实验和学习，关键就在于教师的引导。如果教师能够在学校实验平台积极引导学生学习，满足学生的学习需求，不仅一方面可以较好地完成教师的教学任务，另一方面也可以满足教师自我发展的需求。通过学校实验平台的搭建，教师不仅可以进行实验研究，还可以与社会其他组织进行沟通交流。立足于学校实验平台，将自身的研究成果逐步进行推广，吸引更多的人了解其研究进度，为其实验结果的具体化、市场化奠定坚实的物质基础。同时，通过学校实验平台，还可以较好地与更多专业学者进行沟通交流。如通过更多的专题知识讲座，与专业学者进行沟通，展示自己的成果，或者寻求其他学者的帮助，解决实际研究中存在的问题。

3. 德育情况

问卷中针对智育情况的研究主要围绕着德育认知情况、师生关系情况、家校共育情况和学校德育情况等方面进行调查。

一是德育认知情况。教师结合实际的教学过程对以下问题进行作答，如"是否认为德育与思想政治教育是一致的""在德育教育方面是否做到言传身教"，了解教师的德育认知情况。教师在自身的道德水平基础上，通过对实际教学生活中出现的道德案例或者其他相关情况的处理，不断加强自身对德育知识和实际经验的积累，并言传身教，让学生能够对德育有更深刻的认知。教师是学生学习路上的一面镜子，其一言一行都会对学生产生深刻的影响。因此，教师不仅要传授给学生知识，还要注意教会学生如何做人，即做人的道理。这也就要求，教师应该要从自身出发，加强自身的道德修养和职业修养，成为学生学习的榜样。并且教师在教学过程中也要注重德育,尤其是要认识到德育工作的重要性,从而利用学校的教学资源,在日常教学过程中,通过家校结合,全方位提高学生的德育素养,让学生不仅在课堂上了解到德育知识,还能够将其运用到实际生活中。教师将德育知识与实际教学实践过程结合,在与学生的实际相处中,帮助学生树立正确的世界观、人生观和价值观,使其成为新时代的弄潮儿。教师要做到持之以恒,从全方位多领域培养学生的专业知识和道德水平。尤其是学生的思想道德水平的提升是需要长时间的积累的,在积累的过程中,教师的引导作用是必不可少的。教师要在学生走了偏路或者错路的时候,帮助学生,将学生引入正轨。①

二是师生关系情况。"会经常和学生进行交流和沟通""对学生学习、生活和工作等方面了解程度""和学生之间的关系融洽"等问题主要是了解教师对待师生关系的态度。教育学家罗杰斯认为,教师的态度可以决定教学的成败②。高校教师是社会的一个特殊群体,基于高校的主要功能以及高校教师与学生、文化与社会的关系,高校教师不仅是教育者,也是科学研究者、社会服务者和社会批判者。在本书中,高校教师是指在普通高等学校中从事教学科研的专职教师,不包括教辅人员、学生辅导员、班主任及行政管理人员、后勤服务人员。高校学生,作为社会中的一个特殊群体,不仅是在学习各方面知识,更是在学校中学习成为一个对国家、对社会有用的人。而教师则需要给学生创建一个轻松、愉快的学习氛围,让学生能够在舒适的学习环境中学习智育德育知识,实现教学知识的传递与反馈。如果遇到不懂的问题,学生可以通过各种方式自主去寻找答案,和教师沟通交流,畅所欲言,提高学生自主解决问题的能力。人本主义代表人物罗杰斯认为,促进教学的关键不在于教师的教学技能和课程计划,也不在于视听设备和图书资料,而是在

---

① 曹孚:《外国教育史》,人民教育出版社1962年版,第34页。
② 叶颜春、韦斯积、刘焕兰:《态度、理念、行动——中职教师的成长之路》,北京理工大学出版社2015年版,第1页。

于师生关系的某些品质，要创造一种以真诚、关心、相互理解为核心的人际关系。[①] 在教育过程中，教师与学生是在生命的相会中实现相互对接、相互交融的。著名学者鲁洁教授认为："在教育过程中，一堂课、一席话、一次交流、一次学术活动……你都能体验到生命在人与人之间，在师生之间、同学之间、同行之间的自由流淌，感受到他人生命在你身上搏动，你自己也已经活在他人的生命之中，生命在交融中腾飞。"[②] 教师的职责是教书育人，即应该成为"经师"和"人师"的统一体。[③] 因此，教师不仅要花时间向学生传授专业知识，还要在教学过程中带领学生去体验专业知识运用的实效性，让学生能够深刻认识到学习的快乐，学会自主学习。同时，教师要关心爱护学生，当学生在思想或者情感方面出现问题时，要及时发现，并伸出援手，利用各种机会及时帮助学生振作起来，引导学生形成正确的人生态度，养成良好的生活习惯，提高自身各方面的能力。教师要从人文关怀角度出发，注意教育教学过程中，积极引导学生成长成才，同时也可以和学生平等交流，学习学生身上的闪光点，让其能够帮助自身发展，做到和学生共同发展进步。只有师生关系和谐，学生和教师才能够共同进步。

三是家校共育情况。家校共育是指家庭和学校形成合力对学生进行教育。教师应主动争取家庭的支持和配合，家长在教育子女时也能得到更多来自学校的指导，共同实现学生全面、和谐发展的教育目标。苏霍姆林斯基曾经说过："教育的效果取决于学校和家庭的教育影响的一致性，如果没有这种一致性，那么教学和教育过程就会像纸做的房子一样倒塌下来。"[④] 教师应该找到学校和家庭教育的最佳契合点，使学生成人成才的道路更宽广、顺畅。教师在家校

[①] 罗杰斯：《课堂行为的有效管理策略》，中国轻工业出版社2011年版，第56—57页。

[②] 鲁洁：《教育学》，河海大学出版社1991年版，第282页。

[③] 张周志、李明：《师道的自觉——赵馥洁先生从教五十年纪念文集》，中央编译出版社2016年版，第203页。

[④] 苏霍姆林斯基：《给教师的一百条建议》，天津人民出版社1981年版，第234页。

共育中，是一线的直接工作人员，他们对待学生、家长的态度，直接影响其工作效果。要搞好家校共育，需要教师改变观念、态度和方法。①"是否经常和学生的家长进行学生德育方面的沟通交流""当前家庭教育对学生德育教育的促进作用"主要是了解教师与家长在教育孩子的问题上是否相互支持、相互配合，因为，只有这样才能真正促进孩子的发展。在新课标的推动下，随着素质教育的不断深入，教师被赋予了新的重任，教师和家长之间的合作关系又迈上了一个新台阶，要求越来越高，难度越来越大。教师需要友好融洽地与家长合作，及时调整沟通方式方法，做孩子的知心朋友，到学生中间去了解情况，及时掌握信息，与家长分享、沟通，虚心听取他们的意见或者建议，优化教育管理方式。摆正摆好教师与家长的位置，充分尊重学生家长。家长和教师一样都是孩子健康成长的引路人，都肩负着教育好孩子的重任。学生在校接受教师的教育，在家接受家长的教育。教师可以与家长加强联系，发挥好教育、引导和示范作用。家庭教育和学校教育都有各自的优势，也有明显的局限性。比如学校教育在内容上还不能很好满足学生多方面成长的需要，在时间和空间上不够灵活等。因此，通过家庭教育的落实，让智育德育能够贯穿学生的整个生活学习过程中，让家庭教育能够支持学校教育，实现真正意义上的智育德育。家校共育的实现必须要依靠学校和家庭相互配合，共同努力。学校教育通过各种学习活动提高学生的智育德育水平，而家庭作为学生的依靠和港湾，不仅全方位支持学校的智育德育工作，还竭尽所能帮助学生解决后顾之忧，让学生能够处于一个较好的学习生活氛围。

　　四是学校德育情况。"所在的学校将智育与德育工作有机结合方面的工作开展得怎么样""所在学校的德育交流研讨活动是否制度化、经常化""您当前学校德育工作的效果"等问题就是了解学

---

① 谢伟、张矛矛、曹洪军：《基于项群理论的高校体育课程思政探索》，《体育学刊》2021年第4期。

校德育工作的推进情况。目前大多数高校比较重视智育工作的推进，比较轻视德育工作的落实。这种教育就会导致德育缺失，学生思想道德素质出现问题，社会上频频出现德不配位的案例，与教育的根本目标相违背。因此，学校应该要重视德育工作的推进，以教师职业道德规范为准绳，以更新师德观念、规范师德行为、提升师德水平为重点，以创优争先为统领，进一步深化师德建设，提高师德素质，努力建设一支师德高尚、业务精湛、与现代化教育相适应的高素质教育队伍。在学校智育德育工作的落实过程中，要发挥出学生的主体。一是从学生干部队伍建设出发，帮助学生群体较好地学习智育德育知识。例如通过圆桌会议，会谈讲座和思想沙龙等各种活动形式对学生进行思想政治教育、心理健康教育等，让学生能够了解到智育德育的重要性，并且结合各种学习活动更好地提高学生自身的智育德育水平。二是从学生出发，将学生的主体能动性发挥出来，让学生从学习生活等各方面加强对智育德育知识的学习和落实。[①]

4. 智育和德育认知情况

"德育和智育的地位关系""智育德育教育的建议"通过这些问题了解教师对智育德育的认知情况。教师会根据自身学科的特性以及教授学生的主体性适时调整智育德育知识的讲解程度和方式，将智育德育的认知与学科知识进行有机结合。教师首先要从自身视角出发，将智育与德育的认知落到实处，在实现"教书"与"育人"双重使命的过程中，与学生形成良好的师生关系，不仅要将知识传授给学生，还要以身作则，让学生能够全方面提升智育德育水平。

（二）高校学生智育德育情况统计变量

《智育德育视角下高校人才培养情况（学生篇）》问卷中主要分为四个板块，如表3-2所示。第一个板块是基础信息变量，主要

---

① 覃鑫渊、任少波：《德育共同体：建构导学关系的新视野》，《学位与研究生教育》2021年第9期。

是了解学生的基本情况,如学生的年龄、性别、民族、政治面貌、婚姻状况、任教单位、任教专业、职称和最后学历等情况,大致分析出学生的基础信息变量。第二个板块是智育情况,主要围绕着课堂教学情况、学习资源情况和学习实践情况进行调查。第三个板块是德育情况。主要围绕着德育认知情况、师生关系情况、家庭教育情况和学校德育情况等方面进行调查。第四个板块是智育和德育认知情况,了解教师对智育德育的认知情况。

表3-2 智育德育视角下高校人才培养情况(学生篇)

维度		调查题项
基本信息		年龄
		性别
		是否为独生子女
		民族
		政治面貌
		学习所在单位
		专业
		年级
		在校生层次
智育情况	课前准备	专业学习成绩
		在学习过程中,觉得自己学习方法是否存在问题
		平时会通过学习一些小技巧来帮助自己学习
		是否每天都在接触较为新颖的专业知识或者观点,不断充实自己,拓宽自己知识面
		看过一些专业相关的名著
		看过一些相关专业的顶级期刊
	课堂学习	老师上课的时候会推荐一些专业名著
		老师上课的时候会推荐一些专业期刊
		觉得老师上课的方式是否足够吸引,能够较好地学习
		对老师课堂上所讲的知识点能否理解
		课堂上发现老师讲错了某个知识点,是否会站起来给老师指出问题

续表

维度		调查题项
智育情况	课堂学习	课堂上发现老师又在讲重复的知识点，是否会给老师反映
		课堂上发现老师讲的知识点并不与本专业相关，是否会和老师进行沟通交流
	专业课程体系	学校（学院）是否有为了学生学业进步而进行专业课程体系设计
	教师工作室	老师是否有属于自己的工作室让学生课余时间进行自习
	学校实验平台	是否去过学校（学院）的实验平台开展相关实验活动
	实践基地	是否参加过实践基地（企业、政府部门等组织）的社会实践活动
德育情况	同学关系	与同学之间的关系良好
		当同学忘带笔或本子时，会愿意借给他
	父母关系	认为自己和父母的关系怎么样
		在节假日，是否主动和父母进行沟通交流，问候父母
		天气转冷，是否会提醒父母添加衣物
		一旦父母的要求不符合他的需要，一些学生就会和父母大吵大闹
		"我不主动和父母交流我的学习和生活情况"，觉得这种情况符合自己的实际
		在学习、生活或工作中，遇到了困难，需要别人帮助的时候，首先想到的人是谁
	师生关系	看到老师会怎么做
		所接触的老师有经常找谈心，并给予指导和帮助
		老师对学生学习、生活和工作等方面了解程度
		请问接触到的老师对德育的重视程度
		当老师知道犯错了，经常会怎么样
		老师在和学生沟通时是否经常注重理论联系实际，并及时对学生进行道德教育和引导
		师生关系如何
		当某个同学违反了课堂纪律，老师通常的做法是什么
	理想信念	是否有坚定的理想信念
		是否有明确的人生目标

续表

维度		调查题项
德育情况	理想信念	相信自己会成功实现自己的理想
		在过去的人生旅途中遇到挫折和坎坷时，是怎样解决的
		认为实现自己的理想现在最重要的是什么
		为了实现的自己理想，希望今后的生活状态是怎么样的
	集体利益与个人利益	当面对班级团体任务时，会怎么做
		当个人利益与班级集体利益产生矛盾时，会怎么做
		觉得是个人依附班级集体，班级集体推动个人
		愿意为班级集体利益牺牲个人利益
		喜欢班级集体活动还是个人活动
		在班级中经常会为班级里的事操心
	爱国主义	知道国旗、国徽、国歌的诞生故事
		知道"钱学森爱国"的故事
		是否关注过近段时间出现的与国家利益相关的国际、国内事件
		认为爱国主义主要体现在什么地方
		当身边有人对祖国不敬时，你会怎么做
		当国家发生灾难时，你会怎么做
	德育认知	在楼梯间你看见了纸皮、果皮等垃圾时，会怎么样
		对于撒谎的看法是怎么样
		在以下德育教育内容中，认为重要的是哪些
		在日常生活或学习中，家长或老师在引导汲取优秀品德时，发挥作用最大的是什么
智育与德育		觉得德育和智育的地位关系怎么样
		是否认为德育与思想政治教育是一致的
		对智育德育教育有什么好的建议

1. 基础信息变量

这一部分是被调查人员的基础信息填写，主要目的是确定被调查者的年龄、性别、独生子女、民族、政治面貌、专业、年级等相关基础信息，为进一步分析做准备。因为，调查是在高校内进行的，因此受众会比较复杂，如男性教师和女性教师在同样的德育认知存在一定的区别。还有就是专业的复杂性等问题，如果是思政专业出身的学生，在德育认知方面就与其他同学有明显的不同。

2. 智育情况

问卷中针对智育情况的研究主要围绕着课堂学习情况、学习资源情况进行调查。

第一，学习方法技巧。"在学习过程中，自己学习方法是否存在问题""是否每天都在接触较为新颖的专业知识或者观点，不断充实自己，拓宽自己知识面""看过一些相关专业的顶级期刊""老师课堂上所讲的知识点能否理解"在教师教学过程中，学生应该发挥主观能动性，毕竟教师教授的东西是有限的，如果仅仅依靠教师的传授，学生的知识面与眼界就会被局限。因此，学生应该主动去接触相关的专业知识，如通过阅读专业相关的顶级期刊论文、专著和参加相关会议等，拓宽自己的知识面，更好地优化自己的学习方式，使自己能够更好地进行学习。尤其是在各种文献阅读过程中，学生会逐渐拓宽自身的知识面，让自己对专业知识领域的了解程度不断加深，为自身后期的发展奠定坚实的基础。尤其是在撰写毕业论文过程中，通过各种有效的学习方法和技巧，让学生能够较好地把握论文节奏，更好地完成毕业论文的撰写。在有限的大学时间，高校学生要基于自身情况出发，利用高效的学习方法提高自身对基础专业知识和技能的掌握程度。并且结合高校资源，抓住机会，在具体的实践活动中锻炼自身能力，使自己的理论和实践能够较好地结合。[①]

第二，专业课程体系。"学校（学院）是否有为了学生学业进步而进行专业课程体系设计"等问题的设计是为了了解学生对专业知识学习的认知情况。面对社会转型以及知识经济高速发展的现状，学生专业知识的学习需求发生了巨大变化，尤其是在高校自主学习过程中，学生在取得学业进步的同时，也要相应地拓展自身的

---

① 邓草心：《高校与学习型区域发展研究》，武汉大学出版社2017年版，第98页。

专业知识面，为以后进入社会奠定坚实的基础。专业课程体系设计要依据学生需求，改变传统的"一言堂"式讲学模式，让学生能够切实体会到专业课程学习的重中之重，使其能够积极参与到课程学习中，能够自主学习和思考。专业课程体系的设计根据专业性质不同而呈现多样化，并且根据专业需求和专业人才培养目标优化课程体系。学生在课堂上会接受专业知识的熏陶，使其能够拥有较强的专业基础素养，然后结合具体的实践内容强化学生的专业基础知识，使其能够拥有较强的学习兴趣，提高其社会实践能力。

第三，教师工作室。一是通过"老师是否有属于自己的工作室让学生课余时间进行自习"等问题了解学生是否拥有自习的场所。如果能够拥有自习室，学生就更有可能养成良好的学习习惯。尤其是在教师工作室的话，学生大多都会在一起学习，从而形成浓厚的学习氛围。在这种氛围下，即使是自学能力较弱的学生，也会被身边的同学感染，渐渐养成良好的学习习惯。二是遇到问题或困难时，能够及时地与老师沟通交流。尤其是在高校学生学习的过程中，学生大多是自主学习，基本都在本专业领域不断探索。但如果在整个过程中，遇到问题的话，能请教的一般就是自己的导师，"一语惊醒梦中人"，能够让学生不死磕某个知识点，从而拓展学生的学习范围。三是有利于提高学生的学习效率。学生在自习室学习能够不受外界打扰，全身心投入，学习效率能够有一定的保证。

第四，学校实验平台。"是否去过学校（学院）的实验平台开展相关实验活动"等问题主要是为了明确通过学校实验平台的锻炼，学生各方面能力是否得到锻炼。学校实验平台是高校开展实践教学和科学研究的平台，教师可以较好地开展实验教学，学生也能够结合具体的实验器材进行实际操作。学校实验平台的搭建一定程度上反映出了高校的教学水平、教学质量和管理水平的完善程度，并且也会在培养创新人才和提高学生实践能力方面发挥着重要作用。正如教育部周济部长强调的"高水平实验室是培养创新人才的重要阵地，是科技创新的重要场所，实验室的数量与水平是一所大学科技创新能力的基本标志之一"。一是学校实验平台是培养满足时代发展需要的高素质高水平专业人才的基础条件。随着时代的发展，学校实验平台逐渐承担起与以往不一样的培养任务，如将理论学习与动手实践能力结合起来，不仅要求学生有较强的专业知识储备，还要有较强的动手实践能力，能够具备较强的创新能力，并能够适应社会发展的需要。这也就要求学校实验平台要有一定的资金投入量，具备较好的固定资产，这样才能满足社会发展需要的高素质人才的培养要求，学生才能够有更好的平台进行学习和研究。如置办高精尖仪器设施，让学生不仅可以感受到现代科技的快速进步，还能够让学生亲身体会到专业知识实际操作的可能性，营造良好的学习氛围。二是学校实验平台也是科技创新的基地。高等学校不仅有较好的基础设施，还有雄厚的人才储备，两者结合，使得高等学校能够营造出较好的科研氛围。再加上高等学校的多学科交叉的教学体系，教师和学生之间的思想碰撞，更是能够较好地出现新的成果，并且具备一定的传播新知识新思想的基础条件——高等学校是开放思想的集聚地。三是学校实验平台是社会服务的基础。高等学校可以充分利用自身优势条件，将社会中无法解决的问题进行理论化和模拟化，在高校范围内充分利用教师和学生的思想火花，从自身专业领域思考这些问题，为社会生活中的实际问题和社会发展过程中面临的问题提供一些政策性意见。

第五，实践基地。"是否参加过实践基地（企业、政府部门等组织）的社会实践活动"等问题了解学生参与社会实践活动的情况。设立社会实践基地，其目的就是为了培养和提高学生的创新能力和实践能力，完成综合实践任务，更好地实施素质教育。实践基地的活动有别于学校的课程教育，主要是让学生真正参与进来，体验具体的实践活动，使其能够更好地体会到知识与实践活动的具体结合，这样就能更好地提高学生学习的主动性和积极性。关键的一点就是，实践基地的实践活动往往并不是单一知识的运用，基本会涉及多个学科知识，从而能够增强学生综合运用多学科知识的能力,让其体会到学习知识的快乐,尤其是认识到自身专业知识能在实践活动中的具体可操作性,激发其学习学科知识的动力。

当今社会高速发展,社会对人才需求的标准日益提升。实践活动具有帮助大学生掌握和应用专业知识的功能。大学的理论教学往往重视对知识的模仿与继承,而实践活动则强调知识的获得要遵循从现实中学、从实验中学、从研究中学的路径,突出大学生对知识的概括、提炼和领会,重视大学生读书学习的最终目的是运用知识、解决问题。通过开展实践活动,大学生得以实现对知识的深入掌握,完成对知识的聚合与整合,实现新思想、新观点的涌现。大学生构建知识体系、提升学习能力的综合水平得到完整性的优化与提升。充分利用各种学习与资源,能够有效地提升大学生的综合素质。大学生在各种实践实习过程中,从实践中学习,强化各种知识和技能的学习,注重身心健康,追求全面发展,坚定社会主义信念,逐步成长为社会主义的合格建设者和可靠接班人。

3. 德育情况

问卷中针对德育情况的研究主要围绕着同学关系、父母关系、师生关系、理想信念等方面进行调查。

一是同学关系。"与同学之间的关系"等问题主要是根据学生对自己平时与同学之间的交往情况做出判断。毛泽东同志说过:"我们都是来自五湖四海,为了一个共同的革命目标,走到一起来了""一切革命队伍的人都要互相关心,互相爱护,互相帮助"。[①] 同学关系要处理好,在长期的学习和生活中应该互帮互助,这也是社会主义新型人际关系在学校里的重要体现。同学之间团结互助,亲密友好,这不但靠志向一致来维系,还要靠感情的融洽来维系。正确处理同学关系的一个重要出发点,是对同学要怀有深厚的热爱之情。在同学之间的交往中,给他人以温暖,自己也会得到温暖,对他人漠不关心,则很难处理好同学关系。同学之间在人际交往

---

① 毛泽东:《毛泽东选集》(第三卷),人民出版社1966年版,第105页。

中，经常会发生一些矛盾。对于这些矛盾，要善于实事求是地处理，切忌主观片面性。解决同学之间矛盾，其出发点和最终目的，都是为了团结，而批评则是达到这一目的的手段。因此，同学之间的批评不应采用简单生硬的方式，而应从团结的愿望出发，从同学之间的深厚情谊出发，动之以情，晓之以理。处理同学之间出现的矛盾，不仅要正确地对待对方的缺点，而且还要正确认识自己的不足。同学之间矛盾的产生，有时责任并不完全在于对方，而往往是双方有责。在这种情况下，只有首先严于律己，诚心诚意地进行自我批评，才有可能搞好同学之间的人际关系。

二是父母关系。"在节假日，是否主动和父母进行沟通交流，问候父母""天气转冷，是否会提醒父母添加衣物"等问题主要是想了解学生与父母之间的相处情况。家庭是学生接受教育的基础社会单位，是青少年最重要的社会化场所。家庭生活经历对当下孩子成长及将来发展至关重要，家庭结构与青少年健康发展密切相关。著名社会学家费孝通指出，"双系抚育"是婚姻与家庭的重要功能之一，夫妇与亲子组成的核心家庭同时缔造了"夫妻关系"和"亲子关系"，是社会结构中的一种稳定的"三角关系"，女性主要承担孩子生理上的服务责任，男性则更多承担社会性抚育责任。[1] 智育和德育工作的落实和实施是一项多维的系统工程，家庭作为学生生活和活动的重要场所，是其中不可或缺的一维，有着不可忽视的作用。智育和德育的实施和落实也必须依靠家庭才能实现，家庭作为学生的后盾，为学生提供较好的生活和学习氛围，帮助学生解决后顾之忧。尤其是在学生主动和家人沟通时，家人应该给予反馈，让孩子的心理预期得到一定的满足，使其能够更有兴致与父母交流，从而使得学生所受到的家庭教育能够发挥作用，营造出较好的沟通氛围。这样就可以让家长切实结合智育德育的具体要求引导学生，与学校教育形成合力，起到事半功倍的作用，促进学生全面发展。

---

[1] 费孝通：《生育制度》，北京联合出版公司 2018 年版，第 69 页。

三是师生关系。"看到老师会怎么做""老师对学生的学习、生活和工作等方面了解程度""师生关系"等问题主要是围绕着良好和谐的师生关系的构建进行询问的。良好和谐的师生关系是学生能够主动学习，遇到问题时能够及时和老师进行沟通交流的前提。学生学习专业知识的最终目的是能够与社会实践活动结合起来，解决实际生活中的问题。但是在整个过程中，当他遇到问题或者困境时，他就会产生寻求帮助的想法。这个时候，教师的出现就是为了引导学生能够自主运用自身所学解决其遇到的问题，让他能够对学习产生兴趣，认识到学习的必要性，从而能够较好地融入学习的过程中去。在教学过程中，学生应该在教师的引导下积极思考，发挥主观能动性，培养自己的创新精神，提高自己的社会实践能力，能够自主学习。正如德国教育学家第斯多惠所说："教学的艺术不在于传授的本领，而在于激励、唤醒、鼓励。"[1] 由此可见，如果在学生的认知中，明确了教师对其的关爱，能够从其兴趣出发激励其学习，那么师生关系就会逐渐融洽，学习也会事半功倍。

四是理想信念。"是否有坚定的理想信念""在过去的人生旅途中遇到挫折和坎坷时，怎样解决"等问题的提出，主要是强调在当代大学生的成长成才过程中，理想信念的拥有和坚持是当代大学生的初心。作为当代社会的弄潮儿，大学生应该时刻铭记历史使命，自觉为社会发展奋斗终生，将自身的发展融入中华民族的复兴之路上，在实现中国梦的路途中实现自身的价值。这意味着作为高校大学生，不仅要努力学习专业知识，还要从自身出发，树立远大理想，努力奋斗，将自己的理想信念转变为实际行动，发愤图强，用自己的实际行动实现中国梦。

4. 智育和德育认知情况

"德育和智育的地位关系""德育与思想政治教育是否一致""智育德育教育相关建议"等问题主要是想了解学生对于智育和德

---

[1] 第斯多惠：《德国教师培养指南》，人民教育出版社2001年版，第181页。

育的认知情况。学生是高校智育德育治理的内部主体。在传统的学校管理模式中，学生主要被看作是接受教育的客体。因此，其对智育德育的认知并不深入，只是被动接受而已。随着教改的进一步推进，学生逐渐开始有了智育德育教育的自我认知、自我规划、自我监督和自我评价，促使学生能够更加积极主动地了解智育德育，最后能够将书本上的知识逐渐转化为自身的情感，最后在情感驱动下产生行动，使得学生的行为能够有所体现。因此，新时代学生对智育德育的认知是值得思考和分析的。

三 调查问卷的统计分析

面对各种社会现象和社会问题，社会调查分析就必须要从质和量两个角度对调研问卷收集的数据进行分析，在保证数据"量"的基础上，还要让收集的数据经得起考验，也就是"质"的实现。换句话说，就是要从定性分析和定量分析两方面对问卷数据进行深入挖掘和使用，保证社会调查目的的实现。

（一）定性分析

定性分析是以问题为导向对收集的数据或资料进行概念界定或者依据相应理论进行分析的调查方法，目的是将研究问题定性化，使其能够较好地反映出调查研究目的。但是，定性分析的进行对统计分析人员的要求比较高，如需要有较高的专业知识水平，能够对被调查者的回答做出反应，并进行深入挖掘。尤其是在进行资料收集和整理过程中，能够及时快速地将资料进行分门别类，过滤掉无用信息和干扰信息，将有用信息挖掘出来进行利用。

智育德育视角下高校人才培养情况调查问卷中的定性数据，有些数据是有序的，如年龄、文化程度等；有些数据是无序的，如性别等。通过定性分析，对教育过程和结果的性质进行分析，了解教师和学生在整个智育德育过程中的感受，这种分析就会侧重于事物的质的方面，是评价者对评价对象用简明的话语进行描述。如教师在对学生的课堂表现情况的描述或者学生在表达自身的困惑等方面。这种方式能够较容易地掌握或了解调研对象的基本情况，特别是那些不易于定量化的指标，采用定性描述，内容丰富，比较客观，缺点是并不能形成较好的比较情况，因此很难得到两者之间的差别。比如说，学生们的专业不同，年龄也存在差异，所接触的知识面也不同，他们所表现出来的状况也就不可能都是一样的，并且学生们的劳动是具有复杂性和创造性的。因此，有些因素是很难定量描述的，如对课堂上学生的收获或者教师在教学过程中对学生的了解等。因此，针对这种情况，定性分析是必不可少的。

（二）定量分析

定量数据主要有三种类型：一是分类数据，即本身并不是数值型数据，是根据类别进行的赋值，如被调查者按照性别进行分类，分为男性和女性，男性赋值为1，女性赋值为0。对分类数据进行分析主要是按照百分比，如男性人数占总人数的比例，或者研究生学历的被调查者占总调查者数量的比例。二是顺序数据，也是以分类的形式出现，但区分的依据主要是顺序，如事物的大小或者完成调查问卷的时间等进行升序或降序排列，然后进行比较。在本书中，李克特量表用得比较频繁，且在统计分析过程中，主要是根据中位数、百分位数等进行区分。三是数字数据。该类数据主要是真正的数值，如被调查者的年龄，但这种数据也可以分为离散数据和连续数据两种类型。在分析该类数据过程中，主要是采取平均数、标准差、T检验等。按照上述三类数据的特点，可以进行定量分析，按照调查问卷的数据特点做一些简单的数据分析，如中位数、平均数、频数等，可以将问卷中的问题分为以下几类进行分析：

1. 对封闭问题的定量分析

封闭问题的答案在问卷中全部给出，要求被调查者从中选取。各答案选项的频数和百分比，可以通过简单的统计得出。然而，几乎所有的问卷分析都需要在各被调查者类群之间进行比较，这就需要利用较为复杂的交叉分析。交叉分析是分析两个及以上变量之间的关系,并根据研究目的将适宜的变量在各种维度进行比较。例如,教师德育情况的分析,不仅要从师生关系出发,还应该考虑到家庭教育的影响以及学校整体德育氛围带来的影响等。

2. 对开放问题的定量分析

开放问题由被调查者自由回答,主要参考的是被调查者自身的经验教训或者常规认知。因为,每个人的经历都不相同,面对同样的问题,可能给出的回答也大相径庭,也就较难得出统一的答案,因此不能用传统的统计方法进行分析。针对开放性问题,如何进行量化分析或者估计,就需要结合一种科学的方法进行结构化处理,然后再进行统计分析,这也是对开放问题进行分析的关键所在。如表 3-3 所示,针对这种开放性问题的答案进行结构化处理,也就是分类处理。面对上百份问卷,上千个开放性问题,如果要实现访谈目的,就必须将该类问题进行定量分析,即研究者在明确自身的研究目的的基础上,将问题的答案按照选项,进行分类处理,然后统计分析。

表 3-3　　　　　问卷中开放性问题示例

如何开始课堂教学（教师篇）	看到老师学生会怎么做（学生篇）
A. 通过典故或者名言警句引入	A. 主动向老师问好
B. 从学生的实际问题出发	B. 认识的老师才会打招呼
C. 从自身遇到的案例出发	C. 远远地避开
D. 从教材出发	D. 老师叫名字了,才打招呼
E. 其他	E. 其他

3. 对数量问题的定量分析

对数量问题的定量分析主要是针对回答结果的数字进行研究,如"年龄"回答的结果一般会围绕着岁数进行,也就是数字。面对这种类型的问题,研究者一般会将这些量化后的数据进行整理,按照一定的规律进行排列整合,如根据不同的年龄划分为老年人口、受教育人口等，也可以按照不同的经验积累程度，如务农年限或者务工年限等进行数据分类。在此基础上，仔细分析数据分布的规律，对其平均值、中位数、众数、最大值、最小值、标准差、四分位数等进行分析，了解数据分布的大致规律。

第四章　基于以知塑型的创新人才培养研究

法国埃德加·莫兰曾说过:"致力于传播知识的教育,对于什么是人类知识、它的机制、它的弱点、它的困难和它可能导致错误和幻觉的倾向毫无所知,毫不关心对于什么是认识加以认识,这是令人担心的。"[①] 因此,在教育过程中无论何时都不能脱离对知识的传播,任何对教育的探讨都不能脱离对知识的思考。任何脱离知识的教育都是无源之水,无本之木。只有在教育过程中不断对知识进行深层次思考,才能够真正明确知识与学生发展之间的关系,进而促进知识教育价值的实现以及高校人才培养方案的优化。本章通过探讨知识是什么,知识的来源,知识教育及其价值以及实践教育的含义特征、理论基础以及知识教育与实践教育的关系等问题来系统解释高校进行人才培养的重要环节——以知塑形,同时根据对实际收集到的问卷进行系统性分析,得到知识对于高校人才培养的重要性及显著影响因素。

第一节　知识是什么

罗素曾说过:"知识是一个不能得到精确定义的名词。"[②] 无论在任何时间、任何地点,知识都无处不在,因此,如何界定知识是

[①] 埃德加·莫兰:《复杂性理论与教育问题》,北京大学出版社2004年版,第6页。
[②] 鲍宗豪:《论知识:一个新的认识域》,上海人民出版社1991年版,第140页。

什么是一件很难的事情。知识作为一个与人类社会生活紧密相关的问题，一直受到各个学科的广泛关注。尤其是哲学一直以来都在深层次探讨知识，因此，很多关于知识的定义都是从哲学的角度提出的。

一　知识概念的历史演进

古希腊用 gnosis 来表示"知识"，指的是对精神事实的直观理解。在梵语中，用 veda 来代表"知识"，指的是真正的见解或观点。在西方哲学史上，用 epistemology 来表示"知识论"，该"知识论"主要由两部分构成，一部分是 episteme，即"认识"或者"知识"；另一部分便是 logos，即"逻辑"或者"理性基础"。因此，结合以上两部分，西方哲学史上的知识论主要解释了两个问题，即"什么是知识"以及"我们能够知道什么"。

西方哲学史对于知识概念的界定，主要包括以下几大类，如柏拉图知识与信念的本源知识观，奥里留·奥古斯丁的神学知识观，弗朗西斯·培根的经验主义知识观，笛卡尔的理性主义知识观，约翰·杜威的实用主义知识观等等。在不同时期，不同学者对于知识概念的界定有不同的见解，并最终不断发展。

（一）柏拉图的本源知识观

在《柏拉图全集》的《泰阿泰德篇》中，苏格拉底问泰阿泰德"知识是什么"，泰阿泰德回答说"某人知道某事就是觉察到他知道的事情，因此，知识无非就是感觉"[1]，这是较早对于"知识是什么"这一问题的解答，从这一句话中可以看出泰阿泰德将知识定义为感觉，但是每个人对于事物的感觉是不一定的，同时对个体没有感知到的便意味着知识不存在，因此，对于"知识无非就是感觉"这个定义是不全面的。随后，苏格拉底在泰阿泰德关于"知识无非就是感觉"定义的基础上，将知识定义为"真实的判断"以及"真实的信念"，由此突破了知识是感觉的定义。柏拉图认为知识和信

---

[1] 柏拉图：《柏拉图全集（第二卷）》，人民出版社 2003 年版，第 664 页。

念两者并不是等同的,即知识一定是信念,但信念并不一定是知识。信念有真假之分,如果这个信念不是真的,这便不可能成为知识;即便这个信念是真的,也只有具有充分证据能够被充分证明的真的信念才有可能成为知识。因此,信念要成为知识,首先需要主体相信这个信念,其次,主体必须要证实这个信念是真的信念,即"真实的信念和知识一定是不同的"。柏拉图在定义知识的同时,也揭示了知识的来源。他认为"学习只不过是回忆"[1]"学习……过程,……就是恢复我们固有知识的过程",同时他认为不同层次的人所学习知识的层次是不同的,实际上这表明了知识具有不同的分层价值,可以满足不同层次不同阶级学习者的实际需要。

(二)奥古斯丁的神学知识观

奥里留·奥古斯丁作为中世纪教父思想的开拓者,其对于知识的理解也是建立在神学思想之中的,奥古斯丁的知识观便是神学知识观。基于神学思想,奥古斯丁认为,知识便是个体对上帝的认识,知识来源于上帝,上帝本身就是知识本身。奥古斯丁的知识观主要关心知识的来源问题,即知识从哪里来的问题。由于奥古斯丁极力维护对上帝的信仰,他认为,只有通过上帝,人类才能获得知识,"在人的心灵中有着共性、一般、普遍的知识,有着概念学术方面的知识,其中包括文学、雄辩术、数学和法则等。这些知识都不是从感觉进入人的心灵中的"。[2]虽然奥古斯丁认为人类知识是上帝赐予的"智慧之光",但人类的知识并不是直接来源于上帝,而是来源于人的理性,人的理性会在上帝的指引下,认识一切,包括认识自身,只有理性才能拥有严格意义上的知识。

(三)培根的经验主义知识观

弗朗西斯·培根提出了经验主义知识观,开创了近代哲学关于知识观认识的先河。培根认为,从本质上来说,知识不是大脑思辨

---

[1] 北京大学哲学系外国哲学史教研室:《西方哲学原著选读》(上卷),商务印书馆1981年版,第81页。

[2] 奥古斯丁:《忏悔录》,商务印书馆1963年版,第196页。

的结果,也不是从权威的结论中总结出来的,而是个体深入到事物所获得的,知识就是"存在的影像"。培根认为传统的知识不能满足人类日常物质生活的需要,因此,这不是真正的知识。在此基础上,培根认为只有自然科学知识才是真正的知识,因为只有自然科学知识才具有满足人类日常生产生活需要的价值。同时培根认为知识的来源主要有两个方面,即观察和归纳,只有通过观察和归纳,人类才能获得知识。由于培根认为只有自然科学知识才具有价值,个体获得知识就是获得科学知识,通过知识的学习来获得生产生活的力量,即"知识就是力量",因此判断个体是否获得知识,就在于是否获得了科学知识,同时获得的知识能否为自己的生产生活提供服务。

(四)笛卡尔的理性主义知识观

笛卡尔开创了唯理论知识观的先河,笛卡尔认为知识不可能来自个体的感觉,也不能从观察和归纳获得,知识只能来自纯粹的理智。个体的感觉、世界的变化以及一些观念等都不能作为知识的基础,只有个人的思想本身不可怀疑,思想本身就是知识的基础,"什么是在思想的东西呢?就是在怀疑、理解、理会、肯定、否定、愿意、不愿意、想象和感觉的东西"[1],即我思故我在,只有思想和反思才是知识的基础。基于此,笛卡尔认为只有人才是获得知识的主体,因为只有人才能充分运用自己的能力对客观事物进行思考,才能从中获得知识,也就是说,知识只属于人这个主体。笛卡尔同时开启了理性主义知识观的先河,"他将自我作为第一原则,建立了明白清楚的知识的内在标准,一步一步地推导出关于心灵、上帝和物质的确定知识"[2]。笛卡尔将人的理性放在首要思考位置,认为个体获得知识就是个体自我理智的表现。放在今天,个体要获得知

---

[1] 北京大学哲学系外国哲学史教研室:《西方哲学原著选读》(上卷),商务印书馆1981年版,第370页。

[2] 陈理宣:《知识教育论:基于多学科视域的知识观与知识教育理论研究》,人民出版社2011年版,第85页。

识，实现知识的教育价值，就需要根据不同类型的知识和教育价值来选择最合适的学习方法，同时教育者也应据此来选择最恰当的教学方式。

（五）约翰·杜威的实用主义知识观

约翰·杜威是美国实用主义知识观的主要代表人物，杜威利用实用主义对知识的核心解释是"经验"，因此，杜威的实用主义知识观也被称为经验知识观。对于经验，杜威的解释是"经验包含一个主动的因素和一个被动的因素，这两个因素以特有的形式结合着……在主动的方面，经验就是尝试，在被动的方面，经验就是承受结果"。① 经验知识观指的是把知识看作是一个包含经验材料、经验主体以及经验活动的过程。杜威认为，"所谓知识，就是认识一个事物和各方面的联系，这些联系决定知识能够适用于特定的环境"。② 任何知识都是在活动中表现出来的，知识是通过一个中性的活动把主观和客观联系在一起，在这个过程中，个体必须进行主动的反思，只有通过个体主动的反思，才能把客体转化成为知识的对象。杜威同时认为，知识具有连续性和过程性，知识产生的过程主要通过将日常生活中的感觉转化成为反思，通过反思，个体进行不断的探索，产生知识，并且还可以随着情景的变化随时调整和修正，因此，知识具有连续性，知识是经验的、操作的。

杜威的实用主义知识观认为，知识往往是和行为以及知识价值联系在一起的。"所谓知识对世界有用，并不是指对已经过去的事情有用，而是指对仍在进行的事情有用，对仍未解决的事情有用，对我们牵连在内的情景有用。"③ 知识的价值就体现在知识产生的过程中，知识是经验，同时也是有价值的。杜威的经验主义知识观对于高校人才培养具有极大的启示，通过积极开展实践教学活动，引

---

① 约翰·杜威：《民主主义与教育》，人民教育出版社 2001 年版，第 153 页。
② 约翰·杜威：《民主主义与教育》，人民教育出版社 2001 年版，第 358 页。
③ 约翰·杜威：《民主主义与教育》，人民教育出版社 2001 年版，第 360 页。

导学生通过不同的学习方式来获得知识。

在整个 20 世纪，西方哲学界对于知识的定义一直没有给出明确的结论，如罗素和早期维特根斯坦反对理性主义的知识观，并进一步修正了经验主义的知识观，而哲学家尼采、海德格尔，知识社会学家舍勒，科学哲学家波普尔等都从不同的角度反对理性主义和经验主义的知识观。纵观知识概念的发展史，能够达成的共识较少，因此，对于"知识是什么"这一问题是一个开放性的问题，不会出现一个标准答案。

二 国内关于知识的概念解释

在我国，对于知识的解释占主导地位的是来自哲学认识论的定义，主要从人对客观世界的主观反映方面来解释。中国哲学同西方哲学不同之处主要在于两者具有不同的知识形态，这主要是由于追求真理的来源以及追求真理的方式不同。钱穆先生说："西方哲学上之知识论，大要有两问题，一在问我之何以而能知？一在问我之所能知者究是些什么？换言之，即何者为我者所能知。中国传统知识论，则重在先认识了第二个问题，再来探讨第一个问题。"[①]

（一）孔子的知识论思想

冯契先生说："考察性与天道，认识自我和认识世界之间的关系，使之逐渐变得自觉起来，这就是哲学的智慧。"[②] 孔子作为获得这种自觉的第一人，在深刻反思古代思想的前提下，在努力学习中获得了对人之性体仁心的自觉，最终建立起了以"仁道"为核心的知识论体系。

正如庄子所说："吾生也有涯，而知也无涯"，知识是永恒存在的，但人生是有限的，所以人能接受的知识也必然是有限的。对于"人能够知什么"这个问题，《论语》没有直接展示出来孔子的看

---

① 钱穆：《人生十论》，九州出版社 2014 年版，第 54 页。
② 冯契：《冯契文集》，华东师范大学出版社 2014 年版，第 54 页。

法，但我们仍然能够从中略窥一二。学术界对此问题大概有两种看法，一种是以夏丽志为代表的观点认为"孔子认为人知识的有限不能超越人的生存世界"。①另一种是以冷天吉为代表的观点认为"孔子的世界是一个与人相关的世界"。②这两种观点，前者将其限定在了经验世界里，而后者却没有。对于能不能知，孔子认为关键之处在于它们有没有用合适的方式和人发生联系，而"学习"便是联系的工具，能知的前提便是以"人"为中心。对于知识的来源，孔子认为主要途径有两种，即"生而知之"和"学而知之"。总而言之，孔子的知识论是以"仁道"真理为核心的一贯理论体系，孔子的知识论就是孔子的仁道之学，它以仁道为根本宗旨，君子是求道的主体，即"君子学以致其道"。

（二）孟子的知识论思想

对于孟子而言，能知的范围是以"人"为中心的，提出了"知者无不知"（《尽心上》）的命题，也就是说，人可以通过自身的觉悟和体验而达到无所不知的境界，与宇宙万物成为一体。对于孟子以及儒家传统来说，"知"便是在有限世界中寻求有限的真理，由于人性可以创造无穷尽的力量，因此有限的真理即同无限真理，有限光明即同无限光明。对于知识的来源，孟子比孔子更加坚定地拥护"学而知"，认为只有通过学习才能在学习中被觉知到良知，他说："博学而详说之，将以反说约也。"孟子的"学"是"尽心"，收其放心，复其本心，以进一步自觉性、实现性，它既包括内在的思省，又包括外在的践行。正如成中英先生所说："事实上，我们无法做到凡事都能自然知之而爱之，因为知之需要投入大量的时间与注意力，也就是我们必须学习、必须探索、必须思考、必须分析、必须综合、必须发展理论与求证方法。"③用一句话来概括孟

---

① 夏丽志：《〈圣经〉〈论语〉知识论之比较》，《齐鲁学刊》2009年第5期。
② 冷天吉：《孔子的知识论》，《河南师范大学学报》2005年第2期。
③ 成中英：《合外内之道——儒家哲学论》，中国社会科学出版社2001年版，第388页。

子知识论的精髓，那便是"君子深造之以道，欲其自得之也"，这句话道出了孟子知识论追求的真理便是道，同时追求道的主体性基础是君子，君子由于知性，能够"以仁为己任"，通过"尽心"的工夫而"反求诸己"以"自得之"，最终实现反身而诚、天人合一的仁道真理。

（三）荀子的知识论思想

荀子说："以所以知人之性，求可以知物之理，而无所疑止之，则没世穷年不能遍也。其所以贯理焉虽亿万，已不足浃万物之变，与愚者若一，犹不知错，夫是之谓妄人。"荀子认为人生是有限的，人生不可能穷尽无限的宇宙，因此，人的认识是有限度的，人只能在自己周围的领域认识。荀子的知识论同孔孟一样，认为"人能够知什么"不是一个问题，因为人可以通神，人能够通过自己的学习修养达到"万物可兼知也"。荀子明确主张"学而知"，对于人的自然本性不可学，但是人的德行依靠学习才能改变，一切知识都是由天然本性和后天人为相结合而产生的。

对于中国古代的知识观同西方哲学中的知识观的不同之处主要表现在以下几点：

首先，中国古代的知识观更加重视"综合观察"在获取"知识"中的作用，主张个体通过"综合观察"来获取关于事物的认识，因此，获取知识的行动以及知识本身都成了实在世界的一部分，但是中国古代的知识观并不重视理性的分析，因此，知识的价值远远高于道德伦理的价值。

其次，中国哲学利用的是"天人合一"的价值模式，非常关注人的命运，始终坚持以"人"为中心。与西方哲学提出的"人能否认识世界"的问题不同，中国古代提出的是"知行关系"的问题。孔子认为"生而知之者，上也；学而知之者，次也；困而学之，又其次也；困而不学，民斯为下矣"，他认为有的人生下来便拥有知识，这种人便是"生而知之者"，有的人通过后天的努力学习也能得到知识，这便是"学而知之者"，总而言之，孔子认为知识的来源主要来自"生而知之"和"学而知之",但尽管孔子强调"学"在获得知识中起到的作用,但他更看重"生而知之"。孟子提出"良知、良能"的概念,主张"生而知",孟子认为人天生就有不用学习思考就能获得的良知、良能,他同时认为良知、良能必须要通过后天的学习才能被觉知,但实际上孟子还是忽视了后天的学习对于获取新知识的作用。荀子认为知识都是通过后天学习得到的,一切知识都是从感官转化过来,随后又经过心之作用而充分发挥而成,他认为"不闻不若闻之,闻之不若见之,见之不若知之,知之不若行之。学至于行之而止已"。对于中国古代的知识观,并没有真正探讨知行两者之间的转化问题。随后明代王阳明提出"知行合一"的观念,这一观念是中国近代哲学的转型,他认为"知是行的主意,行是知的功夫。知是行之始,行是知之成"。他的哲学观被称为"生命行动的哲学",但他也没有深入探讨执行转化的内在机制,对知识没有深入的认识。

最后,中国哲学没有将知识的概念局限在事物和事实,而是将知识的概念延伸到了价值、美德和终极实在。[1] 知识与价值密切相关,成为生活的一部分。只有能够为人们的行为和社会生活提供指导的才是知识,否则就不是知识。但若对于世界缺乏广泛深入的认识,那么价值也就难以真正实现。

三 知识概念的多学科界定

心理学对于知识的理解是个体头脑中的一种内部状态。心理学家皮亚杰认为:"知识是主体与环境或思维与客体相互交流而导致的知觉建构,知识不是客体的副本,也不是由主体决定的先验意识。"[2] 因此,心理学家认为知识是主体通过与环境相互作用而获得的信息及其组织。随着现代心理学的发展,我国教育理论界将狭义

---

[1] 成中英、曹绮萍:《中国哲学中的知识论(上)》,《安徽师范大学学报》2001年第1期。

[2] 邵瑞珍:《教育心理学》,上海教育出版社1999年版,第58页。

的知识定义为"客观事物的属性与联系的反映"。[1] 广义的知识即陈述性知识和程序性知识，它把技能纳入知识的概念之中，把能力、智力看作是智慧技能一种"程序性知识"。

从社会学的角度，后现代思想家福柯、利奥塔等从不同角度来反对理性主义和经验主义对于知识的概念，其中福柯从知识与话语、知识与权力的关系入手，重新定义了知识的概念，他认为，"知识不是一种符号化的陈述，而是一系列的社会行为；知识的获得并不是理性沉思的结果，而是一系列的社会权力关系运作的结果"。利奥塔则批判了科学知识的霸权主义，提出了"差异知识论"，主张个体知识的自由，他表明后现代知识不再仅仅是权威的工具，"它增进了我们对差异性的敏感程度，强化了我们容忍差异性的能力"。

从经济学的角度来看，国际经济合作与发展组织在《以知识为基础的经济》的年度报告中对知识进行了一种分类，包括：知道是什么的知识（Know-what）、知道为什么的知识（Know-why）、知道怎么做的知识（Know-how）和知道是谁的知识（Know-who），同时将第一类和第二类知识归结为"可编码的知识"（显性知识），第三类和第四类知识归结为"可意会的知识"（隐性知识）。实际上国际经济合作与发展组织的报告所提出的"4个W"只能作为知识的一种分类方式，而不是对于知识的概念界定。

综上所述，从古至今，纵观国内外，对于知识的概念研究众说纷纭，这些研究均丰富了知识观，但对于知识的概念界定一直没有定论。随着社会的不断发展，知识的内涵不断扩展，知识的发展逐渐受到社会经济政治等的制约，知识变成了一个复杂、动态、多样的概念。通过梳理知识观，能够帮助我们更加明确知识的概念以及人类知识观变化的过程。高校人才培养离不开知识的传授，我们必

---

[1] 董纯才：《中国大百科全书·教育卷》，中国大百科全书出版社1985年版，第525页。

须充分认识知识的相关概念，从高校人才培养的角度去探讨学生个体所学习的知识从而拓宽学生成长的相关资源，进而促进学生的多方面发展。

第二节 知识教育及其价值

教育离不开知识，知识也需要教育才能得以传递。教育活动的各个要素及它们之间的联系基本上是通过知识而实现的，教师通过对知识的组织和讲授与学生进行互动，学生也是通过对知识的学习而实现与教师以及其他教育者的交往的。① 知识教育是高校人才培养的基础核心所在，学校作为产生、创造和传递知识的重要场所，学校教育的主要工作就是让学生掌握人类总结出来的客观知识。②

一 知识教育的含义

知识教育指的是将人类积累的物质和精神文明成果，借助知识的传授，内化为新一代的文化心理素质，并通过后期的操作和训练，形成符合社会要求的行为模式的过程。"教育在本质上是人类认识世代连续的纽带，这就决定了它与人类的所有认识领域相联系""一部教育发展史，就是一部人类认识发展史"。③ 知识是教育活动必不可少的核心要素，教育活动主要传递的内容便是人类对客观世界认识总结的成果，可以说，离开了知识的传授，就构不成教育。

（一）狭义知识教育

《中国大百科全书·教育卷》中对知识的定义是："所谓知识，就它的内容而言，是客观事物的属性与联系的反映。就它的形式而

---

① 谢维和：《教育活动的社会学分析》，教育科学出版社2000年版，第74页。
② 王海福：《知识教育在基础教育中的地位》，硕士学位论文，华中师范大学，2009年，第2页。
③ 胡德海：《教育学原理》，甘肃教育出版社1998年版，第275页。

言,有时表现为主体对事物的感知或表象,属于感性知识,有时表现为关于事物的概念或规律,属于理性知识。"①《教育大辞典》中对知识的定义是:"知识属于认知范畴,是人类的认识成果。经验是知识的初级形态;系统的科学理论是比较完备的知识形态。"② 知识是"对事物属性与联系的认识,表现为对事物的知觉、表象、概念、法则等心理形式,可通过书籍和其他人造物独立于个体之外"。③ 总之,传统来说,知识主要关注主观与客观的关系,主要涉及"知不知"的问题。同时,让学生从"不知"变成"知"的过程便是知识教育的主要任务。能力是"保证个体'能'顺利地完成一定活动、直接影响活动和效率的主观条件"。④ 但狭义的知识观不涉及"能不能"和"会不会"的问题,两者很难建立联系。在知识传授和发展能力的关系问题上,"教育理论中一直流行的一个基本观点是:掌握知识不等于发展能力。'在掌握知识的基础上发展能力','抓好基础,培养能力','传授知识,形成技能和发展智力。"⑤ 如此看来,二者之间只是并列的、简单的相互作用。

在狭义的知识观下,知识传授和能力培养是两部分内容,对于传统的教育理论很难解释两者之间的关系问题,这个问题也是长期以来知识传授遭到攻击的主要原因。

(二)广义知识教育

当代认知心理学派在广义视角下对知识进行了重新定义,认为知识是个"主体与其环境相互作用后而获得的信息及其组织"。⑥ 并将知识分为两大类:一类是"知什么"的知识,包括我们所知道的

---

① 董纯才:《中国大百科全书·教育卷》,中国大百科全书出版社1985年版,第525页。

② 顾明远:《教育大辞典·第6卷》,上海人民出版社1992年版,第130页。

③ 顾明远:《教育大辞典·第1卷》,上海人民出版社1992年版,第144页。

④ 施良方、崔允漷:《教学理论:课堂教学的原理、策略与研究》,华东师范大学出版社1999年版,第99页。

⑤ 皮连生:《论智力的知识观》,《华东师范大学学报》(教育科学版)1997年第3期。

⑥ 皮连生:《教育心理学》,上海教育出版社2004年版,第90页。

事实，它可以用语言来表达和传递，称为陈述性知识（declarative knowledge）；另一类是"知如何"的知识，也就是知道如何进行的知识，这类知识不仅包括了智慧技能和认知策略，还包括了动作技能中的认知成分，称为程序性知识（procedural knowledge）。狭义的知识仅仅指陈述性知识，广义的知识不仅包括狭义的知识，也包括技能和认知策略。在广义知识中，"知识"与陈述性知识相对应，"能力"和"方法"与程序性知识相对应。这样，广义的知识既包括了"能力"又包括了"方法"，就不会把知识与能力看作是对立的关系，从而解决了两者的对应统一。

在广义的知识观下，个体所获得的知识包括能力和方法。知识教育不仅包括知识的传授，也包括能力和方法的培养及使用。

(三) 高校中的知识教育

西方现代意义上的大学创始于11—12世纪的欧洲中世纪，一千多年来，大学的角色作用不断变化，从知识传播、知识生产到知识应用，大学的功能也在不断拓展。菲利普·G. 阿特巴赫曾说："创立于中世纪的大学，目的在于传播知识并为少数关键性的行业提供训练，在19世纪，大学通过其基础性研究成为新知识最重要的创造者。"[1] 正如伯顿·克拉克所说："如果说近代大学是一座知识的动力站，那么一个国家的发达的高等教育系统就是一个规模大了很多倍的智慧力量的中心。这个中心包含几十个、成百个，有时甚至数以千计的规模大小不等、综合性和专门化齐备的高等教育机构，它们都是制造知识、修正知识和传播知识的中心。"[2] 知识是包含在高等教育系统各种活动之中的共同要素，"科研创造它，学术工作保存、提炼和完善它，教学和服务传播它"。[3] 即无论是科研还是教学

---

[1] 阿特巴赫：《比较高等教育：知识、大学与发展》，人民教育出版社2001年版，第1页。

[2] 克拉克：《高等教育新论：多学科的研究》，浙江教育出版社2001年版，第267页。

[3] 克拉克：《高等教育系统：学术组织的跨国研究》，杭州大学出版社1994年版，第107页。

服务，它们都是以知识为中介的。

教育应该要以知识传授为起点，以知识要素为轴心，进而推动学生德智体全面发展。教育实质上是一种文化活动，教育是一种将知识作为基石、媒介以及过程的活动，它是知识的传递与传播，创造与发展，净化与升华的过程。离开了知识的传递与学习，那就不是教育。[1] 随着时间的不断推移以及社会的不断发展，传授知识作为学校教育的核心任务正在被不断强化。学校主要通过集中教学活动来提供知识，教学活动的基本内容便是知识，教学活动也主要是围绕知识来展开学习。在西方，培根提出了"知识就是力量"，夸美纽斯主张把整个知识纳入教学范围，赫尔巴特的"四段教学法"强化了知识在教学中的核心地位，现如今，高校对于人才的培养仍然将知识教学放在首要位置，借助教学活动传递给学生未掌握的知识来完成知识传授的过程。因此，知识传授是学校教育教学工作的最基本内容和职能。

"事实上，教育的基本功能之一就是重复，重复地把上一代从祖先那里继承下来的知识传给每一代。因此，和过去一样，教育体系负有传递传统价值的职责，这是正常的事情。"[2] 除此之外，学校还需要将前人积累的宝贵经验和知识经过提炼总结后传递给下一代，这样下一代可以在获取前人的经验上少走弯路，更好更快适应现实社会。正如马克思所说："再生产科学所必需的劳动时间，同最初生产科学所需要的劳动时间是无法相比的，例如学生在一小时内就能学会二项式定理。"因此，学校通过把前人积累的知识传授给下一代，可以快速促进下一代的成长和社会的进步。

二　知识教育的价值

知识具有的教育价值会直接影响到学生的发展、学校的课程规划、教学实施，以及教学评价等多个方面。知识教育是学校一切工

---

[1] 孙喜亭：《基础教育的基础何在?》（下），《教育理论与实践》2001年第5期。
[2] 联合国教科文组织国际发展委员会：《学会生存：教育世界的今天和明天》，教育科学出版社1996年版，第85页。

作的出发点，也是一切教育活动得以展开实施的前提，高校的教学工作、德育工作、管理工作等都需要围绕知识的教育价值及其实现而展开，因此，明确知识具有什么教育价值是学校教育的首要任务。① 王道俊认为知识的教育价值主要体现在知识的认知或智能的教育价值、知识的自我意识教育价值以及知识的实践教育价值三个方面。②

（一）知识的认知或智能的教育价值

认知性教育价值作为知识最基本的教育价值，也是知识最直接的教育价值。从最广泛的意义上来说，知识是人类历史发展过程中经验的积累，学生通过掌握知识，可以借助前人的经验成果，在较短时间内获得大量的经验性事实，得到对事物的认知或认识，把握事物的特性，以便把握事物发展的规律。事实上，知识所具有的促进学生认知能力发展的教育价值也就是知识内在结构中所具有的工具价值以及认知方法价值。学生认知能力的增长不能只停留于符号的、表层的事实性知识的获取，还需要通过学习符号知识，从而掌握认识事物与工具方法、掌握认识事物与工具方法，进而增进学生的认知能力。"学生学习知识，不只是要掌握知识的内容，而且还要掌握获取知识的工具和方法；不只是得到对事物的认知，更要掌握分析事物的工具和方法；不只是获得加工信息、拓展认识的能力，而且养成接受知识和创新知识的个性特点与倾向。"③

思维方式作为个体看待事物的角度、方法和范式，其建构与知识的获得关系密切，密不可分。根据皮亚杰的认知发展阶段理论，不同年龄段儿童的思维方式存在较大的不同。尽管皮亚杰是从个体认知的发展来界定其思维发展阶段的，但由于知识获得直接影响到

---

① 伍远岳：《知识获得及其标准研究》，博士学位论文，华中师范大学，2015年，第58页。
② 王道俊：《知识的教育价值及其实现方式问题初探——兼谈对杜威教育思想的某些认识》，《课程·教材·教法》2011年第1期。
③ 王道俊：《知识的教育价值及其实现方式问题初探——兼谈对杜威教育思想的某些认识》，《课程·教材·教法》2011年第1期。

学生的认知发展、思维水平的发展以及思维方式的建构，只有通过学习知识，学生才能形成关于分析与综合、归纳与演绎、分类与比较、系统化与综合化等思维方式，同时，学生的思维从感性走向理性、从具体走向抽象、从形象化走向逻辑化等，思维的水平、深度和广度逐渐加深。同时，学生掌握知识的广度、深度，标志着他对事物视域的广度、深度和他的思维空间与想象空间的广度、深度，知识的教育价值就在于帮助学生在心理上扩大视域，开阔和丰富思维空间、想象空间和创造空间。

（二）知识的自我意识教育价值

教育的重要目标之一便是学生自我意识的成长，学生的自我意识主要来源于现实生活，是在学生与他人进行群体共同生活或者相互交往的过程中产生的相应意识，同时也是学生在审视、反思现实生活过程中形成的对人生意义、生活方式和社会理想等的态度和追求。只有拥有自我认识发展的个体才能形成自主性，学生主体性形成的前提便是充分的自我认识。人的自我认知是在一定知识的基础上，在与客体、他人之间的互动与交往过程中实现的。学校的知识教育可以增进学生对自我的理解，进而促进学生对自我认知的发展。

人的自我超越指的是对现存"我"的既定性之否定和改变，通过突破现有的境界、目标、尺度和环境条件的限制，从而达到自我超越。人的自我超越是人的生存本性，是人生的永恒追求。知识教育通过扩展学生与他人、社会、自然等的现实关系，帮助学生反思过去、现在和未来，进而突破个体经验的狭隘，产生自我超越的意识。通过在学校学习知识，个体能够产生自我超越的能力。

个人道德品质的养成主要在于个体的道德实践，知识学习为个体道德品质的形成奠定了根基。一方面，知识教育可以直接传授给学生相关的"道德知识"，引导学生形成个体的道德品质；另一方面，知识教育具有道德示范的作用，通过知识学习间接形成个体的道德品质。

（三）知识的实践教育价值

在知识的教育价值中，知识的实践性教育是最基础、最广泛的根本性价值，知识的实践教育价值主要体现在对学生实践能力的培养以及学生行为模式的积淀上。

从哲学角度来看，知识的概念具体指的是"在实践的基础上产生，又经过实践检验的对客观实际的反映"，知识来源于实践，又应用于实践。实践是人们自由自觉地、有意识地改变现实事物的合目的的活动。知识是人类进行实践的主体性和目的性的基础。认识和实践之间存在必然的联系，认识是实践的基础，实践又是认识的深化。知识教育能够为学生实践能力的培养提供基本内容及样式。首先，学生通过学习知识，认识事物的特性及变化规律，了解事物的发展过程，进而获得以社会实践改造事物的资源、工具及方法；其次，知识为实践能力的形成提供了基本的实践情景，知识既能够为实践提供经过人为选择的、精心设计的内容，又能够为个体开展实践活动提供必要的问题情景；最后，知识可以形成实践的思维范式。学生在将知识运用于实践的这一过程中，可以获得新的认识，创造出新的情景，逐渐积淀为学生的思维范式和行为模式。

个体的行为模式是一定实践思维范式的表现，知识在培养学生实践能力的同时，形成一定的思维范式，进而积淀为学生的行为模式。学生行为模式的积淀与学生对于知识不同内在结构所蕴含内容的内在把握密切相关，把握程度不同，学生行为模型的积淀程度也不同。对于更加关注知识符号的学生来说，侧重强调事实，能够形成较为客观的思维方式和行为模式；对于能够深入知识符号背后所蕴含的内容的学生，则能够深入挖掘到知识对个体的意义，从而形成具有超越性的行为模式。

三　高校知识教育的重要性

（一）知识教育是促进学生发展的重要手段

1. 人的生存离不开文化知识

人是社会化的产物，个体在社会的影响下，通过对社会知识的学习，获得社会经验，从而形成社会所认可的心理行为模式，最终成为一名合格的社会成员。人作为自然界发展水平最高的生物，之所以区别于其他动物，成为万物之灵的关键在于人掌握了人类社会特有的语言、文字以及符号等信息。人类社会特有的语言等信息为传递社会经验等提供了更加便利的现实条件，人们一方面可以通过利用词的音、形等记载信息，另一方面又可以将词的音、形作为进行人际沟通的媒介，方便代际传递。人正是通过学习，才能超越其余动物群体，摆脱原始状态。德国著名文化人类学家恩斯特·卡西尔将人定义为"符号的动物"，认为人是可以利用符号去创造文化的动物。卡西尔认为"符号化的思维和符号化的行为是人类生活中最富于代表性的特征，并且人类文化的全部发展都依赖于这些条件，这一点是无可争辩的"。[1] 苏联著名心理学家维果茨基创立了"文化历史发展理论"，通过研究个体心理的"人化"过程，解释人类心理在本质上与动物不同的高级心理机能。高级心理机能的实质指的是人在活动与交往的过程中，通过对符号系统的学习使得人在最初的心理机能上形成的相应的新的心理机能。高级心理机能的产生是以人类特有的语言符号为中介的。因此，人要从"自然人"变为"社会人"的必经之路是学习人类社会文化知识，主要表现在掌握人类特有的语言符号的过程。[2]

2. 知识教育能够促进学生发展

知识作为人类智慧的结晶，代表了人类创造才能的可能性，包含了人类对客观存在和规律的广泛认识。对于个体来说，通过掌握知识，可以提高个体的认知和实践能力；同时，掌握知识也可以培养个体高尚的情操，提高个体的修养和品位，进而扩展自由度，净化心灵，丰富内心世界。著名教育学家苏霍姆林斯基认为，学习知识不仅可以工作，还可以丰富个人精神生活；教育也不仅仅是为了

---

[1] 恩斯特·卡西尔：《人论》，上海译文出版社 1985 年版，第 35 页。
[2] 王海福：《知识教育在基础教育中的地位》，硕士学位论文，华中师范大学，2009 年，第 10 页。

培养学生成为劳动力，还可以使学生获得丰富的精神世界。知识作为精神的力量，可以净化人的心灵，提高人的精神文化修养，知识是构建丰富人的精神生活空间的基本材料。教育的目的是促进学生的全面发展，而知识教育便是促进发展的过程及具体途径。学生的发展就是对知识展开教学工作的结果。教学工作不是别的，主要就是对知识进行种种"加工"的工作。学生相关价值观、态度等的养成都是以知识为载体的，只有通过知识教育，学生才能够掌握丰富的知识，借鉴人类优秀经验，形成正确的人生观、世界观、价值观。知识教育可以帮助学生提高认知、情感及技能的发展能力，人类认知、情感和技能统一的基础是知识，离开了知识，学生的发展相当于竹篮打水一场空。教学"主要应该提高学生的认知能力，而不是增进学生的个人适应或改造他生活在其中的社会；应努力形成有效行为的资源，而不是直接塑造行为本身；应努力建立各门重要学科的有用的知识结构，而不是发展一般的心理能力"。[①]

（二）知识教育是学生全面发展的重要基础

学生的全面发展教育主要包括德育、智育、体育、美育和劳动技术教育。"在全面发展的教育中，知识是基础。知识的传授，技能的培养，智能的发展，不仅是智育的中心环节，而且是进行德育、体育、美育、劳动技术教育等所必不可少的基础。"[②] 学生的全面发展离不开知识教育。

1. 智育的关键在于掌握知识

智育指的是向学生系统地传授科学文化知识，并在此基础上发展学生的认知能力和创造能力，使学生掌握为自身和社会、国家生存、发展所需要的才能和本领。[③]

智力的发展离不开知识的掌握。对于智力观最为流行的解释为：

[①] 瞿保奎、施良方、唐晓杰：《教育学文集·智育》，人民教育出版社1993年版，第43页。

[②] 黄济：《教育哲学通论》，山西教育出版社1998年版，第476页。

[③] 胡德海：《教育学原理》，甘肃教育出版社1998年版，第470页。

"智力是指认识方面的各种能力,即观察力、记忆力、思维能力、想象能力的综合,其核心成分是抽象思维能力。"① 《教育大词典》中认为:"较多学者倾向于把智力看成是各种认识能力的总和,认为它包含观察力、注意力、记忆力、思维力、想象力等,而以思维能力为核心。"② 我国教育理论普遍认为智力的发展与知识的掌握程度密不可分,学生学习科学文化知识的过程便是智力运用的过程,只有在掌握知识的过程中学会获取这些知识的方法,并自觉地创造性地运用这些知识和方法,才能提高自己的智力,形成创造才能。"如果为了强调智力的发展,忽视或脱离基础知识和基本技能,那将是荒谬和危险的,那就会陷于另一种片面性,重走形式教育派的老路。"③ 从广义来说,"智力的知识观把知识、技能和习得的认知能力(习得的智力)三个概念统一在一个广义的知识概念里。它既否定了形式训练说,也能适当地解释掌握知识与发展智力的关系"。④

能力的培养离不开知识教育。对于广义知识中的程序性知识而言,能力是与之相对应的,同时程序性知识是由陈述性知识转化而来的。从知识的学习进程来看,可以认为陈述性知识学习是任何类型知识学习的第一阶段;随后,程序性知识从陈述性知识学习的基础上分化出来;最后,根据分化知识的用途不同,将提取出的程序性知识分为智慧技能(技能)和认知策略(方法)两种。能力与方法的形成离不开知识的教育。知识教育的内容与能力是相对应的,能力的发展取决于知识教育的内容和结构,学生只有掌握知识内容,才能实现教育的意义,同时,任何方法只有与知识的教育内容相关联时,才能被理解和利用。可见,学生是在接受知识教育的过

---

① 朱智贤:《心理学大词典》,北京师范大学出版社1989年版,第953页。
② 顾明远:《教育大词典》(第一卷),上海教育出版社1990年版,第145页。
③ 王策三:《教学论稿》,人民教育出版社1985年版,第363页。
④ 皮连生:《论智力的知识观》,《华东师范大学学报》(教育科学版)1997年第3期。

程中培养能力和方法的,能力和方法的培养离不开知识,离开知识教育谈能力和方法是不切实际的。

创新以知识教育为基础。创新指的是对在原有的知识加工重组时产生新知识的过程,因此,没有一定量的知识积累和知识升华,便不存在创新。"要创新就要有知识,丰富的知识储备是创新的基础。人的思维活动是由思维主体——大脑完成的。大脑除了将感觉器官所接受的信息进行交换和加工外,还可以将其存储起来,形成记忆表象。当大脑再次受到刺激的时候,立即将记忆表象唤醒,并与其他信息进行对比和交换,从而形成事物的再认识。如果没有丰富的知识储备,头脑是一片荒芜的沙漠,是绝对产生不出创新思维的。"① 对于知识与创造力的关系,周治金、杨文娇(2007)认为一个人只有拥有足够的知识才能有所创造,知识与创造力之间的关系如同地基与高楼,知识越丰富,创造力才能越高。② 因此,创新的基础便需要一定的知识积累,知识积累的深度和广度直接决定着创新成果的大小。

2. 德育的前提在于认知

德育指的是对学生进行品德思想教育,"品德是道德品质的简称,指一个人根据一定的社会道德、行为准则行动时表现出来的稳定特征"。③ 道德认知是人们对于社会道德的理解和把握,包括人们在社会形成的道德观,道德认知是形成个人道德的基础,个人道德认知水平影响着个人的修养水平,不能进行正常道德认知的人,不能形成品德。"德育过程常常从提高学生的道德认识开始。要有计划地传授给学生以基本的道德知识、理论和各种道德规范,逐步提高他们识别是非、善恶、美丑、公私、荣辱的能力,形成正确的道德观。这对调节他们的行为,加深情感的体验,增强意志和信念都

---

① 李淑文:《创新思维方法论》,中国传媒大学出版社2006年版,第359页。
② 周治金、杨文娇:《论知识与创造力的关系》,《高等教育研究》2007年第10期。
③ 皮连生:《学与教的心理学》,华东师范大学出版社1997年版,第189页。

有极大的作用。"① 由于道德认知是一种认知，所以个体的认知发展水平制约着个人道德发展水平，认知发展水平是道德发展的前提条件，没有较高的认知水平，就不可能出现较高的道德发展水平。

道德认识决定道德结构的形成。道德的善依赖于道德认识，康德认为，"要是一件事情成为善的，只是合乎道德规律还不够，而必须同时也是为了道德而做出的；若不然，那种相合就很偶然，并且是靠不住的。因为，有时候并非出于道德的理由，也可以产生合乎道德的行为，而在更多情况下却是和道德相违反"。② 即行动者做一件道德事情必须要有一个自觉的道德意图为前提，而这种道德意图依赖于一定的道德认识。道德认识对于道德情感的发挥起着重要的作用。情感反映作为人对事物与自己需要之间关系的反映，是以认知为基础的，人对事物产生情感的基础首先便是通过认知来反映客观事物的属性，并揭示客观事物对人的意义。情感的类型和强度等结构在一定程度上来说都是以认知为基础的，受到认知的重要影响。人的道德感、理智感、美感等与社会性需要相联系的情感的形成也都是以认知为基础的，"知之深、爱之切"深刻表明了认知是情感形成的基础，道德认识对于道德情感的发挥起着决定性作用。同时，道德认识对于道德行为也发挥着重要影响。一方面，一个人如果没有足够的认识了解当前所处的境况，就不能做出恰当的行为。另一方面，如果一种行动是在没有道德认识的情况下做出的，便不具有真正的道德的意义。

认知失调是态度发生转变的前提。态度和品德是具有共同性质的概念，态度指的是个人对特定对象以一定方式做出反应时所持的评价性的、较稳定的内部心理倾向。③ 1957 年美国著名社会心理学家费斯廷格（Leon Festinger）提出态度改变的认知失调理论。费斯廷格认为个体关于自我、自己行为以及关于环境方面的信念、看法

---

① 王道俊、王汉澜：《教育学》，人民教育出版社 1989 年版，第 366—367 页。
② 康德：《道德形而上学原理》，上海人民出版社 1986 年版，第 38 页。
③ 章志光：《社会心理学》，人民教育出版社 1996 年版，第 187 页。

等这些认知元素之间有些是互相独立的,有些是互相关联的。如果认知元素之间出现既相关又不一致的情况时,就会出现不协调的现象,"认知失调"(cognitive dissonance)指的便是个体同时经历的一种或多种不协调的心理过程。认知失调也就意味着个体在做决定采取行动或者接触到一些有违原先信念、情感或价值的信息后感受到的冲突状态。除此之外,加州大学心理学家艾略特·阿诺松(Elliot Aronson, 1997)关于认知失调的研究结果表明当个体言行不一致出现的次数越多,认知失调越严重,改变行为的动机越强烈,因此,认知失调在改变行为方面具有重要作用。

总之,道德形成的前提和基础是获取知识,进而发展认知能力。"无论对道德教育的理论还是实践来说,20世纪都是一个主知主义的时代。这主要表现在,在这一时期,知识和认知能力在个体道德和道德发展中的作用得到进一步确证,道德认知能力包括道德理解能力、推理能力以及道德判断和选择能力的培养作为道德教育的重要任务,得到教育理论家的普遍赞同和教育实际工作者的广泛接受。主知主义之所以能在当代道德教育理论中独领风骚,一方面受历史上道德理性主义思潮的影响,另一方面,则是因为道德认知心理学一些卓尔不群的研究确证了认知在儿童道德发展中的作用。"[①]

3. 体育要建立在科学知识的基础之上

体育指的是全面增强体质、传授学习体育知识和运用技能的教育。一方面,体育要以理论知识作为指导。体育首先需要学生掌握一定的体育基本知识及技能,了解一定的运动原则、方法及手段,才能在运动时取得锻炼身体的良好效果,起到增强体质的目的。若没有一定的科学知识做前期指导,不仅会妨碍身体素质的发展和运动技术的提高,甚至会损害身体健康。"实践证明,知识、技能的掌握程度,同锻炼效果有着密切的关系。学生对体育知识、技能掌

[①] 鲁洁、王逢贤:《德育新论》,江苏教育出版社1994年版,第620页。

握得愈牢固，愈扎实，水平愈高，动作技术联系就运用自如，准确合理，锻炼兴趣就浓，锻炼习惯就容易养成，体育教学收效也就大。"① 此外，除科学进行体育运动之外，体育道德的形成等也离不开体育理论知识。另一方面，运动技能的形成也离不开认知阶段。学习理论认为，认知阶段是动作技能形成的基础，学习者首先通过观察给出的示范动作，对当前情景形成一个内部的动作意象，以便成为实际操作时的参照。而形成意象的前提需要对观察给出的线索和信息进行视觉或者词语的编码。学习体育知识不仅可以从现有的编码中提取，也可以借助先前的经验提取，即学习体育知识还可以从长时间的记忆中激活相关信息，随后进行有效的检索并提取。

在20世纪六七十年代，许多心理学家用认知理论来解释动作技能的学习，其中，比较突出的理论有闭环理论和开环理论。闭环理论是加拿大心理学家亚当斯提出的，他认为，人对动作技能的学习同时也是加工反馈信息并减少错误的过程，并不是习惯强度的增强。当个体执行动作时，会接收到来自身体肌肉关节等的反馈以及外部的反馈，当把这些反馈信息与头脑中的预想状态进行比较出现不一致时，便会对当前执行的动作进行修改，以便达到预想状态。闭环理论强调的是个体反馈的作用，通过修改行为达到预想状态。开环理论认为个体的动作行为受到大脑中的动作程序控制，并不涉及加工和使用反馈信息，不存在察觉和纠正错误的机制。美国心理学家施密特提出了图式理论，该理论认为行为动作是由一般的动作程序控制的，而不是由具体的动作程序控制。随着生活水平的提高，人们对于运动技能的需求加大，这便需要对体育技能知识的深入学习，知识对体育运动技术的影响越来越大。

(三) 知识教育是基础教育中的核心任务

1. 知识教育是学校教学的基本职能

美国教育学家赫钦斯曾说过："教育意味着教学。教学意味

---

① 张孝学：《改革体育教学不能削弱体育知识技能的传授》，《成都体院学报》1985年第3期。

知识。"① 教学与知识之间密不可分，教学工作就是将人类历史经验的精华即科学知识转化为学生头脑里的精神财富的过程。② 学校作为传授知识的殿堂、学习知识的场所，传授知识一直以来都是学校教育的基本任务，该任务集中体现在学校日常教学活动中，而知识构成日常教学活动的基本内容，教学活动围绕知识教育而展开，并推动学生的全面发展。自亚里士多德开始，人们便把知识作为教学的内容。文艺复兴之后，培根提出"知识就是力量"，夸梅纽斯主张泛智主义的教育思想，主张将整个知识纳入教学范围。赫尔巴特坚持"四段教学法"，强化了知识在教学活动中的核心位置。产业革命之后，随着科学技术的发展，人们对知识的应用和重视程度越来越强。在当代教育教学过程中，知识教学仍然是基础工作。对于高校来说，学生的全面发展离不开知识的教育和传授，知识教育和传授是高校人才培养的基本任务和主要特征。

2. 知识教育可使学生在成长过程中少走弯路

教育的一项重要功能便是重复，将上一代的知识传给下一代。因此，人类只有在继承前人优秀的科学文化成果的基础上，才能更好地建设发展社会。学校教育的任务之一便是把前人积累的知识和经验经过提炼加工总结之后传授给下一代。下一代通过接受学校教育能够在短时间内较快地适应社会活动。正如人类对机械运动的认识，首先从古希腊亚里士多德开始，到牛顿的三大定律和万有引力理论的建立，前后经历了两千多年漫长的岁月，发展到现在，只要通过教学，学生就可以快速地掌握牛顿力学等知识。因此，实践证明，学校把前人积累的知识传授给下一代，是促进社会发展和成长的最佳途径。

---

① 赫斯特：《现代西方资产阶级教育思想流派论著选》，人民教育出版社1980年版，第200页。

② 王策三：《认真对待"轻视知识"的教育思潮——再评由"应试教育"向素质教育转轨提法的讨论》，《北京大学教育评论》2004年第3期。

3. 学校背离知识教育将成为无本之木

实用主义哲学创始人之一杜威（John Dewey）曾开展过进步主义教育运动，他所代表的实用主义教育哲学的中心概念是"经验"，即教育便是经验的积累、经验的改造和经验的重新结合。他认为"经验"是最有用的，忽略了对知识间接的、系统的学习，从而导致了学生基础知识差，降低了学校的教育水平，导致进步主义教育运动最终以失败告终。"实际上，学校很难成为一种社会生活的缩影，而难免成为一种人为的学习环境，这是因为学校作为一个教育机构，担负着其他社会机构所不能担负的任务，拥有其他社会机构所没有的设施，实施其他社会所没有的规章制度。"[1] 杜威所倡导的实用主义教育哲学，让学生获得直接经验，没有经过系统的知识学习，必然会遭到失败。

第三节　实践教育及关系探讨

一　实践教育的含义及特征

（一）实践教育的内涵

从教育的角度来解释实践主要指的是教师和学生为促进学生的全面发展而开展的有意义和有计划的活动。从狭义上来说，实践教育指的是一种教育方法，即在现有的教育活动中加入实践的活动，以便提高学生的实践能力和综合素质；从中义上来说，实践教育指的是一种教育体系，即能够促进学生运用所学的理论知识解决现实问题，培养学生实践能力与创新精神的教育体系；从广义上来说，实践教育指的是一种教育理念，即以学生为主体，以解决实际问题为导向，以实践活动为载体的教育理念，通过引导学生参加实践活动，主动探索，实现在实践中学习，在学习中实践，提高解决现实

---

[1] 赵卿敏：《课程论基础》，华中科技大学出版社2004年版，第43页。

问题的能力，提高学生实践能力和综合素质。通过实践，学生能够增长能力，塑造健康人格，促进全面发展，真正实现"知行合一"及"教学合一"。①

实践教育不仅具有丰富的内涵还有一定的外延，它指的不仅是学生的课外实践活动，还包括课堂内的实践活动。因此，实践教育的含义在外延上是一种整体的、制度化的教育理念。无论是在课堂外还是课堂内，实践教育都能实现其促进学生全面发展的功能。课外的实践活动可以为学生提供验证理论知识，解决现实问题的平台，课内的实践活动也可以通过让学生亲身体验，获得更加理想的教学效果来实现实践教育的价值。

(二) 实践教育的特征

1. 坚持以学生为主体

在实践教育的过程中，必须始终坚持以学生为主体。一方面，对于学生来说，在实践教育中，学生是实践活动的主要组织者、参与者与实施者，因此，学生可以从自身角度出发，选择适合自身的实践课题、实践活动及实践方式，充分发挥学生自身参与实践活动的积极性和创造性。另一方面，从教师角度来说，教师在实践教育的过程中，应注重发挥学生在实践活动中的自主性，提高学生的参与度，"不仅将人视为社会历史的主体，更将人看作是实践的主体，并在教育活动中将教师和学生（儿童）都看成是不可重复的独立的主体"。② 因此，只有坚持以学生为实践教育的活动主体，才能真正促进学生的全面发展，提高学生的实践能力和综合素质。

2. 坚持以解决实际问题为导向

实践教育的最终目的是面向生活，解决实际问题。陶行知先生

---

① 曾素林：《论实践教育——基于实证方法与国际比较》，博士学位论文，华中师范大学，2013年，第33页。

② 王坤庆：《教育哲学：一种哲学价值论视角的研究》，华中师范大学出版社2006年版，第156页。

曾提出："事怎样做就怎样学，怎样学就怎样教；教的法子要根据学的法子，学的法子要根据做的法子。"① 这些都告诉我们，实践与学习的关系是不可割裂的，在实践中学习是非常有必要的。实践出真知，只有坚持以"做"为基础，才能在实践活动中获得知识，达到教学合一的目的。学生所面临的实际问题主要包括理论问题和现实问题。理论问题指的是经过抽象概括等加工之后的问题，需要学生运用头脑进行思维操作的问题；现实问题指的是还未经过人为加工的现实生活中客观存在的问题，仅靠头脑中的符号等难以解决的问题。在高校的人才培养过程中，既需要提高学生对理论问题的实践能力，也需要注重培养学生对现实问题的解决能力。提高对理论问题的解决能力本质上是为了解决现实问题而提供理论基础，因此，实践教育必须坚持以解决实际问题为导向。

3. 坚持以实践活动为载体

实践活动是开展实践教育的载体和基础，实践活动主要由学科教程中的实践活动、实践课程中的实践活动和课外实践活动等组成。由于学生在校期间面临的课程不同，因此实践活动也是不一致的，各个学科都有自己特点的实践活动，最后各科课程的实践活动综合构成在校教育阶段的实践教育。实践活动往往由实践的研究课题、实践的研究目标、实践的组织、实践的方法等组成。其活动的基本方式包括：动手操作、实验学习、游戏劳作、演讲辩论、艺术创作、调研考察、论文撰写、毕业设计、观察学习、角色表演等。② 实践活动不应该独立于教学活动之外，而应组织系统的、整体的实践活动，从而提高学生的实践能力。

4. 坚持以提高学生实践能力和综合素质为目标

开展实践教育的目的是为了提高在校学生的实践能力和综合素

---

① 中央教育科学研究所：《陶行知教育文选》，教育科学出版社1981年版，第77页。

② 李定仁、徐继存：《教学论研究二十年》，人民教育出版社2001年版，第412—413页。

质，促进学生德智体美劳全面发展。实践能力指的是能够保证个体顺利开展实践活动解决显示问题所具备的生理和心理特征。依据各种能力因素在实践活动中的作用领域，可以将实践能力划分为四个基本构成要素：实践动机、一般实践能力因素、专项实践能力因素和情境实践能力因素。[1] 提高在校学生的实践能力是现阶段基础教育面临的重大问题，对于促进学生在丰富社会性、完善品德性等方面都极为有利，对于我国全面发展高素质创新人才也具有非常重要的价值。

二 实践教育的理论基础

实践教育的理论支撑主要包括：从哲学上来说，有实践哲学理论等；从教育学上来说，有生活教育理论等；从心理学上来说，有活动教育理论等可作为实践教育的理论基础。

（一）实践哲学理论

实践教育的实践哲学理论来源于马克思主义。马克思主义提出"社会在本质上是实践的"，强调实践是人的根本生存方式，生产劳动实践是社会自身发展的根本途径，强调教育与生产劳动相结合是人实现全面发展的根本途径；提出"环境的改变和人的活动的一致，只能被看作是并合理地理解为变革的实践"。[2] 马克思主义的实践观强调的是实践是认识的来源，实践是检验认识真理性的唯一标准。

首先，实践哲学理论强调实践是个体自身生存发展的根本途径，需要充分发挥学生的主动性、积极性和创造性。通过构建平等合作的实践平台，让学生积极主动地参与到实践活动中去，以便培养学生的实践能力和创新精神。高校在人才培养过程中，应避免"唯实践主义"的倾向，必须明确实践与理论是相互检验的关系，比如，在实践之前，要用相关的理论提前检验其合理性，

---

[1] 刘磊、傅维利：《实践能力：含义、结构及培养对策》，《教育科学》2005年第2期。

[2] 《马克思恩格斯选集》（第一卷），人民出版社1995年版，第55页。

在实践过程中也会收获新的理论知识。因此，这就需要我们在进行实践学习之前，必须注重理论知识的学习，以便科学地开展实践活动。

其次，马克思主义对实践的理解确立了人作为主体性的维度，并体现了人对生活世界的价值关怀，从而牢固确立了学生在实践教育中的主体地位。人是实践活动的主体，在实践活动中，需要充分发挥自身的主观能动性和创造性，从而获得对于实践活动的认识，即"实践出真知"。因此，在高校实践教育过程中，必须充分尊重学生的主体地位，引导学生积极参与实践活动来解决实际问题，从而获得理论知识，促进全面发展。

最后，实践教育需要遵循一定的实践逻辑。实践哲学理论认为，实践不是无逻辑的行动，它具有本身的逻辑性。因此，在实践教育的过程中，必须遵循实践活动本身的实践逻辑，提高实践活动的效率。具体来说，主要是学生在实践过程中需要掌握一定的实践性知识和规则、方法等，如实践活动流程和规则的制定；实践活动方法和技能的使用；实践活动过程中可能遇到的困难及解决方案；实践活动的评价和反思；等等。

（二）生活教育理论

19世纪末至20世纪二三十年代，美国教育学家杜威、我国教育学家陶行知等人提出了生活教育理论。杜威对传统教育的模式进行了批判，他认为传统教育的本质是来自于外部的灌输，即将外部成年人制定的标准和规则强加给学生。其次，在传统教育中使用的学习方法等不适用于目前受教育的学生，这种教材和教学方法是非常机械的。在此，杜威提出了进步教育的思想，"所谓新教育和进步学校，就其本身而言，就是对传统教育感到不满意而兴盛起来的。实际上，新教育的兴起就是对传统教育的一种批评"。[①] 新教育

---

① 约翰·杜威：《我们怎样思维·经验与教育》，人民教育出版社1991年版，第249页。

实质上是使教育与生活融合的一种教育。

生活教育理论是陶行知教育思想的精髓，同时是对杜威教育思想的借鉴和吸收。陶行知认为："没有'教育即生活'的理论在前，绝产生不了'教学做合一'的理论。但到了'教学做合一'理论形成的时候，整个教育便根本改变了方向。这个新方向是'生活即教育'。"他将"教学做合一""社会即学校""生活即教育"形成完整的理论体系。对于生活教育的定义，陶行知认为："从定义上说：用生活来教育，为生活向前向上的需要而教育。从生活与教育的关系上说：是生活决定教育。从效力上说：教育要通过生活才能发生力量而成为真正的教育。'教学做合一'是生活法亦即教育法。"① 生活教育理论最重要的一点便是"教学做合一"，强调了教学与生活的密切联系，教师的"教"应服从于学生的"学"，同时，二者又服从于现实生活的需要。

生活教育理论认为教育与生活两者之间是密不可分的，脱离现实生活的教育将是"死的教育"，脱离生活的实践也将是"死的实践"。实践教育倡导学生通过积极参与实践活动从而解决现实问题，这与生活教育理论的理念是一致的。"教育的本性就是教会人们懂得生活自身，包括生活的目的和意义，而教育本性的实现就存在于不断展开的实践生活中。"② 高校教学活动不能仅限于理论教育，使得高校成为"象牙塔"和"空中楼阁"，应充分探索，通过实践教育，培养学生解决问题的能力，促进全面发展。

(三) 活动教育理论

"活动教育是一种具有渊源思想基础和广泛实践影响的理论主张。"③ 活动教育理论主张学生的主体活动是学生自身发展的机制。通常教育学中的"活动"所指的是个体的主体性活动，是由内部活动和外部活动的统一而构成的活动。根据其对象形态的不同，可将

---

① 陶行知：《陶行知文集》（下册），江苏教育出版社2008年版，第820页。
② 江潭瑜：《"实践教育"的意义与价值》，《学术界》2008年第3期。
③ 田慧生：《活动教育引论》，《天津市教科院学报》1999年第2期。

教育学中的"活动"分为三种：实物活动、交往活动和媒介活动（精神活动）。① 教育作用于学生身心发展的机制主要是作用于学生的活动而间接影响的学生身心发展。正如杜威所说，教育的问题就是抓住学生的活动并给予活动以指导的问题。② 同时，"活动"指的是内部活动与外部活动的统一，而不是单一的活动。所谓内部活动指的是心理活动、脑内活动；所谓外部活动指的是向外部某种对象的活动。单纯的内部活动或外部活动，对于学生的身心发展都是有限的，内部活动不能完全脱离外部活动而存在，内部活动必须要借助一定的外部活动才能发生；真正有意义的外部活动也必须有一定的内部活动作为支撑才能体现出价值。学生参与的实践活动不仅包括书本知识学习活动，还应包括交往活动、操作活动、反思活动、观察活动等。"人的活动是社会及其全部价值存在与发展的本原，是人的生命以及人作为个性的发展与形成的源泉。教育学离开了活动问题就不可能解决任何一项教育、教学、发展的任务。"③ 实践教育与活动教育所提倡的教育理论是一致的。

三 实践教育与知识教育的关系

实践教育主要是培养学生的实践能力，学生通过综合运用所学的理论知识解决现实问题，提高学生在现实生活中提出问题、分析问题、解决问题的能力，从而进一步推动学生的全面发展。知识教育主要是让学生接受系统的理论知识教育，使学生掌握社会经验和知识文化。知识教育对学生的全面发展起着重要的作用，如果学生没有一定的知识教育，那么便不会拥有较多的理论知识，在实践过程中会缺乏对事件的把握和了解以及对实践工具的运用也会受到一定的限制。但知识教育不应该成为"填鸭"式的教

---

① 王道俊、郭文安：《主体教育论》，人民教育出版社2005年版，第167页。
② 约翰·杜威：《学校与社会·明日之学校》，人民教育出版社1994年版，第45页。
③ 瞿葆奎、吴慧珠、蒋晓：《教育学文集·课外校外活动》，人民教育出版社1991年版，第3页。

育，当学生对学习过程失去热情和主动性，成为教育的客体而不是主体时，知识教育在本质上也失去了它的功能，它剥夺了学生进行探索、体验、经历、观察和反思的机会，抑制了学生的积极性和创造性，磨灭了学生的个性，使得学生成为"单向度的人"，而不是全面发展的人。

随着社会的发展，要求学生不仅需要具备完备的理论知识，还要有解决现实问题的能力，具备"转识成智"的能力。所谓"转识成智"，指的是人在认识和实践过程中所达成的主体与客体、主观与客观之间的高度交汇成"主体间性"，尤其是指主体将客观的、外在的知识转化为个体自身的理性智慧、价值智慧和实践智慧的过程。[1]实践是"转识成智"的重要手段及途径，学生通过积极接受实践教育，参加实践活动，从而在实践过程中进行培养和锻炼自身能力。

实践教育的前提是具备一定的知识教育，实践教育与知识教育之间存在密不可分的关系。实践教育与知识教育最大的不同在于，实践教育倡导学生综合运用所学理论知识技能和方法来解决现实问题，理论知识的功能重点在于"用"，而不仅仅在于"学"。通过实践教育，学生在知识教育中所学习到的"这些技能就不会仅仅只是运用于单一课程的孤立行为，而逐渐成为学生全部能力的一部分，以便运用于日常生活的各种不同情境中。相应地，学生在学习社会学科中的一些概念，重要的是这些概念如何能与其他学科领域正在开展的工作联系起来，从而使学生的观点、技能和态度等逐渐统一起来"。[2]但实践教育本身也存在一定的局限性，首先，单纯强调实践教育，可能导致学生的理论知识学习不够扎实，教学质量下滑，忽视教学活动和教师的主导作用，从而使得教育活动走向另

---

[1] 靖国平：《教育的智慧性格：兼论当代知识教育的变革》，湖北教育出版社2004年版，第131页。

[2] 拉尔夫·泰勒：《课程与教学的基本原理》，中国轻工业出版社2008年版，第76页。

一个极端。其次，实践教育需要一定的资源和条件才能实现，这对于贫穷落后地区的学校可能很难获得。最后，实践教育需要高质量的教学安排及组织，它需要科学地评价学生在实践中的表现，具有一定的难度。因此，实践教育的局限性需要通过知识教育来弥补，通过将实践教育与知识教育紧密结合，才能共同促进学生的全面发展。

第四节　基于以知塑型的创新人才培养关键影响因素研究

一　高校人才培养质量内涵

当今社会对不同类型人才的需求变化越来越复杂，各个高校的人才培养质量竞争越发激烈。所谓"人才"，"人"指的是人才必须具备的良好社会素质和完整健康的人格，"才"指的是必须拥有的并不断学习知识的能力、工作的能力和创新的能力等。在当代社会，各行各业的竞争也越发激烈，高校里的大学生也面临着诸多压力，如学习压力、就业压力、人际交往压力等，这些压力在日常生活中若得不到纾解，容易产生固执冷漠、畏难逃避甚至攻击报复等负面情绪，严重影响学生的身心健康。

根据《中华人民共和国学位条例》和《中华人民共和国学位条例暂行实施办法》规定，高校本科生及各类研究生要取得相应学位，必须达到相应的要求。具体要求如表4-1所示。

表4-1　学位要求

学生类别	本科生	硕士研究生	博士研究生
知识要求	较好地掌握本门学科的基础理论、专门知识和基本技能	在本门学科上掌握坚实的基础理论和系统的专门知识	在本门学科上掌握坚实宽广的基础理论和系统深入的专门知识

续表

学生类别	本科生	硕士研究生	博士研究生
能力要求	具有从事科学研究工作或担负专门技术工作的初步能力	具有从事科学研究工作或独立担负专门技术工作的能力	具有独立从事科学研究工作的能力,在科学或专门技术上做出创造性的成果

知识是人才培养质量的关键要素,早在17世纪初,培根就说过"知识就是力量",随着全球科学技术的飞速发展,特别是工业化社会的到来,仅仅依靠知识并不能完全适应社会发展的需要,因此,进入20世纪,各国高等教育在重视知识传授的同时,开始加强能力的培养。20世纪50年代,清华校长蒋南翔提出著名的干粮与猎枪理论,[①]来比喻对能力培养的重视,将学生比喻为猎人,学校老师传授的知识为干粮,学生的自学能力为猎枪。他说,如果学校只给猎人干粮,当猎人吃光了干粮,就会失去生存的希望;如果学校把猎枪给了猎人,并教会猎人打猎和野外生存的本领,那么猎人便可在野外依靠自己的能力获得源源不断的食物,继续生存下去。因此,高校在注重知识教育的同时,必须注重实践能力要求。20世纪90年代,国际教育界提出了教育的三个基本要求:"学知识、学做事、学做人",对于人才的素质培养也提出了新的要求。知识、能力和素质三者之间的关系是高等教育人才培养目标中首要关注的问题,唐进元等[②]认为知识是表层,是能力与素质的基础和载体;能力是里层,是在掌握一定知识的基础上经过培养、训练、实践和锻炼而形成的技能;素质是内核,是人们把外界获取的知识和技能内化于人的身心,升华成人们稳定的品质和素养。

二 数据分析及模型设计

(一) 数据收集及整理

本次调查采用问卷的形式,设计了《高校人才培养研究——以

---

① 刘惠莉:《蒋南翔:不仅是给干粮,更应给猎枪》,《新清华》2008年第1718期。
② 唐进元、文伟军、向子华:《知识、能力、素质内涵及其关系的研究》,《广西机械》1998年第3期。

知塑形、以德铸魂》，调查方式为随机调查，相关统计结果见以下分析。

1. 基本信息统计分析

调查对象基本信息主要是从民族、政治面貌、性别、学生年级、学历、教师职称等方面来考察的，以下为调查人员的人口统计学变量分布特征。

通过对调查结果的统计，样本高校设计了"双一流"高校、部署本科院校、省属本科院校等层次，包括有贵州大学、中国农业大学、浙江大学、东北农业大学、南京财经大学、西南财经大学、四川农业大学、沈阳农业大学、黑龙江八一农垦大学、西藏农牧学院、贵州医科大学、凯里学院、南开大学滨海学院、铜仁学院、黔南民族师范学院等高校。具体如图4-1所示。

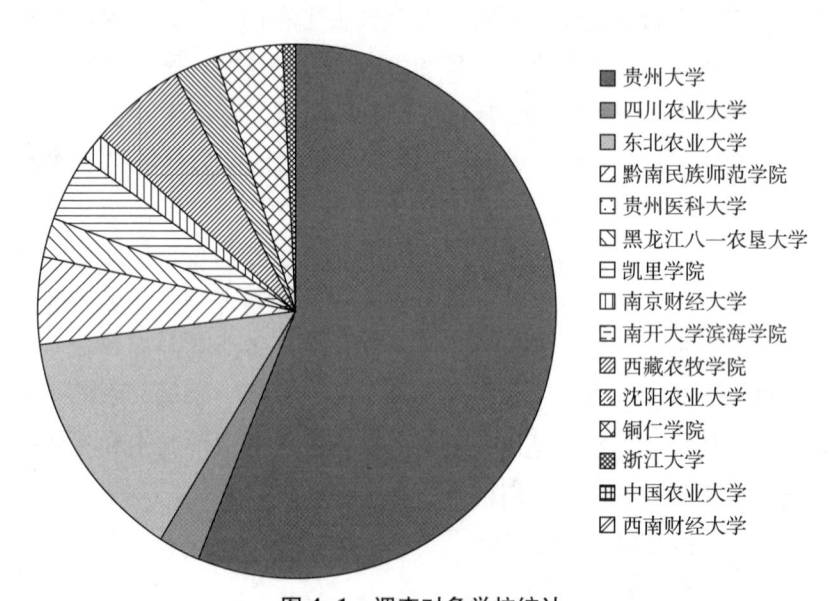

图4-1 调查对象学校统计

教师卷及学生卷具体变量名称表示以及封闭答案对应值如表4-2和表4-3所示。

表 4-2　　　　　　教师卷变量名称及封闭答案对应值

分类维度	变量名称	封闭答案对应值
基本信息	年龄	
	性别	（1）男；（2）女
	民族	（1）汉族；（2）少数民族
	政治面貌	（1）党员；（2）民主党派成员；（3）群众
	是否结婚	（1）是；（2）否
	任教单位	
	任教专业	
	职称	（1）教授；（2）副教授；（3）讲师；（4）其他
	最后学历	（1）博士；（2）硕士；（3）本科；（4）其他
课前准备	上课前是否会认真备课	（1）会；（2）不会
课堂教学	如果会，备课平均花费时间	（1）5小时以内；（2）5—10小时；（3）10小时以上
	如何开始课堂教学	（1）通过典故或者名言警句导入；（2）从学生的实际问题出发；（3）从自身遇到的实际问题出发；（4）从教材实际出发；（5）其他
	是否应该将自己的科研成果引入到课堂教学	（1）应该；（2）不应该
	如果应该，如何将自己的科研成果引入到课堂教学	
	在课堂教学过程中，有没有引入丰富的案例教学	（1）有；（2）没有
	如果有，选择什么样的案例教学	（1）自身案例；（2）现成案例；（3）视情况而定
	上课过程中，是否对知识点进行衍生	（1）是；（2）否

续表

分类维度	变量名称	封闭答案对应值
课堂教学	如果是，衍生的知识点是否能够启发学生进行思考	(1) 能；(2) 不能；(3) 不确定
	在课堂教学中，是否应该将交叉学科的知识和方法引入到本学科的课堂教学	(1) 应该；(2) 不应该
	如果应该，要如何将交叉学科的知识和方法引入到本学科教学	
	上课过程中是否有学生举手表达自己的疑惑	(1) 有；(2) 没有
	如果有，是否会解决学生的疑惑	(1) 会；(2) 不会
	在课堂上，有没有向学生推荐本专业的名著	(1) 有；(2) 没有
	如果有，推荐的本专业的名著的名称	
	在课堂上，有没有向学生推荐本专业的顶级期刊	(1) 有；(2) 没有
	如果有，推荐顶级期刊的名称	
课后反思	在课余时间是否会主动和学生进行学习方面的沟通交流	(1) 会；(2) 不会
	面对教学上遇到问题，是否会花时间弄懂	(1) 会，直到我弄清楚答案；(2) 会，但是实在弄不清楚也就无所谓；(3) 不会，反正无伤大雅
	是否经常同事交流教学方面的经验和教训	(1) 有；(2) 没有；(3) 没考虑过
专业课程体系	是否了解学校（学院）为了学生学业进步而进行专业课程体系设计	(1) 是；(2) 否
	如果是，专业课程体系设计有没有提升学生的学习成绩	(1) 有；(2) 没有
	如果否，是否希望学校（学院）为学生设计专业课程体系	(1) 是；(2) 否

续表

分类维度	变量名称	封闭答案对应值
教师工作室	是否有属于自己的工作室让学生课余时间进行自习	(1) 是；(2) 否
	如果是，在工作室时，会不会和学生就专业问题进行探讨	(1) 会；(2) 不会
	如果否，是否希望有属于自己的工作室让学生课余时间进行自习	(1) 是；(2) 否
学校实验平台	是否了解学校（学院）有实验平台让学生开展相关实验活动	(1) 是；(2) 否
	如果是，学校（学院）的实验平台有没有提升学生的实验水平和能力	(1) 有；(2) 没有
	如果否，是否希望学校（学院）为学生搭建实验平台	(1) 是；(2) 否
实践基地	学生是否参加过实践基地（企业、政府部门等组织）的社会实践活动	(1) 是；(2) 否
	如果是，有没有提升学生的社会实践水平和能力	(1) 有；(2) 没有
	如果否，是否希望学生参加实践基地（企业、政府部门等组织）的社会实践活动	(1) 是；(2) 否

表 4-3　　学生卷变量名称及封闭答案对应值

分类维度	变量名称	封闭答案对应值
基本信息	年龄	
	性别	(1) 男；(2) 女
	是否为独生子女	(1) 是；(2) 否
	民族	(1) 汉族；(2) 少数民族
	政治面貌	(1) 党员；(2) 民主党派成员；(3) 群众

续表

分类维度	变量名称	封闭答案对应值
基本信息	学习所在单位	
	专业	
	年级	(1) 2020级；(2) 2019级；(3) 2018级；(4) 2017级；(5) 其他
	在校生层次	(1) 博士；(2) 硕士；(3) 本科；(4) 其他
课前准备	专业学习成绩	(1) 好；(2) 一般；(3) 不理想
	在学习过程中，自己学习方法是否存在问题	(1) 不存在；(2) 存在；(3) 讲不清楚
	平时是否会通过学习小技巧来帮助学习	(1) 会；(2) 不会
	是否每天都在接触较为新颖的专业知识或者观点，不断充实自己，拓宽自己的知识面	(1) 是；(2) 否
	有没有看过专业相关名著	(1) 有；(2) 没有
	如果有，请问看过专业名著的名称	
	有没有看过一些相关专业的顶级期刊	(1) 有；(2) 没有
	如果有，请问看过专业顶级期刊的名称	
课堂学习	老师上课的时候是否会推荐专业名著	(1) 会；(2) 不会
	如果会，推荐专业名著的名称	
	老师上课的时候是否会推荐专业期刊	(1) 会；(2) 不会
	如果会，推荐专业期刊的名称	
	老师上课的方式是否足够吸引较好学习	(1) 是；(2) 否；(3) 不清楚
	是否能理解老师课堂上所讲的知识点	(1) 能；(2) 不能
	如果课堂上发现老师讲错了某个知识点，是否会站起来给老师指出问题	(1) 会；(2) 不会；(3) 视情况而定
	如果课堂上发现老师又在讲重复的知识点，是否会给老师反映	(1) 会；(2) 不会；(3) 视情况而定
	如果课堂上发现老师讲的知识点与本专业并不相关，是否会和老师进行沟通交流	(1) 会；(2) 不会；(3) 视情况而定

续表

分类维度	变量名称	封闭答案对应值
专业课程体系	学校（学院）是否有为了学生学业进步而进行专业课程体系设计	(1) 是；(2) 否
	如果是，专业课程体系设计有没有提升学习成绩	(1) 有；(2) 没有
	如果否，是否希望学校（学院）为学生设计专业课程体系	(1) 是；(2) 否
教师工作室	老师是否有属于自己的工作室让学生课余时间进行自习	(1) 是；(2) 否
	如果有，在工作室自习时会不会就专业问题和老师进行探讨	(1) 会；(2) 不会
	如果否，是否希望老师有属于自己的工作室让学生课余时间进行自习	(1) 是；(2) 否
学校实验平台	是否去过学校（学院）的实验平台开展相关实验活动	(1) 是；(2) 否
	如果是，学校（学院）的实验平台有没有提升实验水平和能力	(1) 有；(2) 没有
	如果否，是否希望学校（学院）为学生搭建实验平台	(1) 是；(2) 否
实践基地	是否参加过实践基地（企业、政府部门等组织）的社会实践活动	(1) 是；(2) 否
	如果是，有没有提升社会实践水平和能力	(1) 有；(2) 没有
	如果否，是否希望参加实践基地（企业、政府部门等组织）的社会实践活动	(1) 是；(2) 否

2. 描述性统计分析

通过对问卷结果基本信息进行描述性统计分析可知，对于学生问卷来说，受访学生平均年龄在21岁左右的2020级在校学生，最小为15岁，最大为55岁。受访女生比男生人数多，有大约72%的受访学生都不是独生子女，同时，汉族与少数民族受访学生在比例上大概一致，绝大部分受访学生的政治面貌为团员，同时大部分受访学生为在校本科生。具体结果见表4-4。

表 4-4　　　　　　　　　学生问卷描述性统计

变量	最小值	最大值	均值	标准偏差
年龄	15	55	21.04	3.099
性别	1	2	1.64	0.479
是否为独生子女	1	2	1.72	0.451
民族	1	2	1.57	0.496
政治面貌	1	3	2.00	0.514
年级	1	5	1.66	0.965
在校生层次	1	4	2.93	0.680

对于老师问卷来说，受访老师的平均年龄在42岁左右，最小为23岁，最大为42岁，且有92%的受访教师都已婚，受访女性教师人数大于受访男性教师，汉族教师比例远远大于少数民族教师比例，同时，受访教师绝大部分政治面貌为党员，受访教师的职称平均为副教授，且绝大部分受访教师的最后学历为博士和硕士。具体结果见表4-5。

表 4-5　　　　　　　　　老师问卷描述性统计

变量	最小值	最大值	均值	标准偏差
年龄	23	61	42.24	7.065
性别	1	2	1.67	0.473
民族	1	2	1.19	0.395
政治面貌	1	3	1.35	0.741
是否结婚	1	2	1.08	0.264
职称	1	4	2.17	0.760
最后学历	1	3	1.53	0.621

（二）研究模型设计

1. 多元线性回归分析概述

在实际生活中，人们通常会遇到某一事物的发展和变化规律受到几个影响因素的共同影响，也就是一个因变量和几个自变量相互依存的关系。而且有时候几个影响因子的主次难以区分，或者有些因素虽然属于非主要因素，但也不能将其忽略。这时便需要引入多元线性回归模型，多元线性回归指的是当解释变量与被解释变量之间存在线性关系时，通过对两个或两个以上的解释变量与一个被解释变量的相关分析，建立预测模型进行预测的方法。

2. 多元线性回归模型的构建

在一元线性回归模型中，是以一个主要影响因素作为自变量来解释因变量的变化，当多个自变量与因变量之间呈现出线性关系时，所进行的回归分析便是多元线性回归。

设 Y 为因变量，x_{1i}，x_{2i}，…，x_{ji} 为自变量，并且因变量与自变量之间为线性关系，则多元线性回归模型的表达式为：

$$y_i = a + b_1 x_{1i} + b_2 x_{2i} + \cdots + b_j x_{ji} + \varepsilon$$

其中，$j=1，2，…，n$。因变量 Y 的变化可由两个部分解释：一是由 j 个变量 x 的变化引起的；二是由其他随机因素引起的变化，即 ε。a，b_1，b_2，…，b_j 为模型的回归常数和偏回归系数，ε 为随机误差。通常采用最小二乘法进行最优求解，即当误差的平方和达到最小的时候得到 a 和 b_j 的最佳估计值。

建立多元线性回归模型时，为了保证回归模型具有优良的解释能力和预测效果，首先要注意对于自变量的选择，其次要对模型进行必要的检验与评价，以决定模型是否可以应用，主要包括回归方程的显著性检验，回归系数的显著性检验，多重共线性检验等。

3. 研究变量定义

为探讨高校人才培养研究——以知塑型方面的影响因素，根据问卷设计，选取关键变量"专业学习成绩"作为因变量 Y，选取其余关键变量作为自变量 X，具体说明如表4-6所示。

表4-6　　　　　　　　变量定义表

变量维度	变量	变量名称	封闭答案对应值
因变量	Y	专业学习成绩	(1) 好；(2) 一般；(3) 不理想

续表

变量维度	变量	变量名称	封闭答案对应值
自变量	X_1	在学习过程中,自己学习方法是否存在问题	(1)不存在;(2)存在;(3)讲不清楚
	X_2	平时是否会通过学习小技巧来帮助学习	(1)会;(2)不会
	X_3	是否每天都在接触较为新颖的专业知识或者观点,不断充实自己,拓宽自己知识面	(1)是;(2)否
	X_4	有没有看过专业相关名著	(1)有;(2)没有
	X_5	有没有看过一些相关专业的顶级期刊	(1)有;(2)没有
	X_6	老师上课的时候是否会推荐专业名著	(1)会;(2)不会
	X_7	老师上课的时候是否会推荐专业期刊	(1)会;(2)不会
	X_8	老师上课的方式是否足够吸引较好学习	(1)是;(2)否;(3)不清楚
	X_9	是否能理解老师课堂上所讲的知识点	(1)能;(2)不能
	X_{10}	如果课堂上发现老师讲错了某个知识点,是否会站起来给老师指出问题	(1)会;(2)不会;(3)视情况而定
	X_{11}	如果课堂上发现老师又在讲重复的知识点,是否会给老师反映	(1)会;(2)不会;(3)视情况而定
	X_{12}	如果课堂上发现老师讲的知识点与本专业并不相关,是否会和老师进行沟通交流	(1)会;(2)不会;(3)视情况而定
	X_{13}	学校(学院)是否有为了学生学业进步而进行专业课程体系设计	(1)是;(2)否
	X_{14}	老师是否有属于自己的工作室让学生课余时间进行自习	(1)是;(2)否

续表

变量维度	变量	变量名称	封闭答案对应值
自变量	X_{15}	是否去过学校（学院）的实验平台开展相关实验活动	（1）是；（2）否
	X_{16}	是否参加过实践基地（企业、政府部门等组织）的社会实践活动	（1）是；（2）否

三 回归分析结果

（一）回归多重共线性检验

多重共线性指的是在普通最小二乘估计进行估计线性回归模型时，不能满足高斯—马尔可夫定理中的第四个条件——自变量相互线性无关，若各项自变量之间存在着明显的偏高的线性相关关系，便会导致多重共线性问题的出现。当存在严重的多重共线性时，回归系数的最小二乘估计量丧失有效性，不能满足最小二乘的基本假定，回归模型的拟合优度下降，不能精确估计各回归系数的取值，甚至出现回归系数正负号错误等现象。在多元回归模型中，一般可采用方差膨胀因子（VIF）方法判别是否存在多重共线性。一般情况下，当 VIF>10 时，认为模型存在严重的多重共线性，当 VIF>5 时，认为模型存在较为严重的多重共线性。

通过对模型进行多重共线性检验，结果显示各变量的 VIF 均接近于 1，表明模型不存在严重的多重共线性。具体结果见表 4-7。

表 4-7　　　　　　　　多重共线性结果

变量	VIF
X_1	1.071
X_2	1.117
X_3	1.193
X_4	1.366
X_5	1.549
X_6	1.606

续表

变量	VIF
X_7	1.832
X_8	1.186
X_9	1.170
X_{10}	1.309
X_{11}	1.479
X_{12}	1.509
X_{13}	1.156
X_{14}	1.191
X_{15}	1.254
X_{16}	1.236

（二）回归方程显著性检验

回归方程的显著性检验，就是检验整个回归方程的显著性，即评价所有自变量与因变量的线性关系是否密切。通常采用 F 检验，F 统计量的计算公式为：

$$F = \frac{\sum (\hat{y} - \bar{y})^2 / k}{\sum (y - \hat{y})^2 / n - k - 1} = \frac{R^2 / k}{(1 - R^2) / n - k - 1}$$

根据给定的显著性水平 α 以及自由度 $(k, n-k-1)$，得到相应的临界值 F_α，若 $F > F_\alpha$，则回归方程通过显著性检验，回归效果显著；若 $F < F_\alpha$，则回归方程无显著意义，回归效果不显著。

根据表 4-8 可知，F 统计量对应的显著性检验概率 P 值为 0.000，小于任意给定的显著性水平，因此回归方程通过了总检验，拒绝所有回归系数同时为零的假设，被解释变量与解释变量整体之间存在线性关系，可以建立线性回归方程。

表 4-8　　　　　　　　　　显著性检验结果

模型	平方和	自由度	均方	F	显著性
回归	27.711	16	1.732	8.291	0.000[b]

续表

模型	平方和	自由度	均方	F	显著性
残差	256.096	1226	0.209		
总计	283.807	1242			

(三) 回归结果分析

通过进行多元线性回归，结果如表4-9所示。

表4-9　　　　　　　　回归结果

模型	未标准化系数 B	标准错误	标准化系数 Beta	t	显著性
c（常量）	0.937	0.104		9.000	0.000
X_1	0.090	0.023	0.110	3.935	0.000
X_2	0.148	0.038	0.112	3.915	0.000
X_3	0.067	0.029	0.069	2.332	0.020
X_4	0.111	0.034	0.103	3.251	0.001
X_5	0.047	0.039	0.041	1.202	0.230
X_6	-0.033	0.033	-0.034	-0.991	0.322
X_7	-0.006	0.036	-0.006	-0.154	0.877
X_8	-0.014	0.017	-0.024	-0.811	0.418
X_9	0.122	0.035	0.101	3.458	0.001
X_{10}	0.001	0.019	0.001	0.032	0.974
X_{11}	0.058	0.019	0.100	3.024	0.003
X_{12}	-0.018	0.021	-0.027	-0.823	0.411
X_{13}	0.033	0.030	0.032	1.111	0.267
X_{14}	0.003	0.029	0.003	0.107	0.915
X_{15}	0.028	0.030	0.028	0.925	0.355
X_{16}	0.015	0.029	0.016	0.522	0.602

根据回归结果可以得到未经标准化的样本回归方程为：

$$\hat{y} = 0.937 + 0.090x_1 + 0.148x_2 + 0.067x_3 + 0.111x_4 + 0.122x_9 + 0.058x_{11}$$

其中，各项自变量回归系数的显著性检验中的 P 值均小于显著性水平 0.05，因此，通过进行多元线性回归，结果显示，对于因变量"专业学习成绩"影响最显著的关键变量为"在学习过程中，自己学习方法是否存在问题""平时是否会通过学习小技巧来帮助学习""是否每天都在接触较为新颖的专业知识或者观点，不断充实自己，拓宽自己知识面""有没有看过专业相关名著""是否能理解老师课堂上所讲的知识点"，以及"如果课堂上发现老师又在讲重复的知识点，是否会给老师反映"，根据分类维度划分，得知高校人才培养——以知塑型方面的影响因素主要在于学生的课堂学习部分。

（四）交叉分析

交叉分析法又称立体分析法，是在纵向分析法和横向分析法的基础上，从交叉、立体的角度出发，由浅入深、由低级到高级的一种分析方法。交叉分析法通过把统计分析数据制作成二维交叉表格，将具有一定联系的变量分别设置为行变量和列变量，两个变量在表格中的交叉结点即为变量值，即通过表格体现变量之间的关系。因此，通过将上文显著的关键变量之间进行交叉分析，可以探讨不同变量对智育影响的相关性及差异性。

对于因变量"专业学习成绩"主要设置了 3 个选项（好 = 1；一般 = 2；不理想 = 3）。

1. 学习方法与学习成绩交叉分析

我们知道，学习不仅要花时间，更需要有恰当的学习方法。为此，在对学生进行调查时，设计了变量"在学习过程中，自己学习方法是否存在问题"（不存在 = 1；存在 = 2；讲不清楚 = 3），图 4-2 展示了学习方法与学习成绩之间的交叉关系。具体分析，当选择"存在"学习方法上的问题的学生专业学习成绩好的比例显著高于其余两个类别，且差异明显，同时选择"不存在"学习方法问题的学生学习成绩好的比例明显高于学生学习成绩不理想的比例。该结果在一定程度上表明，学习是否存在学习方法上的问题对于学习成绩的影响比较显著。

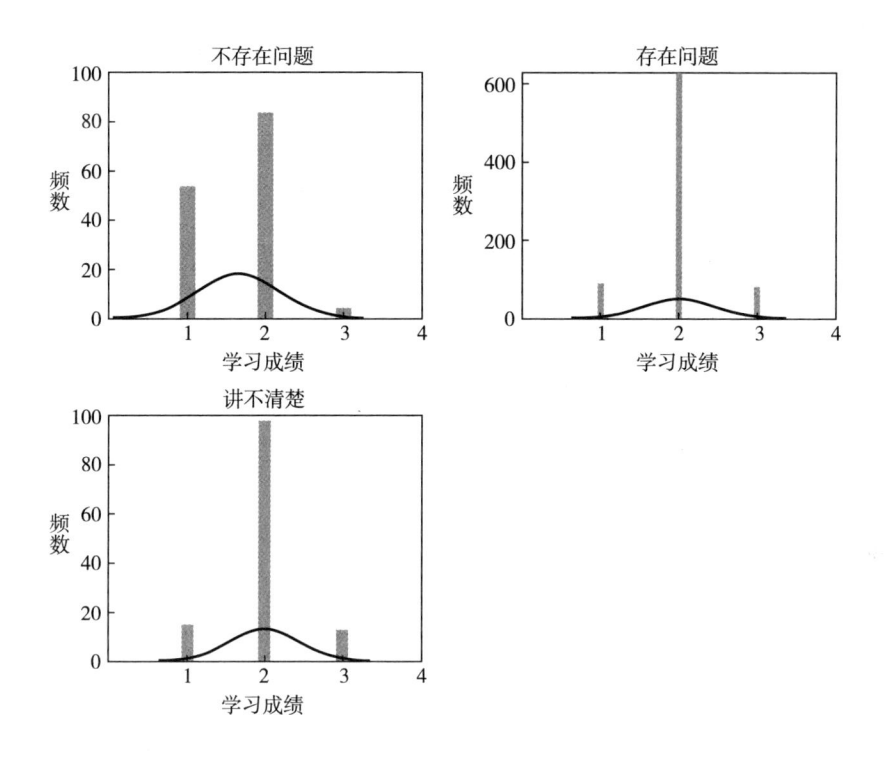

图 4-2　学习方法与学习成绩交叉分析

注：1＝好；2＝一般；3＝不理想。

2. 学习技巧与学习成绩交叉分析

在日常学习中，通过掌握一定的学习技巧对于学习成绩的提升来说，可以达到事半功倍的效果，为此，在对学生进行调查时，设计了变量"平时是否会通过学习小技巧来帮助学习"（会＝1；不会＝2），图4-3展示了学习技巧与学习成绩之间的交叉关系。具体分析，选择"会"通过学习技巧来帮助学习的学生成绩好的比例明显高于选择"不会"用技巧学习的学生学习成绩好的比例，同时"不会"用学习技巧的学生成绩差的比例也远远高于选择"会"用学习技巧的学生成绩差的比例，且两者差异明显。该结果在一定程度上表明，是否使用学习小技巧来帮助学习对于学生学习成绩的影响比较显著。

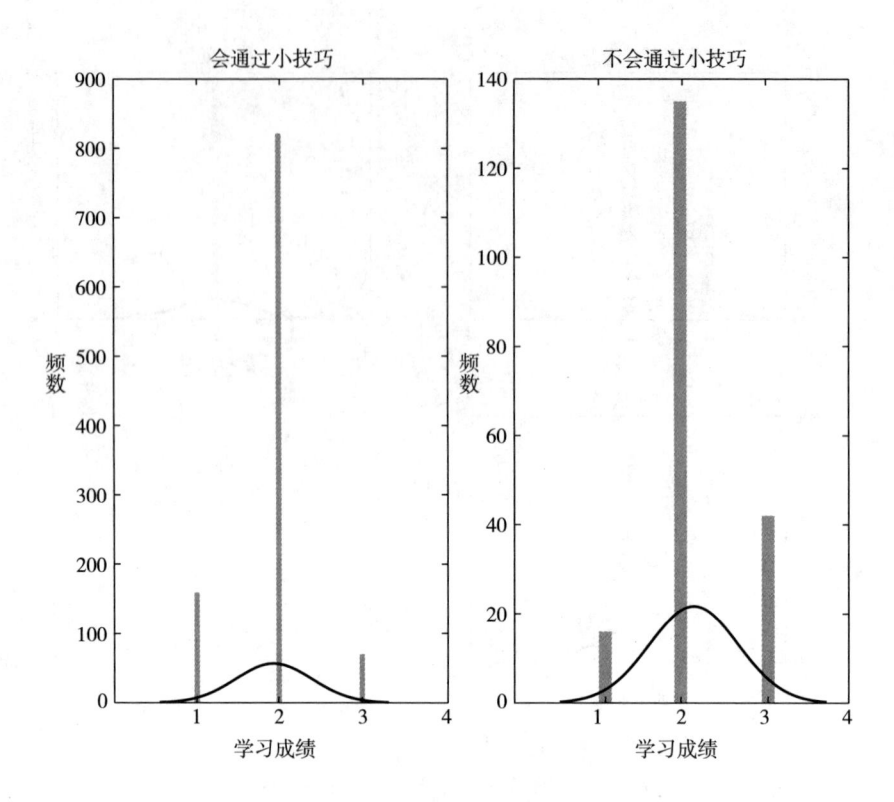

图 4-3　学习技巧与学习成绩交叉分析

注：1=好；2=一般；3=不理想。

3. 新颖知识与学习成绩交叉分析

学习是一个吸收接纳新知识的过程，只有不断扩展自己的知识面，才能更好地掌握知识。为此，在对学生调查时，设计了变量"是否每天都在接触较为新颖的专业知识或者观点，不断充实自己，拓宽自己知识面"（是=1；否=2），图 4-4 展示了新颖知识与学习成绩之间的交叉关系。具体分析，选择"是"的学生学习成绩好的比例明显高于选择"否"的学生学习成绩好的比例，同时选择"是"的学生学习成绩好与不理想的比例差距较大。该结果在一定程度上表明，是否接触较为新颖的专业知识或观点对于学生学习成绩的影响比较显著。

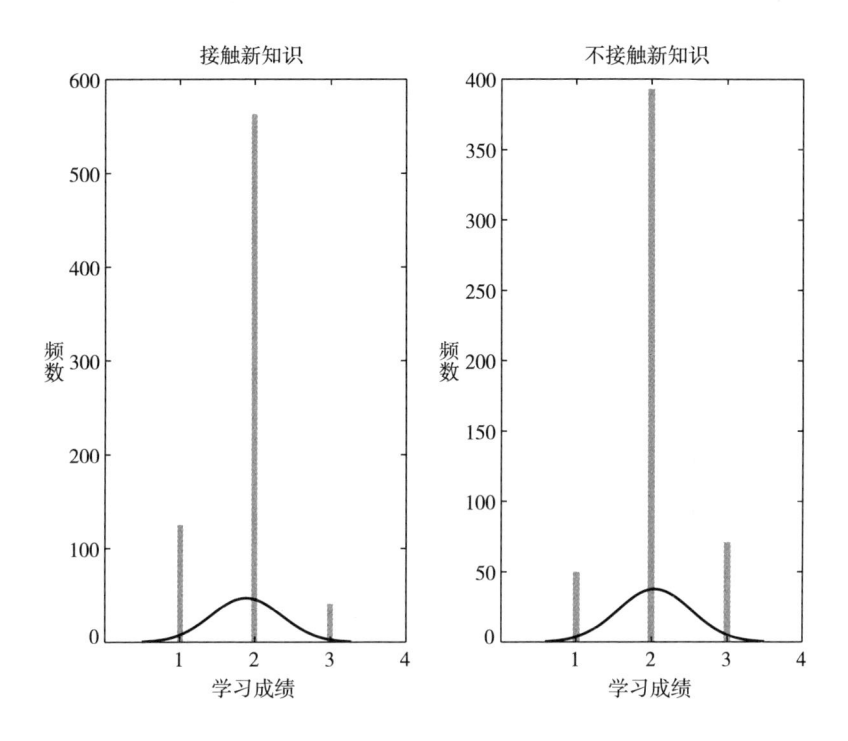

图 4-4　新颖知识与学习成绩交叉分析

注：1=好；2=一般；3=不理想。

4. 阅读名著与学习成绩交叉分析

通过阅读专业名著，可以培养学生的思维意识和思考能力，进而提升学生的学业成绩。为此，在对学生进行调查时，设计了变量"有没有看过相关专业名著"（有=1；没有=2），图4-5展示了阅读名著与学习成绩之间的交叉关系。具体分析，选择"有"看过专业名著的学生学习成绩好的比例明显高于选择"没有"看过专业名著的学生学习成绩好的比例，同时选择"有"看过专业名著的学生学习成绩好与不理想的比例差距较大，但选择"没有"看过专业名著的学生成绩好与不理想之间的比例大致一样。该结果在一定程度上表明，是否看过专业名著对于学生学习成绩的影响比较显著。

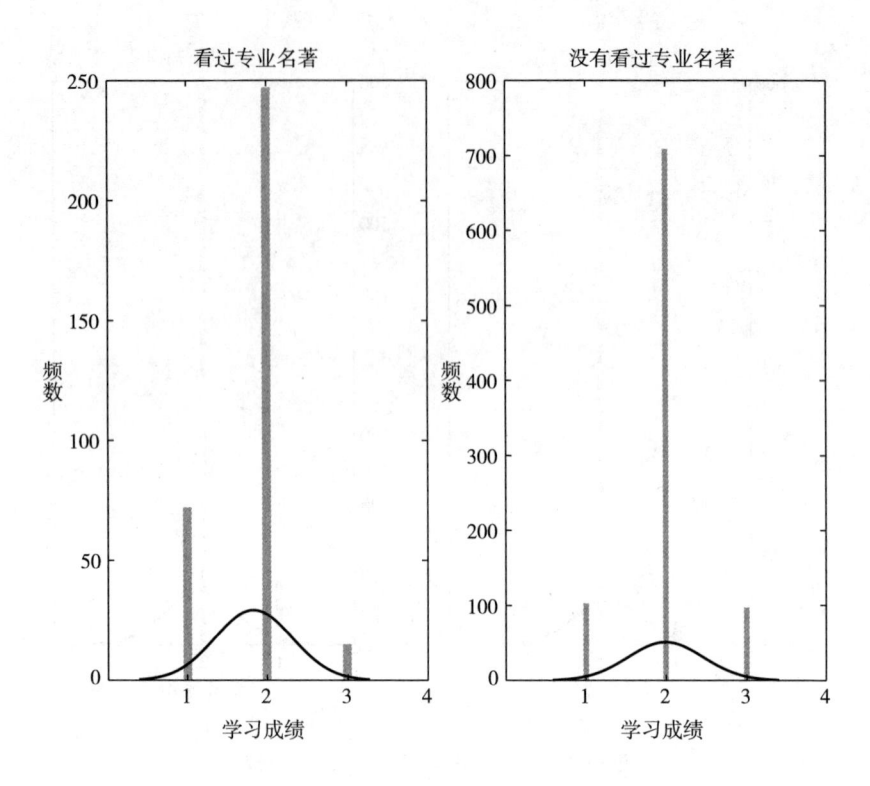

图 4-5　阅读名著与学习成绩交叉分析

注：1=好；2=一般；3=不理想。

5. 知识理解与学习成绩交叉分析

是否能够理解课堂上吸收的知识点，对于学生成绩的影响至关重要，因此，在对学生进行调查时，设计了变量"是否能理解老师课堂上所讲的知识点"（能=1；不能=2），图4-6展示了知识理解与学习成绩之间的交叉关系。具体分析，选择"能"理解知识点的学生学习成绩好的比例明显高于学习成绩不理想的比例，同时选择"不能"理解知识点的学生学习成绩好的比例明显低于学习成绩不理想的比例。该结果在一定程度上表明，能否理解老师课堂上所讲的知识点对于学生学习成绩的影响比较显著。

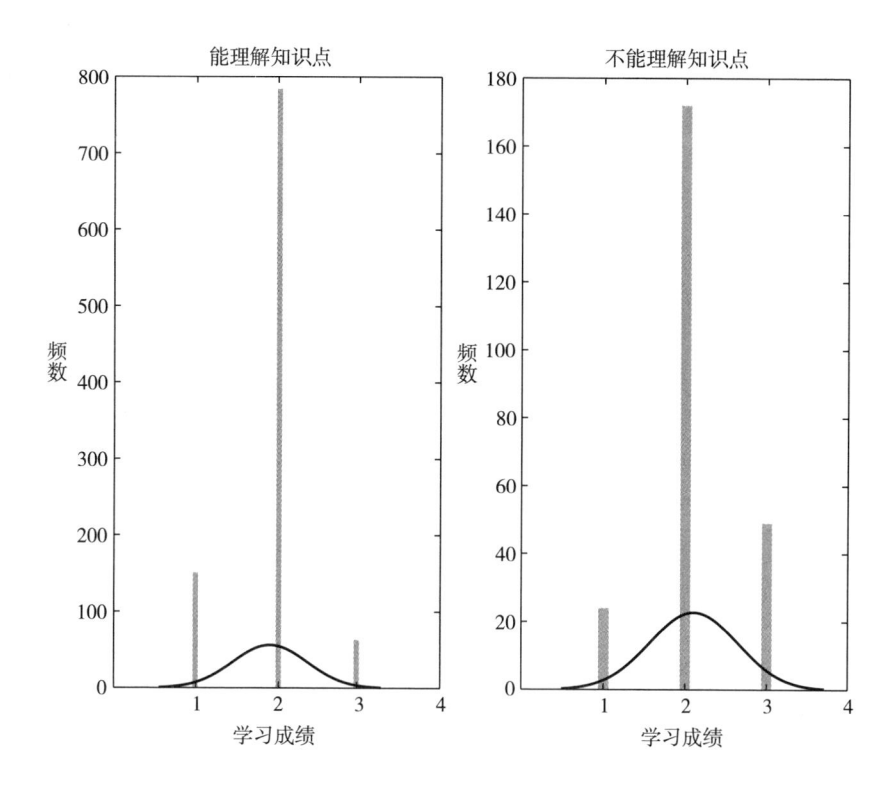

图 4-6　知识理解与学习成绩交叉分析

注：1=好；2=一般；3=不理想。

6. 反馈互动与学习成绩交叉分析

反馈互动作为教学活动中至关重要的一个环节，学生通过将难点及时反馈给老师，进而解决相应问题，最终提高学习成绩。为此，在对学生进行调查时，设计了变量"如果课堂上发现老师又在讲重复的知识点，是否会给老师反馈"（会=1；不会=2；视情况而定=3），图 4-7 展示了反馈互动与学习成绩之间的交叉关系。具体分析，选择"会"给老师反馈的学生学习成绩好的比例明显远远高于学习成绩不理想的比例且两者之间差值较大，同时选择"不会"以及"视情况而定"给老师反馈的学生学习成绩好的比例与学习成绩不理想的比例基本持平。该结果在一定程度上表明，是否给老师反馈问题对于学生学习成绩的影响比较显著。

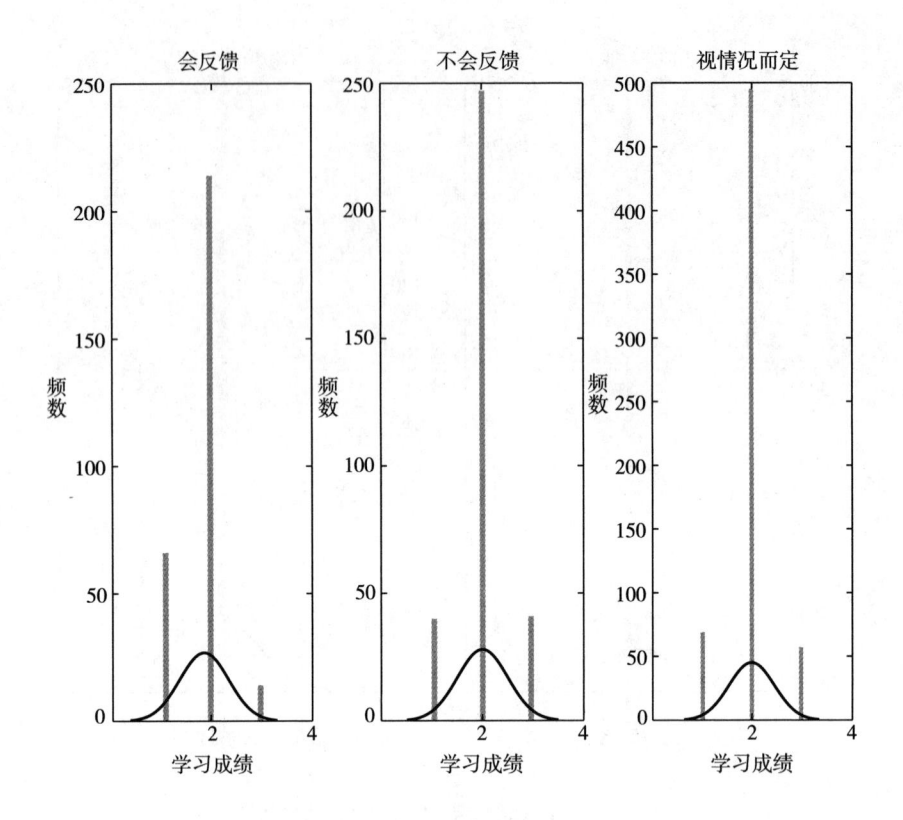

图 4-7　反馈互动与学习成绩交叉分析

注：1=好；2=一般；3=不理想。

第五章　高校人才培养研究

——以德铸魂（师生维度）

第一节　相关概念界定

中西方对于德育概念有着不同的界定。国内对于德育概念的内涵主要有四种观点：第一，德育是在一定的社会环境中，将特定的阶级观点、思想观念、政治原则、道德规范、行为习惯等内化为个体思想和道德品质的教育活动。第二，德育通过有计划、有目的、有组织的方式，基于特定的社会环境和特定阶级的要求，对受教育者进行深刻系统的影响，潜移默化地将社会思想和道德转变成个人的意识和品质。第三，德育是一定社会或阶级的要求，对受教育者施加带有目的性、计划性、系统性的思想、政治和道德方面的影响，经由受教育者的认识、体验和身体力行，从而形成了受教育者的品德和自我修养的活动。第四，德育是教育者根据社会及受教育者两方的需求，采用言传身教等方式手段，经由内化与外化两个途径，来培养受教育者在法制、道德、政治、思想等多方面素质能力的活动。德育概念的外延有着广义与狭义的区别，同时也称其为"大小德育"。狭义的概念就是指道德教育；从广义的概念上来说，德育是许多种教育的融合，有"三要素、四要素、五要素"的区分。"三要素"包括了思想教育、政治教育、道德教育，"四要素"是在"三要素"的基础上增添了心理教育，在"四要素"基础上再增添法制教育就构成了"五要素"。总体而言,"大德育"是多种教育的融合。

西方德育的概念最早起源于英国学者斯宾塞于 1960 年所著的《教育论》中,把教育分为智育、德育、体育,从而产生了德育的基本概念。西方用"moral education"来表示德育,"moral"来源于"mores",有"风俗、习惯、习性"的含义。亚里士多德的著作中用到了"ethike"一词,西塞罗在翻译时将其替换成"morals",指代整个国家在百姓生活中形成的道德风俗,以及人们的道德观念,包含了习惯、风尚、性格、行为等含义,之后引申为道德规范和行为品质。在西方狭义的德育概念中同样指代的是道德教育。西方广义的德育是在道德教育基础上展开的综合教育,包括职业生涯规划、心理辅导、行为指导等。虽然没有统一的德育大纲,但是道德精神、自由、民主、人权、责任和公民的权利与义务等基本要素均体现在德育内容中,反复强调培养学生的"爱国精神"和"责任公民"意识。[1]

本章所探讨使用的德育概念更侧重于"大德育"的概念。高校的德育工作者,根据社会的发展形势和需求,结合德育对象的实际需要,在已形成的公序良俗的基础上,采用恰当的教育方式,将道德理论知识传授给德育对象,将德育理论内化为其自身道德素质,外化为德育对象的社会行为。

第二节 德育教育理论

一 国外德育理论

(一)杜威实用主义德育理论

约翰·杜威是美国著名的教育家、哲学家、心理学家,现代教

---

[1] 霍红颖、李勇:《中西"德育"概念的比较——贝雷迪比较四步法在中西"德育"概念比较中的应用》,《深圳信息职业技术学院学报》2018 年第 3 期。

育学的创始人之一。杜威在德育的理论与实践方面均有较深刻的理解。杜威德育思想主要包含两大块内容：一是教育即生活。最好的教育来自于生活，在生活中学习，在经验中学习。一切道德都是社会性的，学校环境是社会环境的一部分，要利用好学校环境开展对学生的教育。教育的目的在道德而不在知识，现在应该研究的是怎样可以用知识的教育做到道德教育的目的。[1] 二是活动式教育方法。杜威倡导在经验中学习，通过不断的行动，在做事中学习。他不赞同"填鸭"式的教育，否定传统的死板的道德规范的教育方式，认为在教育当中单独添设道德教育一科，其实是没有功效的。理论上的道德是不能影响人的行为的。道德是教育的最高目的。应该找方法使行为与道德打通，这样也许可以做到道德为最高的教育目的的希望。

（二）柯尔伯格认知发展理论

柯尔伯格是"现代道德认知发展理论之父"，著名道德教育家。他在道德认知、道德发展和公正原则的基础上，从多个角度分析论证道德的产生、变化和发展的过程，由此创建了道德认知发展理论，即"三水平六阶段"的道德发展理论体系。柯尔伯格认为，人们的道德认知是在主体和客体相互交互、共同参与下形成的。"三水平六阶段"的道德发展理论体系指的是前道德水平、习俗角色整合的道德水平、道德原则自我接受的道德水平。每个水平段里分别有两个阶段，阶段 1 是顺从和惩罚取向，该阶段主要是出于遵从上级权威或者避免麻烦的考虑而遵循规则；阶段 2 是盲目的利己取向，处于该阶段的对象，主要是以满足自己的需求为主，在少数情况下，能够满足他人的需求，出于获得回报的原因而遵守规则；阶段 3 是好孩子取向，处于该阶段服从规则是为了获得他人的称赞，通过对他人的取悦和帮助，从而维护好彼此间的关系；阶段 4 侧重于对权威和社会秩序维护的取向，在该阶段中，通过履行自己所担当

---

[1] 杜威：《教育即生活》，上海辞书出版社 2014 年版，第 87 页。

的责任,展现出对权威的尊重,维持社会秩序本身,避免遭受谴责;阶段5是尊重契约法律取向,认为义务是契约的一种形式,该阶段主要是避免破坏他人的意志或权利、影响大多数人的意愿和利益;阶段6是良心或原则取向,除了服从社会的规则,还含有对全面而一致的逻辑诉求的选择,避免自我谴责。

(三)价值澄清理论

20世纪60年代,美国处于社会的转型期,由传统走向现代的过程中,随着科学技术的不断发展,新的媒体和交流方式的涌现,人们面临越来越多的信息量,受到了更加多元的价值观冲击,一时间"要确定什么是值得珍视的,什么是值得他们为之付出时间和精力等问题,变得令人困惑,甚至是压倒一切的"[1]。价值澄清理论在这样的背景下出现了,拉思斯、哈明和西蒙在1966年合著了《价值与教学》,标志着价值澄清理论的正式诞生。价值澄清学派从价值观混乱的角度出发来帮助学生从混乱的价值中解脱出来,使其能够正确地处理各种社会道德问题。拉思斯等人归纳了价值澄清的四大要素分别是:一是以生活为中心,人们把注意力集中在生活的某些方面,注意力所在的地方就体现了他们所珍视的东西。二是对现实的认可,不偏不倚的接受态度、观点、情感、兴趣等价值观的一切。三是鼓励向深处思考,鼓励通过思考来做出更加明智的选择,并能够把这种选择应用于日常的生活行为当中。四是不断训练提高个人能力,通过对价值澄清技能的不断磨炼,培养出审慎自主的潜意识。拉思斯等人又提出"三阶段七步骤",归纳了价值观形成的过程,第一阶段是选择。能够不受任何外界干涉控制的自由的选择。并且不是仅有一种选择,而是在全部可能备选项中进行选择,才称之为自由选择。在做出选择之前要郑重考虑每个选择所可能带来的后果,只有经过深思熟虑才能够产生合理的价值体系。第二阶段是珍惜。珍惜自己所做出的价值观选择,并融合进你的生活,为

---

[1] 拉思斯等:《价值与教学》,浙江教育出版社2003年版,第9页。

你的价值选择感到高兴和自豪。公开情况下，承认自己所选择的价值观，并能够在公开场合运用。第三阶段是行动。行为作为价值观的外在体现，在该阶段价值观和信念都能够在具体行动中有所展现，并且持之以恒地践行自己的价值观，以使之形成个人的生活方式。

二　中国德育理论

（一）中国古代德育理论

中国自古以来都是礼仪之邦，具有悠久的德育传统，德育在中国教育史上一直占据着重要的位置，古代先贤给我们留下了很多宝贵的德育思想。

1. 先秦时期的德育理论

中国的德育思想可追溯到春秋战国时期。先秦诸子百家提出了丰富系统的德育思想，比较突出的代表有孔子、孟子、荀子。孔子架构了"仁、义、礼、智、信"的五维德育思想体系。"仁"作为最高的道德原则，是德育的核心。《中庸》提到"仁者，人也"。其中的"仁"包含了三个维度的精神要义，即"人之性、人之道、人之成"，就是说人的本性、人所选择的道路、人格的塑造。"仁"本质上是对人类、人性、生命的终极关怀。"义"是德育的价值准则，当个人利益与他人利益或是集体利益产生冲突时候，所有遵循的准则。在《论语》一书中，"义"指代的是思想行为要遵守的原则标准。孔子曰："君子义以为质"，认为"君子"要有"义"的品质。"礼"是德育的基本规范，是对"仁""义"的一种价值时间，将仁义的精神实质付诸日常的行为当中。《八佾》中孔子有曰："人而不仁，如礼何？人而不仁，如乐何？"说明礼是在"仁"的心理基础上发展而来。《论语》中有子曰："礼之用，和为贵。先王之道，斯为美；小大由之，有所不行，知和而和，不以礼节之，亦不可行也。"从中可以看出，礼以约人，礼具有制约功能。"智"是德育的认知标准，指遵从"仁"的精神、"义"的标准和"礼"的规范下正确理性的运用知识。"智"是积学不惑的理性表现形式。孔子提倡学以通智,认为"好学近乎智"。"信"是德育的基本要义,诚信是儒家伦理思想的基本内容,孔子认为仁者有"信"的品德,"信"是"仁"的内在要求。孔子曰:"人而无信,不知其可也。""信"是人立足立身的关键,无信则无以立。[1]

孟子的德育思想强调自我的道德修养,推崇的是"反省内求"的修身方法,自我修养主要表现为:一是存心养性,孟子认为"尽其心者,知其性也;知其性,则知天矣",指的是,保持住天赋中的道德本能和良心,在这样的基础上发展,就能够成为道德高尚的"大丈夫"。道德修养的首要任务就是找回良知,守护本心。对于已经丧失了美德的人,要把原有的美德找寻回来,是自我修身的关键。二是反求诸己,指的是倘若做事情没有达到预期的效果,要从自身反省中寻找原因。孟子认为人的善性是源于本心,本心可能会一时被环境所蒙蔽,但是提高个人的道德修养是扎根于人本身的一种内在冲动,经由不断地自我剖析思考,就能够发挥主观能动性,达到提高道德修养的目的。三是反身而诚。"诚"是道德修养的原则或方法,包含了真实不造作的含义,是一种高度自律践行道德的心理状态。只有真实的反省思考,发自内心的善,才能够在行为上有所体现。四是养浩然之气,是在正确的道德意识基础上,通过自我的节制、勉励、反省,所培养出来的道德意志和道德境界。因此孟子认为当自己的所作所为合乎道义,就能够自然地养成至大至刚的浩然之气。[2]

荀子的德育思想内容主要是围绕着天人关系、人与人的关系、人与自然的关系展开的,形成了以荣辱、孝道、礼欲等为核心的德育思想。荀子认为荣辱可因情欲、智愚、德性三方面而产生。"好荣恶辱,好利恶害"是人正常的道德认知的产物,荣辱与一个人的品德有关,好的品德会带来荣耀,而道德败坏的人"言有招祸也,

---

[1] 雷凡:《孔子德育思想研究》,硕士学位论文,辽宁工业大学,2017年,第19页。
[2] 王瑾:《孟子德育思想对当代道德教育的价值研究》,硕士学位论文,河南理工大学,2014年,第6--9页。

行有招辱也",使其陷入危难之境,带来耻辱。荀子的孝道思想是"能以事亲谓之孝",将"孝"置于"礼"的范畴,主张"从道不从君""从义不从父",否定和批判了愚忠愚孝的行为和思想。荀子认为人有追求满足自身欲望的倾向,是人与生俱来的天性,无可避免也无法消除,即"欲不可去",并且"欲不可尽",由此则会产生"欲多而物寡,寡则必争"的情况,引发冲突和战乱。因"先王恶其乱也,故制礼义以分之"。"礼义"是实现社会和谐的有效方法。荀子崇尚"以礼养欲"和"以礼节欲"的方式,加强"礼"对人们的教化引导,提升内在道德品行,使人们的欲求合理合宜,在得到最大限度的满足的同时,也保有礼义。[1]

2. 汉唐时期的德育理论

汉唐时期是中国历史中较为兴盛的时期,儒家的德育思想在这一时期也走向成熟。董仲舒是该时期的德育思想代表人物。董仲舒的德育思想的主要内容是"三纲五常"的思想。董仲舒从孟子所系统化的"仁义礼智""孝悌尽信",以及"父子有亲""君臣有义""夫妇有别""长幼有序""朋友有信"中得到启发,将其总结为"仁义礼智信",即是"五常"。"三纲"指的是"君为臣纲,父为子纲,夫为妻纲"。三纲五常是封建社会道德规范的基本内容。董仲舒认为三纲五常是一种道德伦理规范,是作为人们提高道德品行的必要手段。同时,董仲舒还提倡"礼乐教化",认为诗书是对心灵的感化教育,"六艺"是通过实践活动来使人们感知道德,从而美化人的心灵。"故声发于和而本于情,接于肌肤,臧于骨髓",董仲舒认为乐能够通过皮肤而逐渐地到达内心深处,因此礼乐教化的功用之大能够"故圣王已没,而子孙长久安宁数百岁,此皆礼乐教化之功也"。董仲舒在其德育思想中同时强调了"仁""义"对道德修养的作用。君子要通过仁义有别于普通民众,从仁义的角度来

---

[1] 田会玲:《荀子道德教育思想及其当代价值研究》,硕士学位论文,西北师范大学,2018年,第28—29页。

约束自己成为一个正直的人，并关爱他人，宽容他人的过错。"夫仁人者，正其谊（义）不谋其利，明其道不计其功。"人们提高道德修养是为了追求功名利益，只有这样才能够让人们的生活更加和谐。董仲舒认为王者应该采取德治而不是严峻的刑罚。大多民众属于"中民之性"，达不到圣人的道德修养境界，也并非万恶之徒，心中存留善念，需要教化使其被感召出来，假若每个人都重视德育，那么国家就能够稳定兴盛。

3. 宋至明清时期的德育理论

北宋之后，随着社会矛盾的加剧，不断爆发农民起义。这一时期的德育理论代表人物是朱熹，朱熹是我国著名的思想家、教育家、哲学家，他在先秦儒家思想的基础上，建立了十分完整的道德教育理论体系。考虑到受教育者具有不同的心理特征、理解能力和思维发展情况，朱熹将教育阶段分为小学和大学，小学一般是8—15岁的受教育者，年龄尚幼，心智还未发展成熟，在这一阶段，朱熹不要求记忆理解过多晦涩的伦理知识，主要通过教授礼仪，来塑造美好的道德品质，注重自身内在气质的培养，将所学的礼仪规范都吸收为自身的内在修养，外在的规范修为和内在的道德修养结合在一起，全面地塑造人格。在大学阶段，学习对象是15周岁以上的受教育者，学习能力、理解能力、思维水平等能力都有了不错的基础。此阶段的教授重点是明理行事，要求对事情的理解和认识不能仅仅存在于表象，还要探究事物的内理，不仅要明理，还要穷理。在这样的实践中，主建提高自身的修养秉性，实现自身的远大理想和抱负。经过长期的教学实践积累下的经验，朱熹逐渐琢磨出了很多行之有效的德育方法，包括循序渐进法、因材施教法、自我教育法、启发诱导法、养成教育法等。朱熹认为德育是一个连续的过程，每个阶段都相互衔接、相互影响，只有顺应人的思想认识规律和身心发展规律进行教育培养，才能够逐步显现出较为显著的德育效果。因材施教法是指受教育者的个人特征不同，要根据每个受教育者的认知水平、理解能力等自身素质，对受教育者进行专门的教学，查漏补缺，发挥长处，弥补短处，以达到最优效果。自我教育法是发挥受教育者自身的主观能动性，积极主动地参与到德育教育中去，不断地改正自己，使自己的行为符合道德规范，强调道德的自律精神。启发诱导法中，朱熹认为教育者的作用是引导受教育者进行主动学习，充当的是引路人的角色，朱熹用及时雨来比拟教育者的引导，"此正谓时雨之化。譬如种植之物，人力随分已加；但正当那时节，欲发生未发生之际，却欠了些小雨，忽然得这些小雨来，生意岂可御也"。养成教育法是一种较为常见的基础教育方式，对此朱熹指出："必使其讲习之于幼稚之时，使其习与智长，化与心成，而无扞格不胜之患。"[1] 教育者要在受教育者幼年之时就开始培养，让青少年儿童懂得道德规范，养成良好的品德习惯。[2]

王阳明是明代著名的思想家、政治家和教育家。在朱熹之后，王阳明在前人的思想基础上，提出了一套自己的德育思想理论，产生了深远的影响。王阳明德育思想发端于阳明哲学，主张"心即是理""知行合一""致良知"，坚持"心"的主体地位，从主观唯心主义的视角，来提高人的主观能动性，改变了程朱理学要求人们被动接受的观念做法，教育引导人们向内探求，发挥自己的主观意志。在具体方法上，他摒弃死读书本，试图通过格物穷理的方法来进行道德修养。"知行合一"的思想要求德育过程中将理论和实践相结合，不仅仅是习得道德理念，更重要的是践行道德修养，将内在的修养用实践外化出来。德育本质上就是"致良知"，德育的过程就是一个完善自我的过程。"学校之中，唯以成德为事，而才能之异或有长于礼乐，长于政教，长于水土播植者，则就其成德，而因使益精能于学校之中。"王阳明认为在书院教育中，德育是处于首要位置的。王阳明主张教育者与受教育者之间进行互动，受教育者是德育学习的主体，受教育者要树立志向，有独立思考的能力，

---

[1] 吴终梅：《皖籍思想家文库（朱熹卷）》，安徽人民出版社2019年版，第47页。
[2] 傅文玉：《朱熹德育思想探析》，硕士学位论文，海南师范大学，2011年，第25页。

能够"反己克制",不要求无过,重点是在犯了错误之后,不仅是悔悟,更重要的是省察反己改正,力保之后不会再犯。教师在德育过程中作为教育的主体,要去点化受教育者内心的"良知",而不是灌输。王阳明说:"人品力量自有阶级,不可躐等而能也。"① "人的资质不同,施教不可躐等。中人以下的人,便与他说性说命,他也不省得,也须慢慢琢磨他起来。"② 教师要顺情导性的,不压制学生的本真性情,从实际出发,根据学生的特质因材施教,而不拘泥于传统的规范式教育。王阳明在德育中提倡环境育人,认为自然环境中也蕴含着社会的伦理道德规范,能够照应人们内心的良知。因此,王阳明常常利用自然风景对学生进行实时的德育。

(二) 中国当代德育理论

毛泽东认为提高人的思想觉悟,进行政治教育,是一切教育的首位。毛泽东的德育思想产生在改造旧社会,建设新社会的社会背景下,他提出了一系列以培养优秀革命和建设人才为目标的德育思想。毛泽东不仅要求切实发挥德育的统帅作用,还要求实行全员德育,学校、家庭、社会应该形成三位一体的德育系统,学校的全体教职员工都应该相互配合,形成全员育人的德育体制。在毛泽东的倡导下,教育部在1952年出台的《关于在高等学校有重点地试行政治工作制度的指示》中明确要求高校设置政治辅导处和辅导员,专门负责学生的德育工作,以培养出不仅具备丰厚的学科理论知识,还具备良好政治素养的优秀人才。毛泽东认为实践是第一位的,德育思想要通过实践才能够得到锻炼和培养,他鼓励大家在社会生活中,在实践中运用和获取知识。除了被教育,学生应该积极主动地进行自我教育。毛泽东还创造性地提出教育和生产劳动相结合的方法,他反对青年死读书,青年读书不能缺乏必要的生活经验和实践经验,提倡青年参加社会调查、军事训练、生产劳动等,接

---

① (明)王守仁:《王阳明全集》,红旗出版社1996年版,第88页。
② (明)王守仁:《王阳明全集》,红旗出版社1996年版,第108页。

触社会实际，鼓励探索半工半读的德育模式。

在我国改革开放过程中，一方面不断加强德育工作的力度，另一方面存在部分地区思想道德水平滑坡的情况。伴随着经济的发展，社会上出现了不同的观点，有人认为随着经济水平的提高，道德水平会随之提高，有人认为经济发展是以牺牲道德水平为代价的。在这样的背景下，邓小平提出了自己的观点，认为："不加强精神文明建设，物质文明的建设也要受破坏，走弯路。光靠物质条件，我们的革命和建设都不可能胜利。"提出要培养"有理想、有道德、有文化、有纪律"的社会主义"四有"新人，引导青年处理好中华民族共同理想与个人理想的关系，树立共产主义的远大理想，不被资本主义腐朽思想俘虏，将个人的理想追求和民族复兴的伟大事业统一起来，融合起来。在有理想的基础上遵守纪律，纪律并不是对自由的否定，邓小平说："许多青年崇拜西方的所谓自由，但什么叫自由他们并不懂。"[①] "如果说个人自由同国家的自由和大多数人民的自由相矛盾，这种自由不能提倡。"[②] 邓小平强调纪律是现代化建设的保证，纪律和自由也应该辩证地来看待，"纪律和自由是对立统一的关系，两者是不可分的，缺一不可"。[③] 道德观念要与经济发展水平相适应，认识到个体的差异性，邓小平指出，德育的任务在于"要针对每个单位、每个人的不同情况去做思想工作"。有文化要求智育与德育的协调发展，邓小平认为，强化德育工作，并不是要加重思想政治教育的课时，而是"坚持正确的政治方向的前提下，大力提高教育质量，大力提高学生的科学文化水平"。[④]

党的十八大报告指出："把立德树人作为教育的根本任务，培养德智体美全面发展的社会主义建设者和接班人。"是中国共产党

[①] 《邓小平文选》（第三卷），人民出版社1993年版，第191页。

[②] 中共中央文献研究室：《邓小平年谱一九七五——一九九七（上）》，中央文献出版社2004年版，第568页。

[③] 《邓小平文选》（第三卷），人民出版社1993年版，第111页。

[④] 《邓小平文选》（第二卷），人民出版社1994年版，第104页。

第一次在全局的高度阐明立德树人对我国教育视野发展、对提升人民群众道德素质的重大作用。党的十九大报告中指出:"社会主义核心价值观是当代中国精神的集中体现,凝结着全体人民共同的价值追求。"要将内涵观念融入日常学校、社会、家庭的教育当中去,帮助人们从青年时期就培养出正确的价值观。在思想教育层面,引导受教育者形成正确的世界观、人生观和价值观。习近平德育思想要求青年们有理想、有责任心,将自身的理想同国家民族视野的发展紧密联系起来,指出:"广大青年要牢记'空谈误国、实干兴邦',立足本职、埋头苦干,从自身做起,从点滴做起,用勤劳的双手、一流的业绩成就属于自己的人生精彩。"[1] 道德教育主要是对个体间,个体与群体间,个体与社会间,个体与自然间的行为规范教育。习近平指出:"继承和发扬中华优秀传统文化和传统美德,广泛开展社会主义核心价值观宣传教育,积极引导人们讲道德、尊道德、守道德,追求高尚的道德理想。"[2] 传承革命文化,坚定理想信念,大力弘扬红色精神,发扬社会主义先进文化,加强生态文明教育,促进人与自然和谐发展。在政治教育方面,主要是对受教育者进行民族情感、政治信仰、政治观点等的教育。习近平要求党员干部和群众将个人小我的梦想融入中国梦这个大我的梦想当中,让中国梦的强大精神力量引导每个人自觉地加强道德修养,修公德、严私德。加强精神文明建设和加强党史、国史教育也是习近平德育思想的重要内容。历史是最好的老师,习近平认为:"学习党史国史是坚持和发展中国特色社会主义、把党和国家各项事业继续推向前进的必修课。"[3] 在法治教育层面,指对受教育者进行民主与法制观念和法律规范的教育。法治教育是习近平德育思想的有力保障,

---

[1] 习近平:《习近平致2013年全球创业周中国站活动组委会的贺信》,《人民日报》2013年11月9日。

[2] 习近平:《把培育和弘扬社会主义核心价值观作为凝魂聚气强基固本的基础工程》,《人民日报》2014年2月26日。

[3] 习近平:《习近平在中共中央政治局第七次集体学习上的讲话》,新华网,http://cpc.people.com.cn/n/2013/0626/c64094-21981531.html,2013年6月26日。

党的十九大报告指出："全面依法治国是国家治理的一场深刻革命，必须坚持厉行法治，推进科学立法、严格执法、公正司法、全民守法。"法治教育是民族团结的有力保障。正确处理党的政策和国家法律之间的关系，为培育社会性的道德修养提供有力的法制保障，促进人们正确处理个人利益与他人利益、集体利益之间的关系，引导人们树立正确的法治观念，规范人们的行为，提升整个社会道德修养。

第三节 德育实践研究

一 德育目的与德育目标

（一）德育目的的含义与特征

德育目的是教育活动所设定和追求的终极目标，具体为通过教育活动要达到的人才质量标准，是德育活动要培养的品行道德规格。作为一种对活动结果的期望与预设，德育目的具有以下几个特征。一是德育目的具有价值性。德育的价值属性特别突出，对于学生品德成长起到较大的帮助作用。价值态度的改变是最重要的目标，行为的改变只有价值态度的真实改变作为基础才算是真正的"德行"。二是德育目的具有预见性。德育目的确定时就已经对德育过程中的诸多因素，例如教师、学生、教育内容、教育手段、教育过程等进行了全面且有前瞻性的规划。三是德育目的具有超越性。首先，道德本身对生活的超越性，要求适当高于德育对象的现实道德水平；其次，德育目的会超越日常生活，在价值目标上具有适当的时代超越性。四是德育目的具有可能性。德育目的的制定应当考虑到社会发展及德育对象的道德发展两个方面的实际，具有实现的可能。假如主体不能够接受，那么实现德育目的就是不现实的。

（二）德育目的的类型

1. 社会本位的德育目的和个人本位的德育目的

社会本位的德育目的，其主要特征是基于社会利益来界定德育目的。在古代，社会本位的德育目的观念占据着主导地位，修身的目的一般都会被引申到"齐家治国平天下"上去。西方德育社会本位目的论的表现形式是基于神学目的论立场下的。与社会本位相关的德育理论很多，比如法国教育社会学家涂尔干所提出的观点，他认为道德不是自己或者他人的行为，道德生活只能是处于社会利益的目的。因此，在他看来，学校和教师充当了"教会"和"牧师"这样的角色。道德教育是为了让个体向社会靠拢。而个人本位的德育目的论和社会本位的出发点截然相反。个人本位论的观点是，德育要强调个人价值的重要性，从受教育者自身的需要和本性出发，目的是提升受教育者的生存价值和生命质量。卢梭认为："德育的目的在于使人成为自主自治的人。我的目的是：只要他处在社会生活的旋流中，不至于被种种欲念或人的偏见拖进漩涡里去就行了；只要他能够用他自己的眼睛去看，用他自己的心去想，而且，除了他自己的理智以外，不为其他的权威所控制就行了。"①

2. 外在的德育目的和内在的德育目的

内在的德育目的思想注重的是品性道德修养本身，外在的德育目的论强调德育外在功利的结果。《大学》中提到："自天子以至庶人，一是以修身为本。"蔡元培说："圣人之道德，自其德之方面言之，曰'仁'，自其行之方面言之曰'孝'，自其方法之方面言之曰'忠恕'。"其道德教育德目的在于培育"仁人"。② 这是从内在目的论立场而得到的结论。但是中国古代教育除了修身之外，还注重"治国平天下"。比如清代教育思想家王筠说："功名、学问、德行，本三事也。今人以功名为学问，几并以为德行。教子者当别出手眼。应对进退事事教之，孝悌忠信，时时教之……设命中无功名，则所学无可以自娱，无可以教子，不能使乡里称善人，友士称博学。当此时而回想数十年之功，何学不就，何德不称？今虽悔恨而

---

① 卢梭：《爱弥儿》，商务印书馆1978年版，第306页。
② 蔡元培：《中国伦理学史》，商务印书馆2017年版，第19页。

无及矣！"① 从"乡里称善人"可看出，是着眼于外在的评价。很多国家的德育目的的出发点是国家对公民的道德要求，但是假如德育仅仅只具备外在目的，而缺乏内在目的，就会面临难以实现和导致道德功利主义的双重风险。

3. 理想的德育目的和现实的德育目的

所有的德育目的都具有超越性，由于对超越程度有别，就产生了理想的德育目的和现实的德育目的。朱熹曾说："人须当以尧舜为法，如射之于的。箭箭皆欲其中，其不中者，其技艺未精也。"这就是理想的目的。理想的德育目的论包含了对人格的提升作用，理想的德育目的要与现实具体的德育目的相结合，防止因为过于理想化而无法在实际中应用落实。现实的目的论更接近生活现实的德育目的。法国思想家爱尔维修认为："优秀的爱国者始终是很少的，始终正直的公民是很少的。"所以"道德科学的根本原则"应当"归结到肉体的感受性这个简单的事实"。他主张德育目的就是要"给青年人一些明确的、健全的道德观念"。② 德国教育学家培斯泰洛奇认为道德教育的目的在于养成独立、自主、善行、牺牲、慈爱等基本德行。现实的德育目的从现实社会出发，有助于对道德教育要求过高所带来的弊端进行纠偏，可以用辩证的思维来看待现实目的与理想目的两者之间的关系。

（三）德育目的的功能

德育目的的功能主要是对教育过程的作用和对德育对象的品德成长的作用两个方面，即德育目的的教育功能和道德功能。

德育目的的教育功能主要表现在：一是导向功能。德育目的规定了道德教育活动所应培养的人的道德品质，实际上就是规定了道德教育活动的最大方向，对具体德育活动具有引导和激励的功能。二是调控功能。从宏观上来看，德育目的能够指导、协调教育规划与

---

① 王筠：《教童子法》，光绪乙未年（1895年）元和江氏刊本。
② 张焕庭：《西方资产阶级教育论著选》，人民教育出版社1964年版，第160—162页。

教育结构；从微观上来看，德育目的能够支配、协调、控制、调节具体道德教育内容的安排、教育活动形式及教育手段、方法和技术的选择。三是评价功能。德育活动既然以德育目的为出发点和归宿，那么，检验德育活动成功与否的最根本标准，也应是德育目的。

德育目的的道德功能主要表现在：一是引导性功能。对于道德对象而言，德育目的在一定程度上充当了人生奋斗目标的角色，德育目的所描绘出来的品德是一种学生努力趋近的理想人格。所以必然会对德育对象起引导、提升的作用。二是规范性功能。所谓规范性功能指的是德育目的可以对德育对象的道德行为起规范作用。这一作用主要表现在两个方面。首先是预防，其次是禁止。防止错误与恶行本身属于德育目的的内容，也是个体终生道德修养的目标，德育目的有对个体品德的正面规定，当然也就提示受教育者拒绝道德错误的方向，有防患于未然的功用。

德育目的的具体化——德育目标重点是德育目的能够落实，并且在这一过程中实现德育目标的分类，使德育目标层次化、序列化。学者们对于德育目标的定义不同，但总体而言，意见较为一致。比如，德育目标是教育目标在人的思想品德方面的总体规格要求，是预期的德育结果。[1] 德育目标是学校总的教育目标的一个方面，它是教育目标中关于政治、思想和品德方面总的要求，是学校德育要达到的目的和质量规格。[2] 德育目标是教育者通过德育活动在促进受教育者品德形成发展上所要达到的规格要求或质量标准。[3] 德育目标是对一定的德育活动所要培养学生的思想品德所做的规定。虽然各学者对于德育目标的文字表述略有差异，但所表达的精神内涵是相一致的。

---

[1] 胡守棻：《德育原理》，北京师范大学出版社1989年版，第83页。
[2] 朱家存：《德育目标探析》，《徐州师范学院学报》1991年第3期。
[3] 胡厚福：《德育学原理》，北京师范大学出版社1997年版，第188页。

德育目标的特征具有时代性、方向性、层次性、职业性。① 有的学者认为德育目标具有阶级性和社会性、长远性和阶段性、统一性和层次性、稳定性和针对性的特点。② 还有学者指出，德育目标具有阶级性、阶段性、时代性、相对稳定性、现实性、理想性、概括性等特征。③

以日本为例，各个学段的德育目标是有区别的。小学的德育目标是让学生对社会生活有一定的理解，并且教育其对国家的国土和历史理解并热爱，培养其生存在社会里所应有的公民资质。初中的德育目标是在小学对国家国土和历史理解的基础上进一步深化认识，培养其广阔的视野，使其具有公民的基础教养，奠定学生生存在社会里所应具备的公民资质的基础。高中相关课程的德育目标则为："加深对我国及世界历史的形成过程，以及生活、文化的地域特色的理解和认识，继续培养巩固受教育者的基础教养，以育成作为生存且能主动适应社会的一分子所应有的公民资质的基础。"德育目标可分为两类，一类是在某种教育体系中的德育目标，另一类是对德育目标进行具体的分解，形成的具有操作性的具体德育目标。

二 德育内容研究

(一) 德育的基础性内容

德育的基础性内容，是德育最一般和基础的内容，是做人的基本品质和社会的基本要求，是整个德育结构中的基础性部分，有着基础性、广泛性、恒久性的基本特征。德育的基础性内容包括了四个部分，第一是传统美德教育，第二是公民道德教育，第三是爱国主义教育，第四是依法治国教育。

---

① 高茂泉：《德育目标的特性》，《河北师范大学学报（社会科学版）》1988年第3期。
② 余献朝、徐静文：《关于大学生德育目标的几点思考》，《辽宁高等教育研究》1989年第3期。
③ 朱家存：《德育目标探析》，《徐州师范学院学报》1991年第3期。

传统美德教育是对受教育者，尤其是以广大青少年作为主要受众群体，进行有计划、有组织、有目的、系统的中华民族传统美德为主要内容的活动。中华民族的传统美德是中华民族的前辈们在民族道德实践和道德理想当中逐渐总结和提炼出来，涉及人与自身、人与他人、人与群体、人与社会的关系，表现在个人、家庭、处世、治国等方方面面，包含了中华优秀民族品质、优良民族精神、高尚民族情感、崇高民族气节、良好民族礼仪。

公民道德围绕着公民权利与义务的关系，体现了公民在个人与国家、个人与社会、个人与他人关系中所具有的价值取向、道德观念、行为规范等。公民道德建设是一项提高全民族素质的基础工程，能够促进精神文明和物质文明的协调发展，形成优良的社会道德风尚，以弘扬民族精神和时代精神。因此，公民道德建设具有重要的意义。公民道德包括家庭美德、职业道德和社会公德三方面的内容。家庭美德包括男女平等、勤俭持家、夫妻和睦、尊老爱幼、邻里团结，鼓励大家担当好家庭中的成员角色，培养和发展好长幼亲情、夫妻爱情、邻里友情；职业道德是人们在职业活动中所要依循的准则，包括职业与职工间、职工与服务对象间、职业与职业间的关系；社会公德教育侧重于培养社会成员的行为习惯使其符合于社会公德。

爱国主义是人们对自己的祖国和民族的神圣热爱之情的体现，是一种集情感、思想、意志为一体的忠诚、热爱、报效祖国的社会意识形态。中华民族是具有爱国主义传统的伟大民族，爱国、救国、强国是近代以来的历史主题，爱国主义也筑造了中华民族精神的核心。爱国主义教育包含了诸多方面的内容，包括对中华民族历史的教育、中华民族优秀传统文化的教育、党的基本路线教育、社会主义现代化建设成就的教育、社会主义民主和法制教育、中国国情的教育、国防教育、国家安全教育、民族团结教育等。

民主法制教育是德育的重要组成。我国党和政府一直以来都十分重视民主法制建设，法制教育是法制建设的基础性工程，对于在全社会范围内推进普法工作具有重要的意义。通过宣传教育,使广大人民群众做到懂法、守法、用法和护法,维护宪法和法律的权威。通过法制教育,人们能够知法懂法,依照法律法规严格要求自己,并且能够拿起法律的武器来维护自己的合法权益;合理利用法律行使监督权,参与国家事务的管理,勇于同一切违法犯罪行为做斗争,维护法律尊严,维护国家利益。推进社会主义法制建设,建设成为社会主义法治国家。

(二) 德育的主导性内容

德育的主导性内容指在德育教育中处于主导性地位,能够体现德育性质和方向的内容,主要包括理想信念教育、民族精神教育、思想理论教育、社会主义荣辱观教育等内容。

理想是在实践中有实现可能性的对未来的期待和追求。信念指人们对某种现实或是观念所持有的坚定不移信任感的精神状态。理想与信念是辩证统一、相辅相成的关系。在理想信念教育中主要解决的是精神境界中的高标准和思想观念中的深层次问题。作为德育中的核心内容,理想教育不能远离现实,通过对受教育者进行人生观、世界观、价值观的教育与塑造,确立在中国共产党的领导下坚定不移地走中国特色社会主义道路,实现中华民族伟大复兴的共同理想信念。

民族精神是一个民族的成员在长期共同生活和社会实践中逐步形成和发展出来的,能够为大多数成员所接受并热爱的价值取向、道德规范和思想品格,凝聚了整个民族的价值观念、理想信念、文化传统、生活方式、道德情感、心理特征,体现了民族的凝聚力、生命力、创造力。民族精神是民族能够延续发展的重要精神动力和支撑,能够最深刻最本质地体现出民族文化的内涵。民族精神教育是教育者有意识地向受教育者传授民族文化教育内容,以培养其民族情感和民族精神,并内化为受教育者的一种稳定的内在品质的教育。

思想理论教育在德育中起着一种基础性的、导向性的作用。马克思主义理论通过对历史的总结，对现实的剖析说明，对未来的洞察分析，来指导实践，马克思主义理论坚持解释世界和改造世界，为全世界的无产阶级提供了思想的精神的武器，提供了认识世界的工具。马克思主义、毛泽东思想、中国特色社会主义理论是德育中重要的理论基础和指导思想，在德育中占据主导地位，起着十分重要的作用。强化德育的导向性功能，坚持马克思主义指导思想，为广大受教育者打牢人生观、世界观、价值观的坚固思想基础，树立中国特色社会主义共同理想。

荣辱观是人生观、世界观、价值观的现实表现和外在形式，反映了人们关于荣耀和耻辱的认识和看法，同时是社会价值导向、文明程度以及人们精神状态的一种体现。社会主义荣辱观的教育中，要引导人们见贤思齐、择善而从、知荣明耻，从而营造出浓厚的社会正确荣辱观氛围。在社会主义荣辱观的教育中，青少年是重点的受教育对象，在德育中，注重荣辱观教育方式方法，将社会主义荣辱观引入课堂教学当中，进课堂，进教材，融入整个学校教育环节中，让青少年在潜移默化中树立正确的社会主义荣辱观。

（三）德育的拓展性内容

德育教育不仅要做好基础性和主导性的内容，同时要与时俱进，随着时代的发展，在社会政治、经济、文化等各个方面都会拓展出新的课题和新的要求，要将这些新课题新要求纳入德育的内容体系当中。这些拓展性内容包括心理健康教育、创新精神教育、国际意识教育、网络道德教育、生态道德教育等。

心理健康教育，是教育者对受教育者施加的一种积极影响，教育者利用教育学、心理学的相关理论知识和咨询技术，帮助受教育者减少心理冲突、化解心理矛盾、缓解心理压力、优化心理素质的过程。心理健康教育是基于人的心理发展规律，注重将思想教育和心理健康教育相结合、教育与自我教育相结合、课堂教育与课外活动相结合、解决心理问题与解决实际问题相结合、普及教育与个别咨询相结合，以提高受教育者的心理调节能力，培养其良好的心理品质，促使受教育者身心健康素质、科学文化素质以及思想道德素质的协调发展。

创新精神教育是根据创造学原理，以培养受教育者的创新意识、创新思维、创新能力以及创新个性为主要目标的教育理论和方法，旨在激发创新精神，挖掘创造潜能，开发个体创造性思维能力，包括创造性品格教育、创造性思维教育以及创造力训练。开展创新精神教育，一是确立创新的价值观。创新是社会进步发展的重要支撑，无论是人类文明的推进，还是个人维度的成长，创新都扮演着至关重要的角色。解放和发展生产力，包含着人的创造力的激发，而人的创造力的解放和发展程度，是社会进步的重要标志之一。二是建立有效的知识观。破除对权威的迷信，促进思维的科学化，破除对书本的迷信，促进思维的客观化。三是树立先进的文化观。文化要时时创新与时俱进，在整个社会范围内营造创新的氛围，鼓励创新，给予创新最大可能的自由空间。

国际意识指的是教育所培养的人要有国际视野，正确把握时代潮流，科学把握世界大势。国际意识是一种思维方式、情感态度和价值观，是一种积极、平等、理性参与国际活动和国际竞争的品质和能力。德育在爱国教育的基础上，要注意国际视野的开拓，培养受教育者对国际情况的理解力，以及国际合作与国际竞争意识。通过国际意识教育，受教育者要具备用国际眼光来观察处理中国问题的能力，同时也能够站在中国国家利益和民族的立场上来观察处理国际问题。国际意识包括国际政治意识、国际经济意识和国际文化意识。通过国际意识教育，建构具有超越意识和全球意识的精神世界，努力培养适应经济全球化的、有国际意识和全球眼光的、有国际交往能力和国际竞争能力的高素质人才。

网络道德教育是指基于网络的本质，根据网络所带来的影响，结合现代道德教育的思想、目标、内容，在网络上开展的提高网民网络文明素质和思想政治品德的一系列在线实践活动，是现代道德教育发展的趋势方向。网络道德教育是网络空间上进行的虚拟德育实践活动，网络德育不仅是利用网络的技术手段，更是基于网络社会的新生生存空间，在网络空间针对广大网民开展的德育实践，具有虚拟实践活动的特征。

生态道德教育，是人与自然和谐相处，建设生态文明，促进社会可持续发展的关键一环。有利于推动社会走生态良好、生产发展、生活富裕的文明发展道路，有益于充实道德教育的内容，拓宽道德教育的领域，调节和规范人与人、人与社会、人与自然之间的关系。开展生态道德教育，一是提高认识，梳理正确的生态道德观念和生态文明理念。二是培养情感，将人与自然的关系融入道德关怀的视域，培养自觉承担对自然环境的负责意识。三是锤炼意志。人们为实现生态道德行为而做出的持续的、自觉的努力。四是规范行为，促使受教育者养成良好的生活习惯和遵从健康的生活方式。道德教育、社会实践、规范约束三者的有机结合，不断推动着生态道德教育的活力发展。

三　德育课程特征

现代德育课程与古代、近代传统的德育课程存在着根本差别，同时也同现代形形色色的德育课程理论有着明显不同。

一是内容和形式的辩证统一。在德育课程思想发展史上，存在着形式论和实质论。传统德育课程教育重视德育课程内容的价值和功能，主张把思想意识和道德观念编制为特定的教育内容，并通过课堂形式进行课程教学活动。现代西方德育课程则更注重德育课程的形式的价值和功能，认为在价值观念多元的社会环境下，任何一种思想道德观念都具有相对的价值，而不具备绝对价值，因此，并不存在着绝对价值的德育课程内容；即使存在，把它编订成课程教给学生，也并不一定会形成教育者所要求的道德品质，只是一种"关于道德"的教育，而不是一种真正的教育，这种教育不可能培养学生相应的思想道德素质。现代德育课程注重形式与内容的统一。不同德育课程内容对于人的发展和社会的发展具有不同的作用，因而决定了德育课程内容教育的重要性。现代德育课程在注重德育课程内容的同时，也同样重视德育课程形式，注重促进学生思想道德观念的发展。

二是活动性与理论性的辩证统一。传统的德育课程多以学校学科教育的形式呈现，比如儒家的"六艺"课程就是代表。德育课程更多地秉持近代课程观念，将德育课程安排进学校课表中所规划的专门德育课堂里面。这种方式使得德育课程与其他各科的教育相对分割孤立，其他各科教育成为对受教育者思想道德素质产生影响的教育背景因素而存在，不能与德育课程进行有效的互动互联，且学生课外活动被规划在课程之外，局限了德育课程的效果。现代西方德育课程主张将实践活动纳入德育课程中来，以活动性课程来辅助德育课程的理论性内容，经由学生在校的一系列活动，培养学生的思想道德素质。现代德育课程主张用科学理论武装头脑的同时，也十分重视实践对人的思想道德形成和发展的影响，并把与现实生活实践的结合作为现代教育的基本特征。毛泽东认为："一切真知都是从直接经验发源的。"① 只有把理论与实际相结合，学科课程学习与活动课程学习结合起来，才能使学生思想道德素质得到全面发展。

三是间接德育课程与直接德育课程的辩证统一。在古希腊时期，"德能否可以用课程教"还是一个有待商讨的问题，近代德育课程观念则直接设立了德育课程。现代西方德育课程理论对德育课程的否定，并不是说德育不能通过课程来进行教授，而是不能像近代德育课程观念一样，把德育课程在教育目的上作为一种企图用单一的价值观念和道德内容来封闭学生心灵的课程，把德育课程内容看成是一种"关于道德"的知识课程，并且采取一种自上而下的教育方式来强迫学生接受。现代西方德育课程理论不是否定直接德育课程这种课程形态，而是否定传统直接德育课程中的不合理成分；并不是否定德育可以用课程来教这个命题，而是在探索通过什么样的课

---

① 毛泽东：《毛泽东选集》（第一卷），人民出版社1991年版，第288页。

程来对学生进行德育。只有把直接德育课程与间接德育课程结合起来，才能培养真正符合现代社会要求的新型人才。

四是隐性德育课程和显性德育课程的统一。近代课程观念指导下所设立的德育课程，往往更加重视德育课程显性的一面，将德育课程列入学校教学环节中的某个教学科目，而对于隐性的层面则缺乏足够重视。假如仅把德育放在显性的课堂教学当中，那么就忽略了情感、意志这些德育中隐性层面的因素，将德育框死在了认识领域，而不能向外向深扩展。人的思想道德观念的形成，不能只是从观念形态中去寻找，而应在人所处的现实社会环境中，从一切社会关系的总和中去寻找。现代德育课程开始重视隐性课程的关键性作用，逐渐将隐性课程引入德育课程当中，通过系统开发，将存在于学生活动、教材、课程中的潜在的教育性因素，提炼转化为具有教育性的课程因素。故而，德育课程包含显性与隐性两个层面的内容，覆盖了学生意志、情感、活动、生活等方方面面，使德育课程融进学生的一切活动当中，使德育课程的领域得到更大的拓展。

五是学生德行培养与课程学习的统一。现代课程观念是以经验为基础的课程观，用经验代替只是使课程观念发生了革命：使课程设计不仅重视学校提供给学生的具有教育性的经验，而且重视受教育者在整个教育过程中的经验，使课程与学生之间形成双向良性互动的关系。现代德育课程把学生经验作为课程的内涵，强化了对学习者的主动性的重视，使现代德育课程实施更具有双向性的特点。德育课程是以学科自身建设为重心的，现代德育课程设计并非是为了让学生了解某一方面的知识，而是为了让学生形成良好的思想道德观念，并在实际行动中表现出来，因而它不以学科发展为重心，而是以学生成长和发展为重心，指向于学生思想道德素质的发展，是真正意义的"学生中心"课程。现代德育课程的这些特征，使得现代德育课程同时拥有了开放性、双向互动性和综合性的特点，能够真正地培养和提高学生的思想道德素质。

第四节　高校人才培养中德育教育分析

一　描述统计

本书主要面向高校的在校大学生与教师进行问卷调查，问卷样本涵盖了贵州大学、东北农业大学、四川农业大学、沈阳农业大学、南开大学、浙江大学、中国农业大学、西南财经大学、扬州大学、南京财经大学、黑龙江八一农垦大学、西藏大学、塔里木大学、凯里学院、黔南民族师范学院、西藏农牧学院、铜仁学院等多所高校。通过问卷的形式收到教师有效调查问卷118份，学生有效调查问卷1226份。具体内容见表5-1及表5-2。

表5-1　　　　　教师卷变量名称及封闭答案对应值

变量名称	封闭答案对应值
年龄	
性别	(1) 男；(2) 女
民族	(1) 汉族；(2) 少数民族
政治面貌	(1) 党员；(2) 民主党派成员；(3) 群众
是否结婚	(1) 是；(2) 否
任教单位	
任教的专业	
职称	(1) 教授；(2) 副教授；(3) 讲师；(4) 其他
学历	(1) 博士；(2) 硕士；(3) 本科；(4) 其他
在德育教育方面言传身教的认知情况	(1) 做到了；(2) 没有做到；(3) 不断学习中
学生如果主动咨询关于德育的问题时，耐心解答的情况	(1) 是；(2) 否；(3) 不记得
对学生德育工作投入的精力	(1) 很大；(2) 一般；(3) 很少；(4) 说不清

续表

变量名称	封闭答案对应值
和学生进行交流和沟通的情况	(1) 会；(2) 不会；(3) 不记得
对学生学习、生活和工作等方面的了解情况	(1) 了解；(2) 不了解
和学生之间的关系	(1) 非常融洽；(2) 比较融洽；(3) 一般；(4) 比较紧张
当学生犯错时的处理方式	(1) 立马训斥学生；(2) 询问具体经过，了解实际情况，帮助学生；(3) 视学生的态度进行处理
经过教导，学生的问题行为是否有较大改善的情况	(1) 很符合；(2) 不符合；(3) 说不清
和学生的家长进行学生德育方面的沟通交流情况	(1) 是；(2) 否
当前家庭教育对学生德育教育的促进作用	(1) 很大；(2) 一般；(3) 很少；(4) 说不清
所在的学校将智育与德育工作有机结合方面的工作开展情况	(1) 很好；(2) 一般；(3) 比较差；(4) 不清楚
所在的学校开展德育活动的频率	(1) 经常；(2) 偶尔；(3) 从不
所在的学校是否有专门为老师开设的心理辅导室和心理咨询师	(1) 有；(2) 没有；(3) 不清楚
关于"不同年级有相对应的系统的阶段性德育规划和措施"，学校的实施情况	(1) 有；(2) 没有；(3) 不清楚
所在学校的德育交流研讨活动制度化、经常化情况	(1) 是；(2) 不是；(3) 不清楚
对当前学校德育工作的效果的看法	(1) 很强；(2) 一般；(3) 较差；(4) 不清楚
学校领导对德育工作重视情况	(1) 重视；(2) 不重视；(3) 不清楚

表 5-2　　　　学生卷变量名称及封闭答案对应值

变量名称	封闭答案对应值
年龄	
性别	(1) 男；(2) 女
是否为独生子女	(1) 汉族；(2) 少数民族
民族	(1) 党员；(2) 民主党派成员；(3) 群众

续表

变量名称	封闭答案对应值
政治面貌	(1) 是；(2) 否
学习所在单位	
专业	
年级	(1) 教授；(2) 副教授；(3) 讲师；(4) 其他
在校生的层次	(1) 博士；(2) 硕士；(3) 本科；(4) 其他
在楼梯间看见纸皮、果皮等垃圾时的做法	(1) 视而不见，与己无关；(2) 用脚踢到旁边去；(3) 拾起来扔到垃圾桶里
对于撒谎的看法	(1) 可耻，不能原谅；(2) 无所谓；(3) 普遍行为，不必大惊小怪；(4) 看情况而定
对德育教育内容的重要性认知	(1) 尊老爱幼；(2) 诚实守信；(3) 团结友善；(4) 勤俭节约；(5) 敬业奉献；(6) 爱国守法
在日常生活或学习中，家长或老师在引导汲取优秀品德时起关键作用的因素	(1) 成语；(2) 名言警句；(3) 日常优良事例
与同学之间的关系	(1) 是；(2) 不是；(3) 没必要；(4) 说不清
当同学忘带笔或本子时，出借的意愿	(1) 不会；(2) 如果关系好会借；(3) 不管是谁都会借给他的
在学习、生活或工作中，遇到了困难，需要别人帮助的时候的第一选择	(1) 老师；(2) 同学；(3) 父母；(4) 无处可说
和父母的关系	(1) 很好；(2) 一般；(3) 不好；(4) 说不清
在节假日，和父母进行沟通交流的情况	(1) 会；(2) 不会
天气转冷，提醒父母添加衣物的情况	(1) 会；(2) 不会；(3) 不一定
一旦父母的要求不符合需要，和父母大吵大闹的情况	(1) 经常发生；(2) 很少发生；(3) 从未发生；(4) 说不清楚
"我不主动和父母交流我的学习和生活情况"是否符合实际的情况	(1) 符合；(2) 不符合；(3) 说不清
看到老师的反应	(1) 主动向老师问好；(2) 认识的老师才会打招呼；(3) 远远地避开；(4) 老师叫名字了，才和老师打招呼
所接触的老师给予指导和帮助的情况	(1) 有；(2) 没有；(3) 不记得

续表

变量名称	封闭答案对应值
老师对学生的学习、生活和工作等方面了解的程度	(1) 很多；(2) 很少；(3) 一点也不了解；(4) 说不清
接触到的老师对德育知识的强调情况	(1) 多；(2) 不多；(3) 没关注
当老师知道学生犯错了的做法	(1) 什么都不管，先训斥学生一顿；(2) 很耐心地给学生指出问题所在，并引导学生找出解决问题的办法；(3) 看我的认错态度来进行处理
老师在和学生沟通时理论联系实际及时对学生进行道德教育和引导的情况	(1) 经常；(2) 偶尔；(3) 从来没有
师生关系情况	(1) 非常融洽；(2) 比较融洽；(3) 一般；(4) 比较紧张
当某个同学违反了课堂纪律，老师的做法	(1) 置之不理；(2) 耐心劝导；(3) 批评教育；(4) 对其进行处罚
是否有坚定的理想信念	(1) 有；(2) 没有；(3) 不确定
是否有明确的人生目标	(1) 是；(2) 否
自己会成功实现自己理想的自信情况	(1) 我相信我会成功，因为我有信念的支撑；(2) 我相信我不会成功，因为我觉得我的成功与信念无关；(3) 我还不知道，因为理想与现实相差太远，信念有时很空洞
在过去的人生旅途中遇到挫折和坎坷时的解决办法	(1) 向长辈或同龄人求助；(2) 自己勇敢面对，直到问题解决；(3) 任其发展，一蹶不振
实现自己的理想现在最重要的事情	(1) 认真学习，做好知识储备；(2) 多参加学生工作及社会实践活动，提高自己的社会实践能力
为了实现理想，对今后生活状态的想法	(1) 一步一个脚印实现自己最终的理想；(2) 几乎不去想，只是应对现在的生活
当面对班级团体任务时的做法	(1) 积极参加；(2) 不管；(3) 视情况而定
当个人利益与班级集体利益产生矛盾时的做法	(1) 以班级集体利益为主；(2) 以个人利益为主；(3) 看情况
对个人依附班级集体，班级集体推动个人的认同情况	(1) 同意；(2) 不同意；(3) 很不同意
为班级集体利益牺牲个人利益的意愿	(1) 愿意；(2) 不愿意；(3) 看情况
班级集体活动和个人活动的倾向	(1) 班级集体活动；(2) 个人活动；(3) 看情况
在班级中为班级事情的关心情况	(1) 会；(2) 偶尔会；(3) 不会

续表

变量名称	封闭答案对应值
对国旗、国徽、国歌诞生故事的了解情况	(1) 知道；(2) 说不清楚；(3) 不知道
对"钱学森爱国"故事的了解情况	(1) 知道；(2) 说不清楚；(3) 不知道
对近段时间出现的与国家声誉及利益相关的国际、国内事件的关注情况	(1) 非常关注，并主动搜索新闻；(2) 会关注，但了解得不多；(3) 不关注，不了解；(4) 其他
爱国主义主要体现的方面	(1) 热爱祖国文化，传承华夏文明；(2) 努力学好知识，报效祖国；(3) 维护国家主权与领土利益，与敌对势力做斗争；(4) 其他
当身边有人对祖国不敬时的做法	(1) 据理力争；(2) 无奈离开；(3) 心中愤慨，但不做表现；(4) 辱骂甚至殴打对方；(5) 没有太大感觉
当国家发生灾难时的做法	(1) 积极为救灾贡献自己的力量；(2) 抱怨国家、政府防灾、救灾不力；(3) 在电视等媒体上关注灾情，没有具体行动；(4) 祖国多难，天灾人祸没有办法；(5) 其他

(一) 教师对德育教育的认知

1. 基本信息

在对教师进行的 118 份问卷调查中，教师的年龄集中分布在 30—60 岁；受访男性教师占比 33.33%，受访女性教师占比 66.67%；汉族占比 80.83%，少数民族占比 19.17%；政治面貌情况中，党员占比 80.83%，民主党派成员占比 3.33%，群众占比 15.83%；婚姻情况中，已婚受访教师占比 92.5%，未婚受访教师占比 7.5%；受访教师所从教的专业多集中在管理类学科，涵盖了农林经济管理、资源管理、市场营销、会计学、工商管理、人力资源管理、农村区域发展、国际经济与贸易、社会保障、人口学、心理学等；获取教授职称的受访教师占比 20%，副教授职称的受访教师占比 45%，讲师职称的教授占比 33.33%，其中副教授职称的教师在受访教师中占有较大比重；受访教师中，获取博士学位的占比 53.33%，获取硕士学位的占比 40%，获取本科学位的占比 6.67%，整体学历层次较高。教师问卷基本信息描述性统计见表 5-3。

表 5-3　　　　　　教师问卷基本信息描述性统计

变量	最小值	最大值	均值	标准偏差
年龄	23	61	42.24	7.065
性别	1	2	1.67	0.473
民族	1	2	1.19	0.395
政治面貌	1	3	1.35	0.741
婚姻状况	1	2	1.08	0.264
职称	1	4	2.17	0.760
最后学历	1	3	1.53	0.621

2. 德育认知情况分析

在德育教育方面言传身教的情况分析中，有 80% 的教师认为自己在德育教育方面做到了言传身教，有 1.67% 的教师认为自己在德育教育方面没有做到言传身教，还有 18.33% 的教师认为自己在德育教育方面还在不断学习中。

3. 师生关系情况分析

学生如果主动咨询关于德育的问题时，耐心解答的情况分析中，有 95% 的教师在学生主动咨询关于德育的问题时，会给学生耐心进行解答，只有 0.83% 的教师表示不会耐心给学生解答，还有 4.17% 的教师不记得是否耐心解答了学生关于德育的问题。对学生德育工作投入的精力分析中，有 35.83% 的教师认为对学生德育工作投入了很大的精力，有 57% 的教师认为在学生德育工作中投入的精力一般，有 2.5% 的教师认为在学生德育工作中投入的精力很少，有 4.17% 的教师说不清在学生德育工作中投入了多少精力。和学生进行交流和沟通的情况分析中，有 88.33% 的教师表示会经常和学生进行交流和沟通，有 9.17% 的教师表示不会经常和学生进行交流和沟通，还有 2.5% 的教师不记得和学生的交流和沟通情况。

对学生学习、生活和工作等方面的了解情况分析中，有

73.33%的教师对学生的学习、生活和工作等方面了解,有26.67%的教师对学生的学习、生活和工作等方面不了解。和学生之间的关系分析中,有39.17%的教师觉得和学生之间的关系非常融洽,有53.33%的教师觉得和学生之间的关系比较融洽,有7.5%的教师觉得和学生之间的关系一般。当学生犯错时的处理方式分析中,当学生犯错的时候,有1.67%的教师表示会立马训斥学生,有84.17%的教师表示会询问具体经过,了解实际情况,帮助学生,有14.17%的教师表示会视学生的态度进行处理。

经过教导,学生的问题行为是否有较大改善的情况分析中,对于"经过我的教导,学生的问题行为都有了较大的改善。"这一情况,有55%的教师认为很符合自己的实际,有5%的教师认为不符合自己的实际,有40%的教师认为说不清楚是否符合自己的实际。

4. 家校共育情况分析

和学生的家长进行学生德育方面的沟通交流情况分析中,有20%的教师表示会经常和学生的家长进行学生德育方面的沟通交流,有80%的教师表示没有经常和学生的家长进行学生德育方面的沟通交流。当前家庭教育对学生德育教育的促进作用分析中,有65%的教师认为当前家庭教育对学生德育教育的促进作用很大,有25%的教师认为当前家庭教育对学生德育教育的促进作用一般,有3.33%的教师认为当前家庭教育对学生德育教育的促进作用很少,有6.67%的教师说不清当前家庭教育对学生德育教育的促进作用。

5. 学校德育情况

所在的学校将智育与德育工作有机结合方面的工作开展情况分析中,有47.5%的教师认为自己所在的学校将智育与德育工作有机结合方面的工作开展得很好,有40.83%的教师认为自己所在的学校将智育与德育工作有机结合方面的工作开展的一般,有5%的教师认为自己所在的学校将智育与德育工作有机结合方面的工作开展的比较差,有6.67%的教师认为自己所在的学校将智育与德育工作有机结合方面的工作开展得不清楚。所在的学校开展德育活动的频率分析中，有 74.17% 的教师认为所在学校经常开展德育活动，有 25% 的教师认为所在学校偶尔开展德育活动，有 0.83% 的教师认为所在学校从不开展德育活动。所在的学校是否有专门为老师开设的心理辅导室和心理咨询师情况分析中，有 60% 的教师表示所在的学校有专门为老师开设的心理辅导室和心理咨询师，有 15.83% 的教师表示所在的学校没有专门为老师开设的心理辅导室和心理咨询师，有 24.17% 的教师表示不清楚所在的学校是否有专门为老师开设的心理辅导室和心理咨询师。关于"不同年级有相对应的系统的阶段性德育规划和措施"，学校的实施情况分析中，有 39.17% 的教师表示所在学校的不同年级有相对应的系统的阶段性德育规划和措施，有 15% 的教师表示所在学校的不同年级没有相对应的系统的阶段性德育规划和措施，有 45.83% 的教师表示不清楚所在学校的不同年级是否有相对应的系统的阶段性德育规划和措施。所在学校的德育交流研讨活动制度化、经常化情况分析中，有 43.34% 的教师表示所在学校的德育交流研讨活动制度化、经常化，有 10.83% 的教师表示所在学校的德育交流研讨活动没有制度化、经常化，还有 45.83% 的教师表示不清楚所在学校的德育交流研讨活动是否制度化、经常化。对当前学校德育工作的效果的看法分析中，有 37.5% 的教师认为当前学校德育工作的效果很强，有 40% 的教师认为当前学校德育工作的效果一般，有 6.67% 的教师认为当前学校德育工作的效果较差，有 15.83% 的教师认为不清楚当前学校德育工作的效果如何。学校领导对德育工作重视情况分析中，有 81.67% 的教师认为学校领导重视德育工作，有 3.33% 的教师认为学校领导不重视德育工作，有 15% 的教师不清楚学校领导是否重视德育工作。德育智育的重要程度认知中，有 4.17% 的教师认为智育更重要，有 15% 的教师认为德育更重要，有 80.83% 的教师认为德育与智育一样重要。德育与思想政治教育的一致度认知分析中，有 51.67% 的教师认为德育与思想政治教育是一致的，有 35.83% 的教师认为德育与思想政治教育不是一致的，有 12.5% 的教师不确定德育与思想政治教育是否一致。

从以上的统计描述统计中可以看出，大部分教师在德育教育方面都较为称职，做到了言传身教，付出了极大的耐心解决学生的问题，和学生进行沟通交流，以了解学生在学习、生活和工作等方面的思想动向，师生关系良好。但在和家长沟通交流的方面，整体上情况稍差，反映了德育教育方面家校之间，家长和老师之间的互联互通情况有待改善。关于学校的德育建设方面，还存在可以完善的地方，比如对不同年级制定相对应的系统的阶段性德育规划和措施，在德育交流研讨活动中制度化、经常化，加强学校德育工作的效果。

（二）学生对德育教育的认知

1. 基本信息

在对学生进行的1226份问卷调查中，受访学生的年龄集中分布在18—30岁，受访学生男性比例占35.56%，女性占64.44%；有28.48%的受访学生为独生子女，71.52%的受访学生为非独生子女；汉族占比43.44%，少数民族占比56.56%；政治面貌情况中，党员占比13.44%，团员占比73.61%，群众占比12.95%；2020级占比61.46%，2019级占比17.62%，2018级占比16.01%，2017级占比3.38%，其他年级占比1.53%；受访学生中，博士研究生占比3.54%，硕士研究生占比16.33%，本科生占比63.96%，其他占比16.17%；受访学生专业涵盖了行政管理、政治学与行政学、劳动与社会保障、社会工作、城市管理、农村发展、农林经济管理、土地资源管理、人力资源管理、公共政策、应用经济学、社会学、金融、工商管理、政治学、人口学、贸易经济、数学等专业。学生问卷基本信息描述性统计见表5-4。

表5-4　　　　　　学生问卷基本信息描述性统计

变量	最小值	最大值	均值	标准偏差
年龄	15	55	21.04	3.099

续表

变量	最小值	最大值	均值	标准偏差
性别	1	2	1.64	0.479
独生子女状况	1	2	1.72	0.451
民族	1	2	1.57	0.496
政治面貌	1	3	2.00	0.514
年级	1	5	1.66	0.965
在校生层次	1	4	2.93	0.680

2. 德育认知情况

在楼梯间看见纸皮、果皮等垃圾时的做法分析中，在楼梯间看见纸皮、果皮等垃圾时，占比11.74%的受访学生选择"视而不见，与己无关"的做法，占比3.14%的受访学生选择用脚踢到旁边去，占比85.12%的受访学生选择拾起来扔到垃圾桶里。对于撒谎的看法分析中，对于撒谎，有15.53%的受访学生认为"可耻，无法原谅"，有2.9%的受访学生认为无所谓，有6.36%的受访学生认为是"普遍行为，不必大惊小怪"，有75.21%的受访学生认为要看情况而定。对德育教育内容的重要性认知分析中，对于德育教育内容中，受访学生认为重要的选项占比分别为，尊老爱幼占比88.42%，诚实守信占比95.09%，团结友善占比88.01%，勤俭节约占比84.47%，敬业奉献占比84.47%，爱国守法占比91.71%。在日常生活或学习中，家长或老师在汲取优秀品德时起关键作用的因素分析中，有4.34%的学生认为成语发挥作用最大，有10.3%的学生认为名言警句发挥作用最大，有85.36%的学生认为日常优良事例发挥作用最大。

3. 同学关系情况

同学之间的关系分析中，有84.63%的学生认为自己和同学的关系良好，有2.17%的学生认为自己和同学的关系并不良好，有1.85%的学生认为和同学之间的关系是否良好是没必要的，有11.35%的同学说不清楚和同学的关系状况如何。当同学忘带笔或本子时，出借的意愿分析中，有2.82%的学生表示不会借出去，有10.86%的学生表示如果和该同学关系好就会借给他，有86.32%的学生表示不管对方是谁都会借给他的。在学习、生活或工作中，遇到了困难，需要别人帮助的时候的第一选择分析中，有6.03%的学生会首先想到老师，有47.79%的学生会首先想到同学，有39.02%的学生会首先想到父母，有7.16%的学生认为无处可说。

4. 父母子女关系情况

和父母的关系分析中，有76.18%的学生认为自己和父母的关系很好，有19.71%的学生认为和父母的关系一般，有1.21%的学生认为和父母的关系不好，有2.9%的学生认为和父母的关系说不清。在节假日，和父母进行沟通交流的情况分析中，有89.94%的受访学生会主动和父母进行沟通交流，有10.06%的学生不会主动和父母进行沟通交流。天气转冷，提醒父母添加衣物的情况分析中，有69.59%的学生会提醒父母添加衣物，有10.22%的学生不会提醒父母添加衣物，有20.19%的学生表示不一定会提醒父母添加衣物。一旦父母的要求不符合需要，和父母大吵大闹的情况分析中，有一些学生一旦父母的要求不符合他的需要，他就会和父母大吵大闹，对于这种情况，有4.58%的学生表示经常发生，有59.05%的学生表示很少发生，有31.54%的学生表示从未发生，有4.83%的学生表示说不清楚。"我不主动和父母交流我的学习和生活情况"是否符合实际的情况分析中，有28.32%的学生认为符合自己的实际，有53.02%的学生认为不符合自己的实际，有18.66%的学生认为说不清楚是否符合自己的实际。

5. 师生关系情况

看到老师的反应分析中，看到老师时，有60.58%的学生表示会主动向老师问好，有36.69%的学生表示只有认识的老师才会打招呼，有1.93%的学生表示会远远避开，有0.8%的学生表示有老师叫名字了，才和老师打招呼。所接触的老师给予指导和帮助的情况分析中，有42.32%的学生表示所接触的老师有经常找自己谈心，并给予了自己指导和帮助,有47.14%的学生表示没有"所接触的老师经常找自己谈心并给予指导和帮助"这种情况,有10.54%的学生不记得是否有"所接触的老师经常找自己谈心并给予指导和帮助"这种情况的发生。老师对学生的学习、生活和工作等方面了解的程度分析中,有28.48%的学生认为了解很多,有42.16%的学生认为了解很少,有11.83%的学生认为一点也不了解,有17.53%的学生说不清了解的程度如何。接触到的老师对德育知识的强调情况分析中,有71.12%的学生认为自己接触到的老师对德育这一块的知识强调的多,有19.07%的学生认为自己接触到的老师对德育这一块的知识强调的不多,有9.81%的学生没关注自己接触的老师是否对德育这一块的知识强调的多少。当老师知道学生犯错了的做法分析中,有6.92%的学生表示老师经常会"什么都不管,先训斥自己一顿",有66.93%的学生表示老师经常会"很耐心地给自己指出问题所在,并引导自己找出解决问题的办法",有26.15%的学生表示老师经常会"看自己的认错态度来进行处理"。老师在和学生沟通时对学生进行道德教育和引导的情况分析中,当老师在和学生沟通时,有58.41%的学生表示老师经常会及时对学生进行道德教育和引导,有36.84%的学生表示老师偶尔会对学生进行道德教育和引导,有4.75%的学生表示老师偶尔会对学生进行道德教育和引导。关于师生关系情况分析中,有31.86%的学生认为非常融洽,有44.57%的学生认为比较融洽,有21.88%的学生认为一般,有1.69%的学生认为比较紧张。当某个同学违反了课堂纪律,老师的做法分析中,有8.53%的学生认为老师通常是置之不理,有56.64%的学生认为老师通常耐心劝导,有31.7%的学生认为老师通常会进行批评教育,有3.13%的学生认为老师会对其进行处罚。

6. 理想信念情况

关于自己是否有坚定的理想信念的分析中,有73.12%的学生认为有,有11.02%的学生认为没有,有15.76%的学生不确定自己是否有。关于是否有明确的人生目标分析中,有76.27%的学生认为有，有23.73%的学生认为没有。关于学生是否相信自己会成功实现自己的理想的情况分析中，有60.5%的学生认为"我相信我会成功，因为我有信念的支撑"，有5.87%的学生认为"我相信我不会成功，因为我觉得我的成功与信念无关"，有33.63%的学生认为"我还不知道，因为理想与现实相差太远，信念有时很空洞"。在过去的人生旅途中遇到挫折和坎坷时的解决办法分析中，有41.27%的学生会通过"向长辈或同龄人求助"来解决问题，有56.48%的学生会通过"自己勇敢面对，直到问题解决"来解决问题，有2.25%的学生会"任其发展，一蹶不振"。实现自己的理想现在最重要的事情分析中，有69.27%的学生认为是"认真学习，做好知识储备"，有30.73%的学生认为是"多参加学生工作及社会实践活动，提高自己的社会实践能力"。为了实现理想，对今后生活状态的想法分析中，有90.1%的学生希望今后"一步一个脚印实现自己最终的理想"，有9.9%的学生"几乎不去想，只是应对现在的生活"。

7. 集体利益与个人利益的倾向

当面对班级团体任务时的做法分析中，有61.95%的学生积极参加，有3.46%的学生不管，有34.59%的学生视情况而定。当个人利益与班级集体利益产生矛盾时的做法分析中，有62.27%的学生认为要"以班级集体利益为主"，有4.75%的学生认为要"以个人利益为主"，有32.98%的学生认为要"看情况"。关于是否同意"个人依附班级集体，班级集体推动个人"的观点认同情况分析中，有78.6%的学生选择同意，有17.7%的学生选择不同意，有3.7%的学生选择很不同意。关于是否愿意为班级集体利益牺牲个人利益的意愿分析中，有51.73%的学生选择愿意，有5.87%的学生选择不愿意，有42.4%的学生选择看情况。关于更喜欢集体还是个人形式的活动的倾向分析中，有43.12%的学生更喜欢班级集体活动，有18.51%的学生更喜欢个人活动，有38.37%的学生看情况而定。在班级中为班级事情的关心情况分析中，有31.94%的学生认为会，有54.14%的学生认为偶尔会，有13.92%的学生认为不会。

8. 爱国主义情况

对国旗、国徽、国歌诞生故事的了解情况分析中，有60.1%的学生知道，有33.87%的学生说不清楚，有6.03%的学生不知道。对"钱学森爱国"故事的了解情况分析中，有83.27%的学生表示知道，有13.03%的学生表示说不清楚，有3.7%的学生表示不知道。对近段时间出现的与国家声誉及利益相关的国际、国内事件的关注情况分析中，有43.52%的学生"非常关注，并主动搜索新闻"，有53.26%的学生"会关注，但了解不多"，有2.25%的学生"不关注，不了解"，有0.97%的学生选择了"其他"。爱国主义主要体现的方面情况分析中，有53.1%的学生认为主要体现在"热爱祖国文化，传承华夏文明"，有25.82%的学生认为主要体现在"努力学好知识，报效祖国"，有18.02%的学生认为主要体现在"维护国家主权与领土利益，与敌对势力做斗争"，有3.06%的学生选择了"其他"。当身边有人对祖国不敬时的做法分析中，有70.15%的学生会"据理力争"，有5.87%的学生会"无奈离开"，有21.4%的学生会"心中愤慨，但不做表现"，有1.53%的学生会"辱骂甚至殴打对方"，有1.05%的学生会"没有太大感觉"。当国家发生灾难时的做法分析中，有85.2%的学生会"积极为救灾贡献自己的力量"，有2.65%的学生会"抱怨国家、政府防灾、救灾不力"，有8.53%的学生会"在电视等媒体上关注灾情，没有具体行动"，有0.64%的学生会认为"祖国多难，天灾人祸没有办法"，有2.98%的学生选择了"其他"。

从以上的描述统计中可以看出，学生的道德素质较为高尚，同学关系良好。在父母关系的层面，大部分学生都和父母保持主动的沟通交流，主动关心父母，主动交流自己的学习和生活情况。在师生关系层面，大部分同学选择主动和老师打招呼，部分同学因为害羞或是畏惧等心理，存在避开老师的现象；对于师生之间谈心这一较为深度交流的层面，仅占4成的学生表示存在这种师生交流，反映出老师对学生的了解和关心程度还有上升的空间；大部分学生认为师生关系融洽，对于犯错的情况，老师也能够进行劝导或是教育。在理想信念的层面，较为多数的学生拥有坚定的理想信念，并认为自己可以取得成功；在面临人生的坎坷挫折时，大部分学生会勇敢面对。在集体利益和个人利益的层面，大部分学生选择以集体利益为重，为班级事务操心，参与到班级活动中来。在爱国主义层面，大部分的学生对于国旗、国徽、国歌的诞生故事，钱学森爱国故事等都表示知道，对于与国家相关的重大事项进行关注，在国家利益受到损害时据理力争，表现出了爱国的拳拳之心。

二 交叉分析

交叉分析法又称立体分析法，基于横向分析法和纵向分析法，从交叉、立体的维度出发，由浅入深、由低级到高级的方法。交叉分析法通常用于分析两个变量之间的关系。本书分别将受访者的基本特征与德育认知进行交叉，得到了一些有趣的趋势，下面从教师卷和学生卷两个部分进行分析。

(一) 教师卷

1. 不同性别下教师在德育方面言传身教情况分析

通过将性别变量与教师卷其他德育认知变量进行交叉，发现了男女教师在部分德育认知问题上所表现出来的差异。女教师相较于男教师认为自己德育教育方面做到言传身教的人数比例更多（见图5-1)，更加倾向于耐心给学生解答，更加经常和学生进行交流和沟通；男教师在"经过我的教导，学生的问题都有了较大的改善"的认知上更加自信，更为经常和学生的家长进行学生德育方面的沟通交流。在其他德育认知变量上，男女教师没有呈现出较为明显的差异。从交叉分析，可以看出，女性教师在付出耐心方面似乎更有优势，而男性教师则对于德育教育的结果更为自信。

2. 不同民族教师在与家长进行学生德育方面沟通交流的状况分析

通过将民族变量与教师卷其他德育认知变量进行交叉，发现了民族对于德育教育方面做到言传身教差别不大，少数民族教师对学

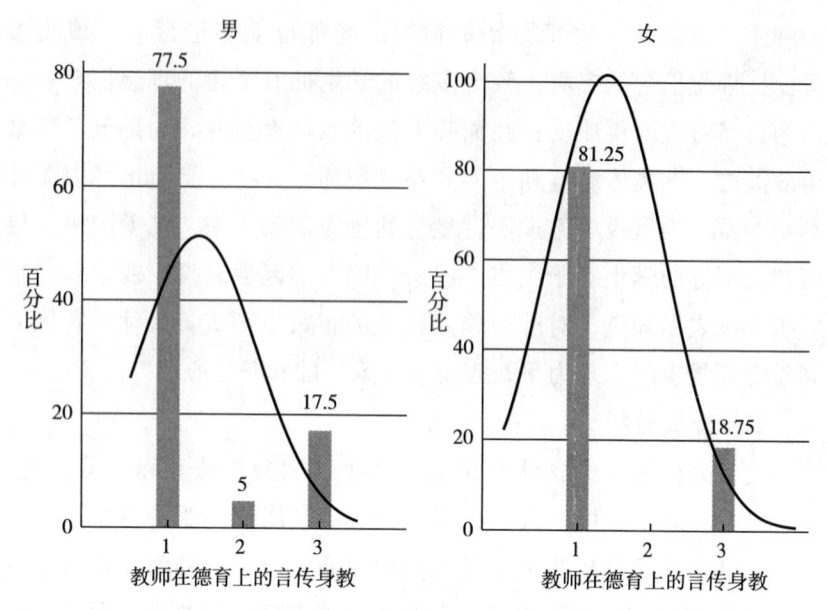

图 5-1　不同性别下教师在德育方面言传身教情况分析

注：1=做到了；2=没有做到；3=不断学习中。

生德育工作投入的精力更大，更经常和学生的家长进行学生德育方面的沟通交流（见图 5-2）。民族变量在和其他变量进行交叉分析时，大部分情况下没有表现出较为明显的差异，存在差异的地方在 5% 以内，差异非常小，且存在微弱的差异可能会受到数据统计的影响。整体而言，在德育教育方面，教师民族差异不会对其产生影响。

3. 不同政治面貌教师在德育方面言传身教状况分析

通过将政治面貌变量与教师卷其他德育认知变量进行交叉，发现了党员教师中认为自己德育教育方面做到言传身教的比例更高（见图 5-3），对学生德育工作投入的精力要相对较高，选择经常和学生进行交流和沟通的人数比例更高，对学生的学习、生活和工作等方面了解得更多，对于"经过我的教导，学生的问题行为都有了较大的改善"这种情况，党员教师有更大的人数比例认为该种情况符合实际，更为经常和学生的家长进行学生德育方面的沟通交流。

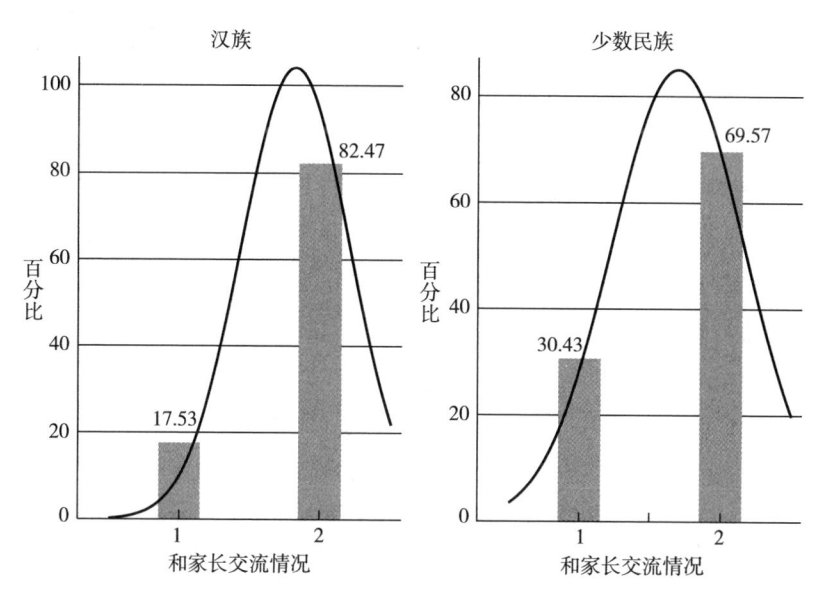

图 5-2　不同民族教师在与家长进行学生德育方面沟通交流的状况分析

注：1=是；2=经常和家长交流；3=不经常和家长交流。

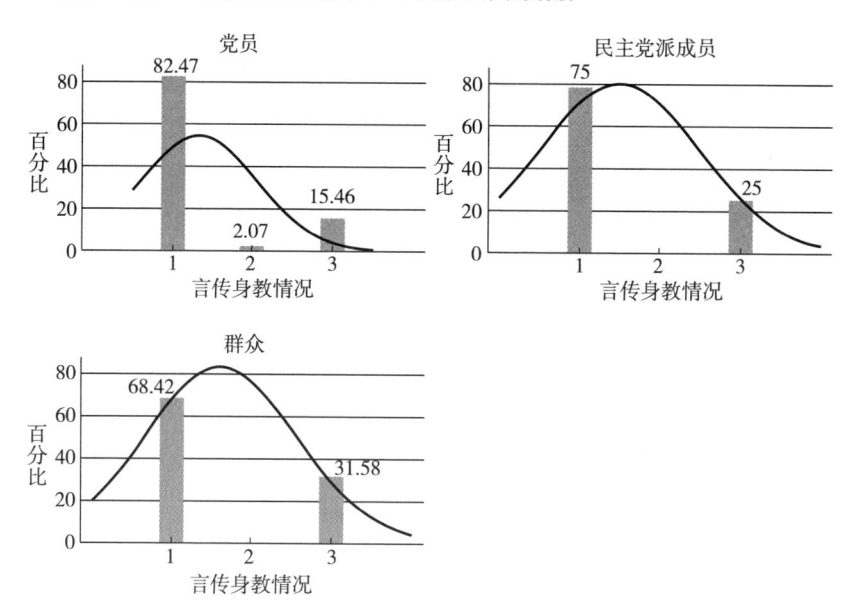

图 5-3　不同政治面貌教师在德育方面言传身教状况分析

注：1=很符合；2=不符合；3=说不清。

将政治面貌变量和其他变量进行交叉分析之后，发现了党员在德育教育部分方面，做得更好一些，也从侧面反映了，通过党的教育和要求，党员更加以身作则。

4. 不同婚姻状况教师对学生德育工作投入精力情况分析

通过将婚姻状况变量与教师卷其他德育认知变量进行交叉，发现了已婚教师更倾向于在德育教育方面做到言传身教，比未婚教师高；未婚教师对学生德育工作投入的精力很大的人数比例要明显高于已婚教师（见图5-4）；已婚教师在和学生进行交流和沟通上更为频繁，对于学生的学习、生活和工作等方面了解程度更高一些，而未婚的教师和学生之间的关系更为融洽；已婚的教师更为经常和学生的家长进行学生德育方面的沟通交流。已婚的教师在师生沟通上，在和学生家长沟通上表现出了优势，可能和已婚教师生活经验更为丰富相关。未婚的教师更能和学生融为一体，且更能够付出较大的精力，可能和未婚教师的时间精力更为充裕相关。

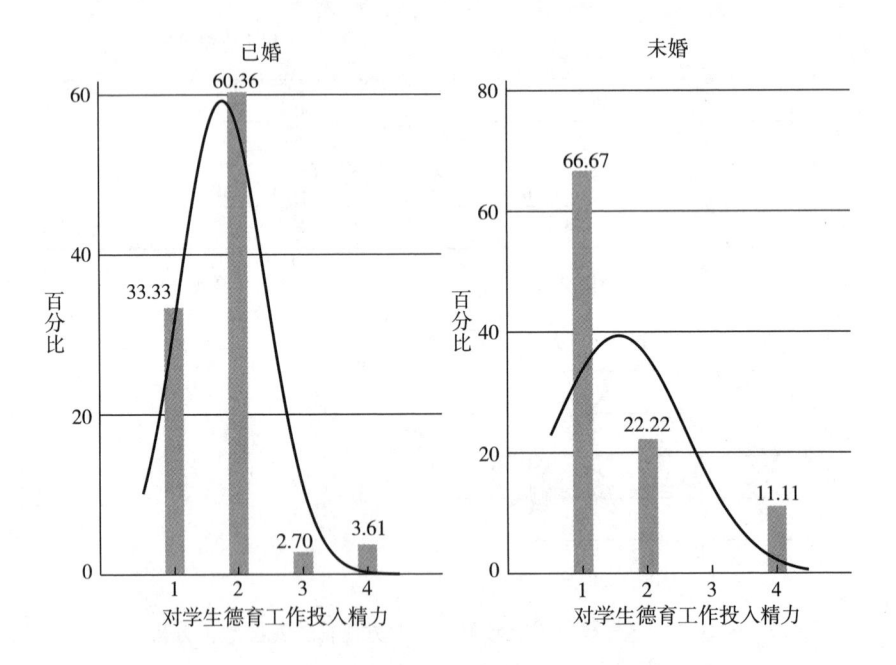

图5-4 不同婚姻状况教师对学生德育工作投入精力情况分析

注：1=很大；2=一般；3=很少；4=说不清。

5. 不同职称教师对当前家庭教育对学生德育促进作用的认知情况分析

通过将职称变量与教师其他德育认知变量进行交叉，发现了副教授相对于其他职称层次认为当前家庭教育对学生德育教育的促进作用很大的人数比例更高（见图5-5）。对学生德育工作投入的精力很大的选项相对于教授和讲师等职称选择的人数比例要低一些。可能是由于副教授面临科研压力较大，精力受限。

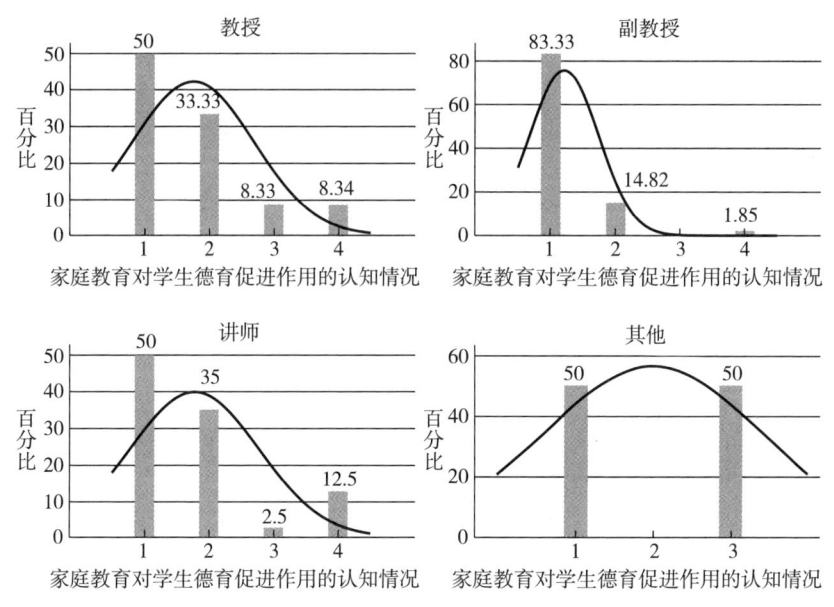

图 5-5 不同职称教师对当前家庭教育对学生德育促进作用的认知情况分析

注：1=很大；2=一般；3=很少；4=说不清。

6. 不同最后学历的教师对当前家庭教育对学生德育促进作用的认知情况分析

通过将最后学历变量与教师其他德育认知变量进行交叉，发现了最后学历越高的教师更为经常和学生的家长进行学生德育方面的沟通交流；最后学历越高的教师认为当前家庭教育对学生德育教育的促进作用很大的人数比例越低（见图5-6）。

178 / 以知塑型 以德铸魂

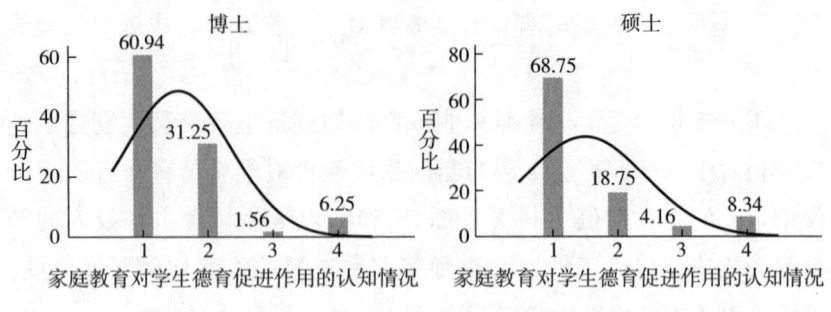

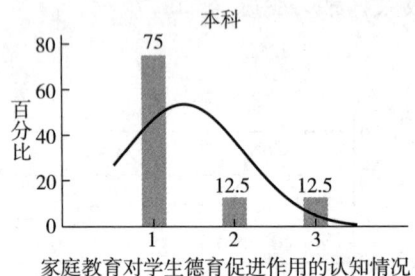

图 5-6 不同最后学历的教师对当前家庭教育对
学生德育促进作用的认知情况分析

注：1=很大；2=一般；3=很少；4=说不清。

（二）学生卷

1. 不同性别学生与父母交流状况分析

通过将性别变量与学生卷其他德育认知变量进行交叉，发现了女生在当同学忘带笔或本子时，不管对方是谁较男生更加倾向于借出去；女生在节假日更加倾向于主动和父母进行沟通交流问候父母；女生在天气转冷的时候更加倾向于会提醒父母添加衣物；对于"一旦父母的要求不符合自身的需要，就会和父母大吵大闹"这种情况，从各选项的人数比例来看，女生更趋于温和一点，大吵大闹的概率相对低一些；男生更加倾向于"不主动和父母交流自身的学习和生活情况"（见图5-7）；男生认为自己的师生关系非常融洽的人数比例要较高一些；男生更倾向于喜欢班级集体活动；男生选择经常会为班级里的事操心的选项的人数比例更高一些。从上述统计中看出，女生在情感表达上更为细腻，男生更加倾向于外部事务。

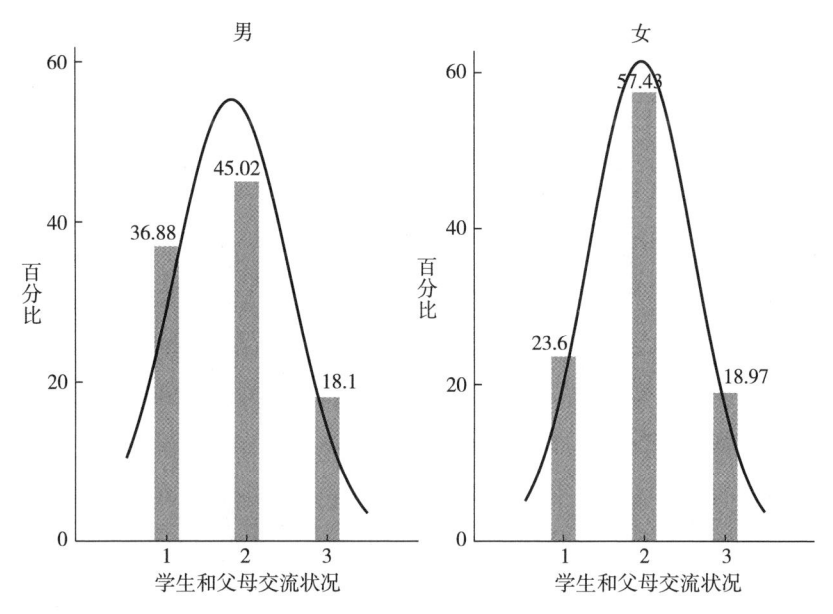

图 5-7　不同性别学生与父母交流状况分析

注：1=符合；2=不符合；3=说不清。

2. 独生与非独生子女学生对师生关系的认知状况分析

通过将独生子女状况变量与学生卷其他德育认知变量进行交叉，发现了是独生子女的学生认为自己和父母关系很好的比例要高一些；独生子女更加倾向于认为老师对自己的学习、生活和工作等方面了解得较多；独生子女学生认为师生关系比较融洽的人数比例要更高一些（见图 5-8）；独生子女学生选择经常会为班级里的事操心的选项的人数比例更高一些。从数据上来看，独生子女在师生关系和与父母关系上选择非常融洽的人数比例都要更高一些，可能反映出独生子女能够得到的关注和相处时间更多，从而使关系融洽度以及相互的了解程度都更高。

3. 不同民族学生的理想信念状况分析

通过将民族变量与学生卷其他德育认知变量进行交叉，发现了民族在同学关系和父母关系的维度上并没有明显的区别。汉族学生选择有坚定理想信念选项的人数比例要更高一些（见图 5-9）。汉族

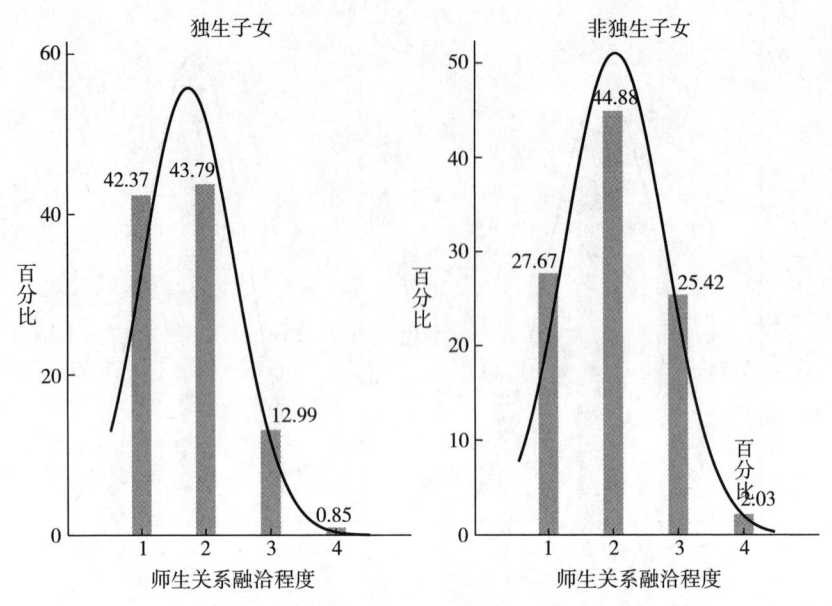

180 / 以知塑型 以德铸魂

图 5-8 独生与非独生子女学生对师生关系的认知状况分析

注：1＝非常融洽；2＝比较融洽；3＝一般；4＝比较紧张。

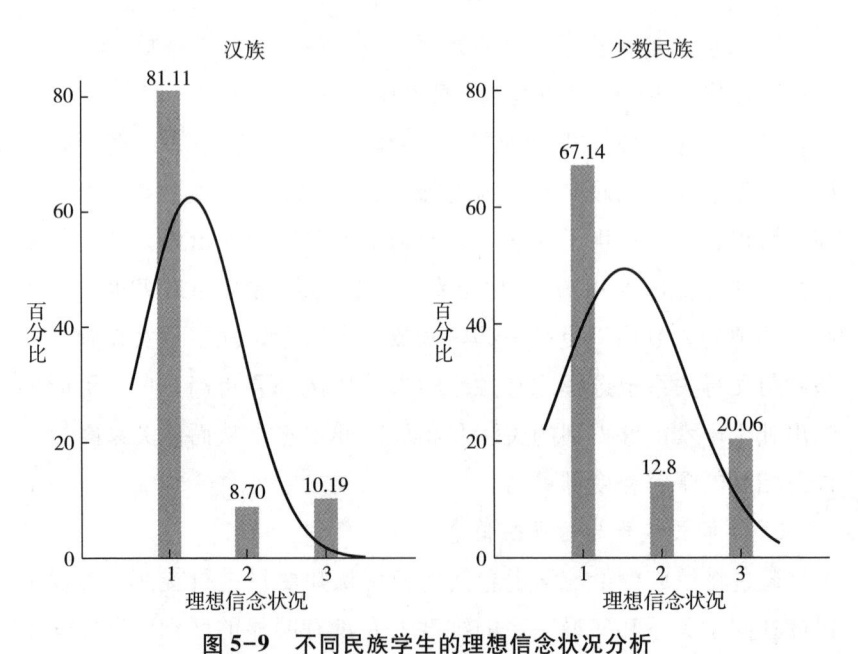

图 5-9 不同民族学生的理想信念状况分析

注：1＝有坚定理想信念；2＝没有坚定理想信念；3＝不确定。

学生认为"我相信我会成功，因为我有信念的支撑"的人数比例要更高一些。

4. 不同政治面貌学生的理想信念状况分析

通过将政治面貌变量与学生卷其他德育认知变量进行交叉，发现了党员学生群体选择天气转冷的时候提醒父母添加衣物的人数比例要更高一些。党员学生群体选择主动向老师问好的人数比例要更高一些。党员学生群体认为"所接触的老师经常找自己谈心，并给予指导和帮助"的人数比例更高一些。党员学生认为老师对自己的学习、生活和工作等方面了解的程度更好的人数比例要更高一些。党员学生认为师生关系非常融洽的人数比例要更高。党员学生选择有坚定的理想信念的人数比例更高（见图 5-10）。党员学生选择有明确人生目标的人数比例要更高。当面对班级团体任务时，党员更倾向于积极参加。当个人利益与班级集体利益产生矛盾时，党员更倾向于以班级利益为主。党员学生选择愿意为班级集体利益牺牲个

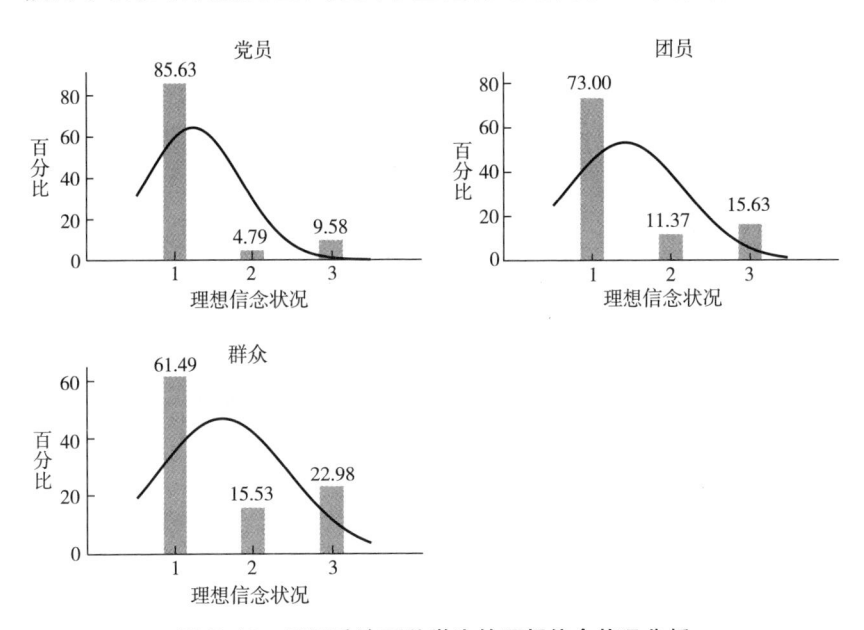

图 5-10 不同政治面貌学生的理想信念状况分析

注：1=有坚定理想信念；2=没有坚定理想信念；3=不确定。

人利益的人数比例要更高。党员学生更倾向于经常为班级里的事操心。党员学生知道国旗、国徽、国歌的诞生故事的人数比例更高。在将政治面貌变量和其他变量进行交叉时，得到存在差异的数据结果会更多，反映党员在德育的不少方面都更加得从严要求自己，更加得以身作则。

5. 不同学历层次学生的老师对其了解程度状况分析

通过将学历层次变量与学生卷其他德育认知变量进行交叉，发现博士研究生更加倾向于不主动和父母交流自身的学习和生活情况。本科生主动向老师问好的人数比例相对较低。博士研究生认为老师对自身的学习、生活和工作等方面了解得很多的人数比例要高于其他学历层次的学生（见图5-11）。可见导师制会拉近学生和老师之间的关系，增进了解。在老师知道自己犯错了的情况下，博士研究生选择"老师会很耐心地指导问题所在，并引导学生找出解决问题的办法"选项的人数比例要更高一些。博士研究生认为师生关

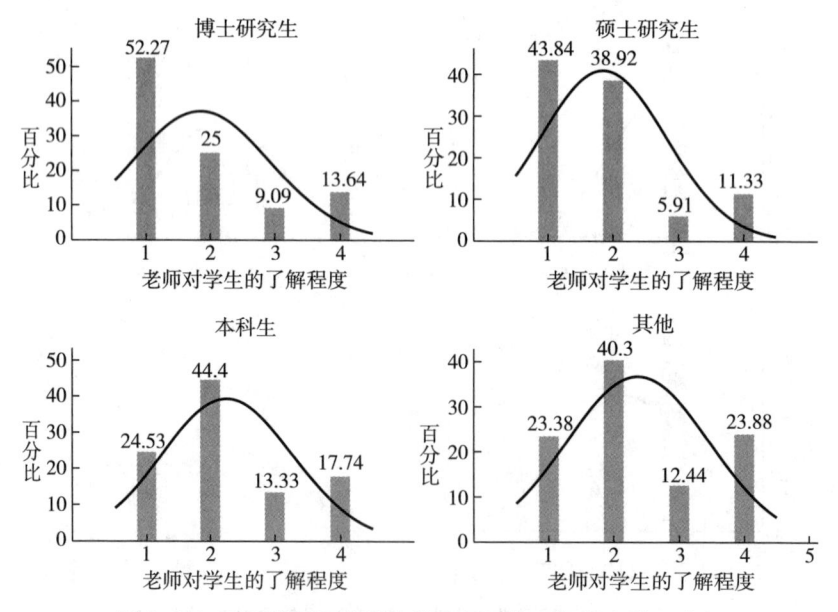

图 5-11 不同学历层次学生的老师对其了解程度状况分析

注：1=很多；2=很少；3=一点也不了解；4=说不清。

系非常融洽的人数比例要更高一些。随着学历层次的提高，选择"我相信我会成功，因为我有信念的支撑"的人数比例逐渐在提高。博士研究生在师生关系上更亲密一些，这和研究生的导师制培养相关，增进了研究生和老师之间的交流和了解。

在以上的交叉分析中，选取了比例差异在10%以上的选项进行对比，由于仅仅是对统计数据的比较，所得结论是直观上数据所显现的，可能存在其他因素干扰结果的准确性，形成偏差。上述描述的差异结果，仅从数据的差异上进行趋势描述，并对背后原因进行猜测性解释，但差异结果不具有绝对准确性，现实情况比数据更为丰富多变，数据结果仅作为参考。

第六章　智育德育视角下高校人才培养优秀经验及成效

古往今来，立德树人一直是我国的优良传统，德才兼备是我国人才培养和人才选拔的重要标准。中国共产党结合时代需求，延续和发展育人思想，将立德树人作为新时代教育的根本任务。党的领导人从不同的历史时代出发，审时度势，并结合时代的特征提出的"德才兼备"的育人思想，既是对马克思主义教育思想的发展与创新，也为高校形成以知塑型、以德铸魂的育人思想奠定了坚实的基础，提供了指导依据。回顾历史，尤其是新中国成立以来的高等学校德育、智育工作，在高校人才培养上已经取得了较为显著的成效和形成了具有中国特色、适合中国发展的可复制、可推广的基本经验。

第一节　智育德育视角下高校人才培养成效

一　以知塑型，高校学生综合实力得到提升

周远清曾讲到，原有体制下，我国高校单一的人才培养模式使得学生可获得的知识面窄，学科间难以交叉渗透，新学科难以发展，使办学质量和办学效益无法适应社会主义市场经济的发展。[1]随着知识经济的出现，人才知识结构不合理的弊端日益显现，对高

---

[1] 周远清：《深化高等教育管理体制改革》，《求是》1996年第19期。

校学科的交叉和综合性提出更高要求,与之相应,具有较强适应性和复合性的大学毕业生才能适应社会发展的需要。因此,各高校特别是应用型高校以及应用型专业,正在不断优化学科结构和课程结构,从理论向应用进行转型。为满足社会需求和岗位需求,各高校通过提升实践教学和产教融合的方式进行人才培养。专业教学与实践相结合,为大学生们提供了实操机会,在提高大学生的专业能力、学习拓展能力、逻辑思维能力的同时,还锻炼了大学生的创新创业能力、环境适应能力以及团队协作能力。

(一)产教融合,精准育人,提高了高校人才的职业能力

为适应政策、市场、文化环境发展的需要,各高校不断协调科研机构、经济实体以及产业孵化园等,将产教融合的观念融入高校大学生培养的各环节,贯穿"双主体"育人、双向发力、双向整合的人才培养各个阶段。[①]

产教融合促成了高校,尤其是应用型高校和应用型专业高水平校内外实习实训平台的建成,有利于完善人才培养,尤其是应用型人才培养模式,有利于提高大学毕业生的就业率以及就业质量。例如,2014年,贵州大学与慧科集团通过合作创建了软件学院(省级示范性),作为我国高等教育和新职业教育领域的领军企业,慧科集团拥有与阿里巴巴、腾讯等300多家行业巨头及垂直性行业深度合作的资源,将产业最好的趋势、研究甚至是产业的核心成果引入贵州大学,实施硬性人才培养的方案,开设了移动云计算、互联网营销等软件工程、大数据技术与应用专业三个专业,这三个专业与市场需求紧密联系,目标是建设一个具有国际竞争力、多层次的实用型软件人才培养基地,为贵州省的战略新兴产业与高新技术企业培养出更多大数据、云计算、互联网领域的创新型高素质技术人才。2014年学院正式对外招生,共计招收145名本科生。经过四年

---

① 柳友荣、项桂娥、王剑程:《应用型本科院校产教融合模式及其影响因素研究》,《中国高教研究》2015年第5期。

的专业学习和企业实践，在产教融合与校企协同育人的机制下，2018 年，软件学院第一届本科毕业生毕业，就业形势喜人。从就业率上来看，整体就业率在 95% 以上；就业质量上，70% 以上学生的底薪高于 5000 元，30% 学生的底薪在 8000 元以上，10% 学生的底薪高于 10000 元；专业和就业匹配度上，超过 90% 的学生满意自己的工作，85% 以上的学生的工作跟专业相关。通过对用人企业的回访调研，企业对于学院毕业生给予了极高的评价，认为学院的毕业生在专业能力、学习拓展能力、逻辑思维能力、对环境的适应能力、团队协作能力更胜一筹。学院毕业生也表示，软件知识的学习给自己的思维带来了改变。[1]

其次，产教融合能够将课本知识融合生产实践和管理实践中，学生能够在老师的带领、指导下，把学到的书本知识与实践相联系，[2] 加深了对知识的理解和掌握，有助于激发大学生的学习动力，增强解决实际问题的能力，实现精准育人。例如，深圳职业技术学院与华为集团进行合作，在人才培养上实行"课证共生共长"模式，将 3 年的培养过程进行进阶式培养，实现了个性化学习。比如开展 1+X 证书制度（"1"是指深圳职业技术学院通信技术专业的学历证书，"X"指若干个职业技能证书，主要是指华为的职业认证，分为初级、中级和高级三个层次）证书制度，推动教育教学改革，实现了学生"低进高出"。相较于本科学生，职业院校的学生在学习自律性和基础知识上处于弱势，就读职业院校往往是不得已的选择，职业院校的学生普遍会存在一定的失落感。深圳职业技术学院实施的"课证共生共长"的 1+X 证书制度，在教学实践中，通过成功激励、志趣引导、社团训练、模拟体验等方式，帮助学生树立学习自信，让学生获得了"逐级登高峰"的体验，学生在校期间

---

[1] 王磊：《慧科集团与贵州大学共建的省级示范性软件学院》，https://bj.news.163.com/18/0709/11/DM96M3KB043897TC.html，2022 年 7 月 22 日。

[2] 刘芳：《以就业为导向的高职院校 1+X 证书制度的实施路径》，《鄂州大学学报》2020 年第 27 期。

就成为龙头公司华为认证的工程师,有效地提升了学生学习动力和学习自信,从根本上解决了学习动力问题。截至 2021 年 1 月,学院已有 1800 多人通过华为各等级认证,245 名在校生通过顶级 HCIE 认证,数量为全国之首,占全球 HCIE 总数的 1.2%。有高级(HCIE)认证员工的薪酬是未获得证书者的 2.5 倍。[1]

(二)素质教育,高端育人,提高了高校人才创新创业能力

创新教育理论认为,通过学习、实践,创新潜能能够实现向创新能力的转变并得以提升。[2] 2010 年,《国家中长期教育改革和发展规划纲要》提出要创新教育教学方法,"倡导启发式、探究式、讨论式、参与式教学,帮助学生学会学习",最大限度地肯定并弘扬自主、探究、合作的学习方式。2016 年 11 月,教育部、国家外国专家局发布《高等学校学科创新引智计划实施与管理办法》,以服务国家重大战略需求为导向,重点关照学科自主创新能力的提升。实施素质教育是培养大学生实践能力与创新能力的立足点和突破点。[3] 在教育中,实践是教育的基础,实践教学对大学生创新能力的培养至关重要,尤其是高质量的科研参与和社会实践有助于培养大学生的创新能力。大学生参与科研实践对培养其创新能力具有一定的作用。我国高等学校的人才培养也更加注重让大学生参与到科研项目或社会实践中去,具体来说,郭建如基于北京大学教育经济研究所"首都高校教育质量与学生发展"项目数据,利用多层线性模型,从学校、院系和个体层面考察大学生创新能力的影响机制,得出大学生参与科研项目对培养其创新人格有促进作用。贵州

---

[1] 温欣:《华为—深职院"课证共生共长"模式成为深化产教融合典范》,https://tzpy.centv.cn/article/67,2022 年 7 月 18 日。
[2] 高丽楠:《高校"项目驱动、以赛促学"的教学模式探索》,《攀枝花学院学报》2017 年第 S1 期。
[3] 汤佳乐、程放、黄春辉、曲雪艳、徐小彪:《素质教育模式下大学生实践能力与创新能力培养》,《实验室研究与探索》2013 年第 32 期。

大学"博士村长"①计划于2017年启动实施,由贵州大学研究生导师进行指导,采取"1+10+100"(即1个博士研究生+10个硕士研究生+100个本科生)助力贵州农村地区乡村振兴战略实施,利用贵州大学综合性学科优势,聚全校优势力量组建生态渔业、生态畜禽、精品水果、蔬菜和茶叶等十二个产业专家团队,形成一股专业的、综合性的优势力量。先后组织300余支"博士村长"队伍、11300余人深入到贵州省46个县开展科技、产业、教育和文化扶贫工作。②建立了"产业+专家+基地+博士村长"工作模式,帮助贵州猕猴桃产业解决了种植面积小、专业人才短缺、相关技术缺乏的问题,还帮助威宁县建成了一个1.1万亩的蔬菜标准化基地。贵州大学"博士村长"项目在第六届"建行杯"中国国际"互联网+"大学生创新创业大赛(青年红色筑梦之旅赛道)荣获金奖。

(三)理实结合,夯实基础,提高了大学生的专业水平

高校实验室尤其是高水平实验室的建设,夯实了大学生的专业理论基础,提高了创新能力。中国工程院院士周济同志曾在中外大学校长会议上讲过,高水平实验室是培养创新人才的重要阵地,是科技创新的主战场,实验室的数量和水平是一所大学科技创新能力的基本标志。③我国非常重视高校实验室搭建,据统计,全国共有75所高校拥有至少一个国家重点实验室,其中,清华大学和浙江大学各拥有10个国家实验室。学生依托国家重点实验室,能够充分发挥创造力、创新能力。

西安电子科技大学的信息领域作为国家重点实验室,围绕国家重大战略需求和国家重大工程,研制出面形精度达到1/40波长以下的光学镜面,成功用于大口径地面和空间成像、载人航天、探月工

---

① 张应忠:《"博士村长"驻村记》,http://paper.jyb.cn/zgjyb/html/2021-05/24/content_594977.htm?div=-1,2022年7月18日。

② 郭静:《博士村长:我校博士村长项目获"互联网+"金奖》,https://www.sohu.com/a/435892388_648894,2022年7月18日。

③ 王娟:《高等院校专业实验室建设与管理探析》,《中国轻工教育》2016年第1期。

程、高分卫星等国家重大任务。研制出来的国内首台工业级最高功率飞秒光纤激光器和高精度光子极端制造装备,解决了我国发动机叶片加工瓶颈,实现了关键技术的自主可控。①

以赛促学,赛教融合的人才培养模式,起到了互教互学、教学相长的效果。对于教师来讲,理论与实践的深度融合提高了实践教学能力与实际研究水平;对于学生来讲,通过参加各项竞赛,提升了组织协调、解决实际问题的能力。②

山西财经大学营销策划大赛自2002年举办以来,经过十余年的不断改进,以其完整的竞赛组织流程,成为山西省高校校企合作的典范,在一定意义上形成了"以赛促教、以赛促学"的实践教学模式。③ 提升了大学生自主学习能力、信息整合能力、实践能力、创新能力以及团队协作能力。学生以真实案例为任务驱动,团队独立思考,通过线上线下各种渠道主动学习,掌握市场调研分析、市场细分、市场定位、竞争分析、财务分析等内容,达到"学习—参赛—再学习"螺旋上升的效果。学生根据策划方案,运用科学的市场调查方法,通过课程知识、数据库、互联网检索等渠道获取各类信息,并有效整合撰写策划方案。整个比赛过程中,对学生的信息整合处理能力是很好的锻炼。学生在比赛中走出校园,走进企业,通过真实的企业产品营销策划,将理论知识与营销活动有效结合,可有效拓宽专业知识广度,提高社会知识密度。通过比赛,锻炼了同学们发现问题、提炼问题、解决问题的能力,有效激发了创新潜能。营销策划大赛需要学生解决复杂的现实问题,因此,学生必须组队参加,并且团队成员要经过长期反复的讨论、沟通、分工协

---

① 冷丝:《75所高校国家重点实验室数量排名,清华、浙大和北大遥遥领先》,https://www.163.com/dy/article/GNSR0KV005373GWV.html,2022年7月18日。
② 童雷:《以赛促教、以赛促学——大学生实践创新能力培养模式探索》,《科技风》2020年第33期。
③ 齐永智、姜奕帆:《高校"以赛促教、以赛促学"实践教学模式探析——基于山西财经大学营销策划大赛的经验》,《山西财经大学学报》2020年第42期。

作①，最终形成较为完善的方案。学生在竞赛的真实环境中同舟共济，打破专业局限性，集智聚力提出科学可行的方案，这个过程可有效增加每个参赛队员的团队协作能力。

二 以德铸魂，全面提升了大学生的品格

（一）有助于培养大学生良好的心理素质

心理素质是检验大学生人格是否健全的标准。心理素质良好，才能够积极妥善地应对学习、工作和生活中的各种问题，及时排解心理忧虑，并付诸正确的实际行动。近年来，各高校大学生"自杀""谋杀"等极端行为的出现，对高校德育在健全大学生人格方面提出了更高的要求。德育应该贯穿于大学生成长、成才的全过程，是一项教育—培养—塑造—引导的系统工作。②

首先，高校德育能够丰富大学生的心理健康理论知识。《普通高等学校学生心理健康教育课程教学基本要求》指出，"高校学生心理健康教育课程明确了心理健康的标准及意义，能够使得大学生增强自我心理保健意识和心理危机预防意识，促进学生全面发展"。③ 其次，德育能够提高大学生的心理技能水平。当前大学生的心理特点呈现两极性、冲动性以及爆发性等特征，大学生无法很快适应高中生向大学生的转变。进入大学以后，发现大学其实更像是一个"小社会"，大学生活的丰富多彩需要更高的组织协调能力和处理人际关系的能力，这些就需要各高校的一系列德育课程和德育活动进行教育和引导，起到增强大学生心理技能的作用。例如，各高校配备了专业的心理老师和齐全的心理辅导工作室，通过开展心理辅导渗透心理健康知识，在这个过程中，大学生是主体，老师通过引导，让大学生掌握处理心理问题的技能。提升了大学生的情绪管理能力、情感处理能力以及人际交往能力。最后，高校德育能够

---

① 徐鑫：《"以赛促教"教学模式的思考》，《科技视界》2017年第22期。
② 尹文旺：《德育在大学生健全人格塑造中的作用研究》，硕士毕业论文，南昌大学，2015年，第3页。
③ 教育部办公厅：《普通高等学校学生心理健康教育课程教学基本要求》，2011年。

第六章　智育德育视角下高校人才培养优秀经验及成效 / 191

起到引导大学生个性心理的良性发展。大学生的个性心理表现为大学生个体的不同的心理活动。由于大学生的成长环境、经历和心理发育水平不同，大学生的心理呈现了个性化和特殊化的特征。心理教师、辅导员、思想政治理论课教师以及专业课教师通过德育课程从心理辅导、专项活动、思政课堂以及专业课堂等途径多管齐下，把握大学生的个性心理特征和个性心理倾向两个重要方面，进行"以人为本"的引导和教育。比如各高校设置德育专项活动，融入丰富的社团、学生会等校园活动中，能够帮助大学生形成能力、气质和兴趣等稳定的心理特征。其次，各高校通过政治理想信念教育塑造大学生正确的世界观、人生观和价值观，通过心理健康理论教育使大学生树立正确的动机、需要和信念等个性心理倾向。

（二）有助于培育大学生情商的坚韧性

高校德育是提高大学生社会素质的重要途径。社会学理论中，人的社会能力是由适应性行为和社会技能两个方面构成的。人们在一定的自然环境和社会环境中，与自然和社会环境相互作用、融合，能够积累一定的社会关系和经验。人与社会的这种相互作用表现为环境对人以及人对环境，详细来说，自然环境和社会环境会影响人各个方面的发展，而人的发展又会影响着自然环境和社会环境的发展。这就印证了，人是作为一个社会学习和社会参与者的身份在自然环境和社会环境中不断社会化并促成全面发展的社会化过程。[1] 在复杂的现代社会，大学生面临着激烈的多方竞争压力，高校德育可以提高大学生的社会适应能力。社会主义市场经济实现快速发展的同时，高等教育事业和工作也在不断完善和发展，高校大学生不光要在校内学习专业技术知识，更提倡和鼓励大学生走出大学校园，参与到专业实习工作和社会实践中来。德育通过政治、心理、道德、法治社会化等不同方式提高了大学生的社会需要和适应

---

[1] 尹文旺：《德育在大学生健全人格塑造中的作用研究》，硕士毕业论文，南昌大学，2015年，第31页。

新环境的能力。借助开设心理健康教育课等具体形式，传授社会学、心理学相关的知识，为大学生走向社会后在社会上很可能面临的心理难题打下"防疫针"。借助思想政治理论课等形式促使大学生认识现代政治常见现象，掌握政治相关的知识，形成正确的政治信念和政治立场。借助宣传优秀学生或优秀教师的道德典型案例，展现社会主义道德人物的光辉形象，提高大学生的社会道德整体水平；借助法律基础课程和重大法治传统节日宣传等活动普及法律相关的知识，提高大学生的主体意识和义务观念，树立法律权威性。这些思维意识与能力都是高校大学生必备的适应新环境能力。

德育对培养大学生情商还体现在，准确地了解自我情绪，提升自知能力；正确认识自我情绪，提高自制能力；增强自我暗示激励，培养自励能力；认知他人情绪，提升知人能力；强化人际关系，提高待人能力。[①] 一是可以懂得理智分析自我、把握自我，更加充分了解自己的优点和不足，正确认识自己的综合能力和条件，尽量减少不良情绪。二是能够克己自律，能够客观地分析自己行动可能带来的后果，在任何场合都能控制自己，说应该说的话，做应该做的事。三是自我激励能够激发潜能，积极的暗示能够使人变得热情、自信、充满力量。四是强化团队思想意识，提高待人接物、沟通合作的能力。

根据贵州大学"以知塑型、以德铸魂"调研团队对各高校智育德育实施情况调研显示，大部分学生反映其同学关系、父母关系以及师生关系相处融洽。同学关系方面，有84.63%的学生认为自己和同学的关系良好；当同学忘带笔或本子时，有10.86%的学生表示如果和该同学关系好就会借给他，有86.32%的学生表示不管对方是谁都会借给他的；在学习、生活或工作中，遇到了困难，需要别人帮助的时候，有47.79%的学生会首先想到同学，比例高于想到父母。与父母关系方面，有76.19%的学生认为自己和父母的关

---

① 董宇艳：《德育视阈下大学生情商培育研究》，《黑龙江高教研究》2010年第8期。

系很好,有89.94%的学生会在假期主动和父母进行沟通交流;天气转冷,有69.59%的学生会提醒父母添加衣物;师生关系方面,看到老师时,有60.58%的学生表示会主动向老师问好。

(三)有利于帮助树立起大学生正确的世界观、人生观和价值观

德育教育的着眼点是根据党和国家的政治目标需求,对大学生进行思想政治心态、政治立场及道德品质的培养。马克思主义思想是迄今为止科学的理论系统,是唯物论和辩证法的完整统一,也是关于自然、社会和人类思维发展一般基本规律的科学。我国高校的德育教育以马克思主义为主导思想,对大学生开展理想信念教育,锻炼大学生的辩证思维方式,帮助大学生树立起正确的世界观、人生观和价值观。借助高校多方面的德育工作,能够教育和引导高校大学生以唯物辩证的思维看待并解决身边的难题,促使个人的能力素养和综合实力的提升。并且能引导大学生理性地看待和处理诸多问题和矛盾,由此缓解心理上存在的多重压力,使大学生始终保持乐观向上的积极的精神状况。也能推动大学生为社会主义事业和共产主义事业奋斗而进一步提升自己的综合素养,学习社会主要技能,在社会实践中磨炼自己,认真刻苦学习相关专业知识,促进大学生的真正的自由全面发展。[1]

高校德育教育能够加强大学生的道德修养能力。道德修养是我们历经社会实践活动后将一定社会的道德要求转换成为个人道德品质和个人道德行为的知识内化与外化相结合的动态过程。高校德育工作能够加强青年大学生的品德修养,体现在提高大学生的理想信念教育、诚信道德教育等各个方面。第一,学校德育可以加强大学生的理想信念等品德教育。我国是社会主义国家,在高校德育中塑造大学生完整人格不能够离开社会主义制度是我国基本政治制度这一基本前提。马克思列宁主义认为,共产主义社会是一切社会形态

---

[1] 尹文旺:《德育在大学生健全人格塑造中的作用研究》,硕士学位论文,南昌大学,2015年,第32页。

发展的最终目标和最终形式。因而，在马克思主义理论为科学指导的高校德育工作中，理所应当发挥着对大学生共产主义道德和共产主义理想信念的塑造效用。高校大学生若不能够树立远大的理想和坚定信念，其健全人格的形象就会成为无源之水、无本之木。邓小平指出，"我们应该经常教育我们的广大人民，特别是我们的青年学子，要有理想"。习近平在十八届中共中央政治局第一次集体学习的讲话中指出，"对马克思主义的信仰，对社会主义和共产主义的信念，是共产党人的政治灵魂，是共产党人经受住任何考验的精神支柱"。高校德育教育作为我国意识形态领域的重要领域，依托思想政治理论课、学生党员评选活动等多种方式，在开展大学生共产主义理想信念素质教育方面发挥着主渠道和主阵地的效用。第二，学校德育还能养成大学生的诚信道德。党的十八大提出"倡导富强、民主、文明、和谐，倡导自由、平等、公正、法治，倡导爱国、敬业、诚信、友善，积极培育和践行社会主义核心价值观"，从个人价值层面上看，爱国、敬业、诚信、友善是社会主义核心价值观对个人的要求。针对当前大学生存在的诚信缺失的道德现状，高校德育工作借助严肃考场纪律、加强道德模范人物宣传推广、批评诚信不足的反面教材等方式，让大学生在日常的课堂、宿舍、走廊中都能亲身体会到诚信道德文化大力宣传，由此在潜移默化中接受诚信品德教育。从更深层面上看，学校德育通过关心爱护高校大学生、走近大学生们以帮助大学生解决好遇到的人生的困惑与矛盾，启发大学生在纷繁复杂的转型社会中对人生意义和生命价值进行重新思考，培养诚信、友爱、互助等多方面的现代道德人格品质。

德育教育可以增强大学生的法制意识。随着经济社会的发展，高校大学生仅具有本专业的相关的知识是不可以尽快适应社会的市场需求的，在"复合型"人才需求持续的增加之时，法律素质的系统培养和提高显得极为关键。一般而言，高校德育工作从理论与实践两个维度发挥着提高大学生法律意识的效用。比如，可以提升大学生的法律理论水平。从德育维度看，目前高等院校均开设了《思想道德修养与法律基础》学习课程,是能借助此课程向大学生传授日常生活中常见的法律专业理论知识,具有普遍广泛的适用性。与此同时,在非法学专业的培养方案中也开设了与专业相关的法律学习课程。诸如公共管理类专业、政治学专业的高校大学生往往需要认真学习《行政法与行政诉讼法》。借助部门法或专业法律理论知识的学习,结合大学生自身的相关专业全面掌握,更全面地提高大学生的政治理论水平和专业素质。

根据贵州大学"以知塑型、以德铸魂"调研团队对各高校智育德育实施情况调研显示:大部分学生有正确、坚定的理想信念和明确的人生目标。73.19%的学生认为自己有坚定的理想信念且60.47%的学生相信自己会成功实现自己的理想,90.1%的学生认为自己会一步一个脚印实现最终的理想;76.25%的学生认为自己有明确的人生目标;56.52%的学生在过去的人生旅途中遇到挫折和坎坷时,会自己勇敢面对,直到问题解决,41.22%的学生会向父母或长辈寻求帮助;62.24%的学生反映当班级利益与个人利益冲突时,会以班级利益为重;关于爱国主义主要体现在哪些方面,53.14%的学生认为主要体现在热爱祖国文化、传承华夏文明,25.85%的学生认为体现在努力学好知识,报效祖国,17.95%的学生认为体现在努力学好知识,报效祖国;当身边有人对祖国不敬时,70.13%的学生认为会据理力争;当国家发生灾难时,85.19%的学生认为自己会积极为救灾贡献自己的力量。

(四)有利于促进大学生养成良好的道德行为习惯[①]

在实施德育过程中应增强个体的情感体验,正确引导个体的道德认知;同时也应考虑个体践履德行的代价,尽管我们倡导大学生要勇于奉献、避免功利化,但高校德育对大学生的培养不仅要帮助他们面对大学校园的生活环境和人际关系,更重要的是应该考虑他们的未

[①] 刘彦艳:《高校德育在个体全面发展中的作用研究》,硕士学位论文,宁夏大学,2015年,第17页。

来性。利与义是同一社会经济结构的两个层面,利是具体目标,义是严格遵守达到这一具体目标的合理基本规则。人不仅有对道德的实际需求,还有对自身利益和经济的需求。两者是保持一致的。[①] 经济是道德的基础,道德为经济活动持续发展保驾护航,在社会主义市场经济日趋完善的今天,诚信等道德品质显得尤为重要,但只有确保个体实现义利双收,才会更长久地遵守道德规范。最后,学校的德育氛围也是个体道德行为习惯形成过程中不容忽视的因素。环境不能决定人,但足以影响人。高校良好的德育氛围使大学生受到潜移默化的影响,并逐渐养成良好的道德行为习惯。

根据贵州大学"以知塑型、以德铸魂"调研团队对各高校智育德育实施情况调研显示:德育工作的开展使得大学生行为更加规范。85.12%的学生在楼梯间看见纸皮、果皮等垃圾时选择拾起来扔到垃圾桶里;在德育教育内容中,受访学生认为重要的选项占比分别为,尊老爱幼占比88.42%,诚实守信占比95.09%,团结友善占比88.01%,勤俭节约占比84.47%,敬业奉献占比84.47%,爱国守法占比91.71%。

第二节 智育德育视角下高校人才培养基本经验

一 国家层面

(一)秉持"德才兼备"的人才培养和选拔观

新中国成立以来,历任党和国家领导人高度重视人才的培养和任用,并在长期的实践中确立了立德树人的优良传统,秉持"德才兼备"的人才培养观和选拔观。毛泽东作为党的第一代领导核心,将"德"置于首位,提出"三育并重"的观点,对我国立德树人思想的

[①] 薛金刚:《试论市场经济与道德行为的统一》,《天津党校学刊》1998年第2期。

第六章 智育德育视角下高校人才培养优秀经验及成效

形成做出了重要贡献;改革开放初期,邓小平多次强调要坚持德才兼备的人才培养和干部任用标准,二者不可有轻有重,必须并重,指出"我们在鼓励帮助每个人勤奋努力的同时,仍然需要承认各个人在成长过程中所表现出来的才能和品德的差异,并且按照这种差异给以区别对待,尽可能使每个人按不同的条件向社会主义和共产主义的总目标前进"。① 江泽民指出,在全面贯彻党的教育方针的过程中,要坚持"教育为社会主义服务""教育与社会实践相结合"。根本在于提高国民素质,重点在于培训学生的创新精神和实践能力。要努力造就"有理想、有道德、有文化、有纪律的德育、智育、体育、美育等全面发展的社会主义事业建设者和接班人"。胡锦涛指出:"办好高校,首先要解决好培养什么人、如何培养人这个根本问题。全国高校都要始终不渝地全面贯彻党的教育方针,坚持学校教育、育人为本,德智体美、德育为先,充分发挥大学生思想政治教育主阵地、主课堂、主渠道的作用,全方位推进大学生思想政治教育,多方面促进大学生全面发展。"② 新时代,习近平指出"道不可坐论,德不能空谈,于实处用力,从知行合一上下功夫。核心价值观才能内化为人们的精神追求,外化为人们的自觉行动,扎扎实实干事,踏踏实实做人。"③ 指出人才培养一定是育人和育才相统一的过程,而育人是本,人无德不立,育人的根本在于立德。因此,新时代背景下高校的教育理念与人才培养模式必须以德才并重为目标。

毛泽东作为党的第一代领导核心,对立德树人思想的形成做出了重要贡献。从思想发展的脉络来看,毛泽东在很早时就看到了旧制度对学生自由全面发展造成的危害,提出了"三育并重"并将"德"置于首位。

通过查阅相关资料,青年时期的毛泽东就非常重视"德"在教

---

① 《邓小平文选》(第二卷),人民出版社 1994 年版,第 106 页。
② 胡锦涛:《进一步加强和改进大学生思想政治教育工作 大力培养造就社会主义事业建设者和接班人》,《人民日报》2005 年 1 月 19 日。
③ 习近平:《习近平谈治国理政》,外文出版社 2014 年版,第 155—173 页。

育中的重要性，具体如表6-1所示：

表6-1　　毛泽东同志关于德育的重要论述（青年时期）

时间	出处	内容
1916年12月	给好友黎锦熙的信	古称三达德，智、仁与勇并举。今之教育学者以为可配德、智、体之三言①
1917年4月1日	《新青年》之"体育之研究"	"夫知识则诚可贵矣，人之所以异于动物者以此耳。""道德亦诚可贵矣，所以立群道、平人此耳。""体者，载知识之车而寓道德之舍也。""筋骨者，苦人之身；知识、感情、意志者，吾人之心。身心皆适，是谓俱泰。故夫体育非他，养乎吾生，乐乎吾心而已"②
1937年	《毛泽东早期文稿》	思想政治教育的内容有两个方面：一是思想教育，即是通过学习马列主义，解决人们的思想认识和思想观点问题，帮助人们逐步树立正确的思想观点，不断纠正错误；二是政治教育，即通过学习时事政治和党的路线、方针、政策，解决人们的政治立场、政治态度问题，达到不断提高政治觉悟的目的③
1939年7月	模范青年发奖大会	学校的一切工作都是为了转变学生的思想，政治教育是重要的一环④

通过查阅相关资料发现，在社会主义建设时期，毛泽东依然很重视思想政治教育的地位和重要作用，指出必须把坚定正确的政治方向放在首位。该时期，毛泽东关于人的培养目标为"三育并重"到"德、智、体"全面发展的发展路向。从明确了我国教育的性质、方向和培养目标，成为长期指导我国教育的方针，对新中国教育的发展影响深远。具体如表6-2所示：

---

① 毛泽东:《毛泽东早期文稿》，湖南出版社1990年版，第59页。
② 李艳:《论思想政治教育的理论彻底性问题》，《马克思主义研究》2014年第4期。
③ 毛泽东:《毛泽东早期文稿》，湖南出版社1990年版，第67页。
④ 毛泽东:《毛泽东论教育革命》，人民出版社1967年版，第5页。

第六章　智育德育视角下高校人才培养优秀经验及成效 / 199

表 6-2　毛泽东同志关于德育的重要论述（社会主义建设时期）

时间	出处	内容
1957 年	《建国以来毛泽东文稿》	没有正确的政治观点，就等于没有灵魂①
1957 年 2 月	《毛泽东文集》	中国的教育方针，应该使受教育者在德育、智育、体育几方面都得到发展②
	《关于正确处理人民内部矛盾的问题》	我们的教育方针，应该使受教育者在德育、智育、体育几方面都得到发展，成为有社会主义觉悟的有文化的劳动者，并强调没有正确的政治观点，就等于没有灵魂。加强思想政治工作。不论是知识分子，还是青年学生，都应该努力学习。除了学习专业之外，在思想上要有所进步，政治上也要有所进步，这就需要学习马克思主义，学习时事政治③
1958 年 1 月	《工作方法六十条（草案）》	红与专、政治与业务的关系，是两个对立物的统一。思想工作和政治工作，是完成经济工作和技术工作的保证，它们是为经济基础服务的。思想和政治又是统帅，是灵魂。只要我们的思想工作和政治工作稍微一放松，经济工作和技术工作就一定会走到邪路上去。一定要批判不问政治的倾向。一方面要反对空头政治家，另一方面要反对迷失方向的实际家。我们需要的是一大批坚持社会主义道路的具有专业知识和能力的人才④
1958 年 8 月	《教育与劳动结合的原则是不可移易的》	我们所主张的全面发展，是要使学生得到比较完全的和比较广博的知识，发展健全的身体，发展共产主义的道德⑤

邓小平认为，有才无德的人会败坏党的事业，有德无才的人同样会贻误党的事业。他认为"所谓德最主要的就是坚持社会主义道路和党的领导。一条是拥护三中全会的政治路线和思想路线、一条

---

① 《建国以来毛泽东文稿》，中央文献出版社 1992 年版，第 340 页。
② 《毛泽东文集》（第七卷），人民出版社 1999 年版，第 226 页。
③ 为《建国以来毛泽东文稿》，中央文献出版社 1992 年版，第 340 页。
④ 《毛泽东著作选读》（下），人民出版社 1986 年版，第 4 页。
⑤ 《毛泽东文集》（第七卷），人民出版社 1999 年版，第 226 页。

是讲党性不搞派性"。① 衡量德"一是坚决拥护党的政治路线和思想路线；二是大公无私、严守法纪、坚持党性、根绝派性；三是有强烈的革命事业心和政治责任心"。② 什么是新时期需要的"才"？邓小平认为才就是具有现代化的科学技术知识和能力，懂经营会管理。对于德与才的关系，邓小平进一步认为德与才是一个统一体，它们彼此联系、相互作用、相辅相成。离开了德的要求，那就会失去政治保证；没有才，要实现党提出的宏伟目标也是不可能的。有才无德的人会败坏党的事业，有德无才的人同样会贻误党的事业。邓小平还提出了"四有新人"的培养目标。③ 明确提出了人才的革命化、年轻化、知识化、专业化的"四化"评价标准。"四有新人"教育目标的确立，深刻地体现了世界发展与中华民族命运相结合的时代背景，契合了将教育摆在优先发展的战略地位和"三个面向"的战略方针。要求教育必须成为反映现代科技、文化的新成就，并且促使了教育领域的全面性、深刻性改革。具体如表 6-3 所示：

表 6-3　　　　　　　　邓小平同志关于德育的重要论述

时间	出处	内容
1978 年	全国教育工作会议上	毫无疑问，学校应该永远把坚定正确的政治方向放在第一位；④ 学校要大力加强革命秩序和革命纪律，造就具有社会主义觉悟的一代新人，促进整个社会风气的革命化；⑤ 革命的理想，共产主义的品德，要从小开始培养。我们希望从事教育工作的同志，各有关部门的同志，整个社会的家家户户，都来关心青少年思想政治的进步。⑥ 我们在鼓励帮助每个人勤奋努力的同时，仍然需要承认各个人在成长过程中所表现出来的才能和品德的差异，并且按照这种差异给以区别对待，尽可能使每个人按不同的条件向社会主义和共产主义的总目标前进

---

① 《邓小平文选》（第二卷），人民出版社 1994 年版，第 326 页。
② 邓小平：《邓小平文选》（第二卷），人民出版社 1994 年版，第 222 页。
③ 王亚群：《论邓小平人才评价标准思想》，《湖北行政学院学报》2004 年第 6 期。
④ 刘英杰：《中国教育大事典》（下），浙江教育出版社 1993 年版，第 1433 页。
⑤ 邓小平：《邓小平文选》（第二卷），人民出版社 1994 年版，第 105 页。
⑥ 江泽民：《毛泽东思想年编》，中央文献出版社 2010 年版，第 146 页。

第六章 智育德育视角下高校人才培养优秀经验及成效 / 201

续表

时间	出处	内容
1980年1月	《邓小平文选》（第二卷）	不管你搞哪一行，你不专，你不懂，你去瞎指挥，损害了人民的利益，耽误了生产建设的发展，就谈不上是红。不解决这个问题，不可能实现四个现代化①
1980年12月	中共中央工作会议	要在坚持社会主义道路的前提下使我们的干部队伍年轻化、知识化、专业化并且要逐步制定完善的干部制度来加以保证②
1982年5月4日	《当代青年的历史使命》	培养青年成为有理想、有道德、有文化、有纪律、有强健体魄的新一代；这不仅是学校和共青团的责任，而且要靠所有家庭和整个社会的共同努力
1982年12月	《邓小平文选》（第二卷）	进行机构改革和经济体制改革，实现干部队伍的革命化、年轻化、知识化、专业化③
1985年	即席讲话	一定要坚持发展物质文明和精神文明，教育全国人民要坚持"五讲四美三热爱"，做到有理想、有道德、有文化、有纪律
1986年9月	《邓小平文选》（第三卷）	几年前我们就提出干部队伍要"四化"：即革命化、年轻化、知识化、专业化。这些年在这方面做了一些事情，但只是开始④
1992年1月	南方讲话	中国要出问题，还是出在共产党内部。对这个问题要清醒，要注意培养人要按照"革命化、年轻化、知识化、专业化"的标准 选拔德才兼备的人进班子。⑤ 在邓小平看来"四化"标准是一个整体。革命化是前提，在这个前提下，干部队伍年轻化、知识化、专业化。年轻化是中心我们"第一个目标是始终保持党和国家的活力。这里说的活力主要是指领导层干部的年轻化"⑥

江泽民认为，要努力造就有理想、有道德、有文化、有纪律的德育、智育、体育、美育等全面发展的社会主义事业建设者和接班人。江泽民在当时的历史风云变幻的背景下，总揽风云，深刻分析世界经济全球化、政治多极化的发展趋势，准确定位教育发展的主要任

---

① 邓小平：《邓小平文选》（第二卷），人民出版社1994年版，第261页。
② 邓小平：《邓小平文选》（第二卷），人民出版社1994年版，第361页。
③ 邓小平：《邓小平文选》（第二卷），人民出版社1994年版，第3页。
④ 邓小平：《邓小平文选》（第三卷），人民出版社1993年版，第179页
⑤ 邓小平：《邓小平文选》（第三卷），人民出版社1993年版，第380页
⑥ 邓小平：《邓小平文选》（第三卷），人民出版社1993年版，第179页

务、主要目标等核心问题。1993年2月，中央发布了《中国教育改革和发展纲要》①，明确提出"必须把教育摆在优先发展的战略地位，努力提高全民族的思想道德和科学文化水平，这是实现我国现代化的根本大计""建立适应社会主义市场经济体制和政治、科技体制改革需要的教育体制，更好地为社会主义现代化建设服务""培养德智体全面发展的建设者和接班人"，清晰地规划了20世纪90年代至21世纪初的教育改革发展的蓝图，明确了人才培养的目标。进一步将"四有新人"和"德智体美"全面发展结合起来，这是党的教育方针的重要变化，其特征在于同时成为社会主义事业建设者和接班人培养目标，体现了对于人的全面发展的进一步延展。具体如表6-4所示：

表6-4　　　　　　　　江泽民同志关于德育的重要论述

时间	出处	内容
1998年5月	北京大学百年校庆	我们的大学应该成为科教兴国的强大生力军。教育应与经济社会发展紧密结合，为现代化建设提供各类人才支持和知识贡献。并对北大学生和青年提出了"四个统一"，即"学习科学文化与加强思想修养的统一。坚持学习书本知识与投身社会实践的统一。坚持实现自身价值与服务祖国人民的统一。坚持树立远大理想与进行艰苦奋斗的统一"的要求与希望②
1999年6月15日	全国教育工作会议	在全面贯彻党的教育方针的过程中，要坚持"教育为社会主义服务""教育与社会实践相结合"。根本在于提高国民素质，重点在于培训学生的创新精神和实践能力。要努力造就"'有理想、有道德、有文化、有纪律'的德育、智育、体育、美育等全面发展的社会主义事业建设者和接班人"
2001年	清华大学建校90周年大会	希望青年学生成为理想远大、热爱祖国的人，成为追求真理、勇于创新的人，成为德才兼备、全面发展的人，成为视野开阔、胸怀宽广的人，成为知行统一、脚踏实地的人③

---

① 《中国教育改革和发展纲要》，1993年。
② 万玉凤：《中国教育的发展动力——庆祝改革开放40年系列述评·深化改革篇》，http：//www. moe. gov. cn/jyb_ xwfb/moe_ 2082/zl_ 2018n/2018_ zl90/201812/t20181210_ 362815. html，2022年7月18日。
③ 新华网：https：//www. tsinghua. edu. cn/info/2030/78918. htm，2022年7月18日。

胡锦涛指出，德是做人的根本，只有树立崇高理想和远大志向，从小打牢思想道德基础，学习才有动力，前进才有方向，成才才有保障。坚持育人为本、德育为先。党的十六大以来，以胡锦涛同志为主要代表的中国共产党人从全局和战略高度出发，强调坚持育人为本、德育为先，把立德树人作为教育的根本任务。具体如表6-5所示：

表6-5　　　　　　胡锦涛同志关于德育的重要论述

时间	出处	内容
2005年1月17日	全国加强和改进大学生思想政治教育工作会议	办好高校，首先要解决好培养什么人、如何培养人这个根本问题。全国高校都要始终不渝地全面贯彻党的教育方针，坚持学校教育、育人为本，德智体美、德育为先，充分发挥大学生思想政治教育主阵地、主课堂、主渠道的作用，全方位推进大学生思想政治教育，多方面促进大学生全面发展①
2010年7月13日	全国教育工作会议	坚持以人为本、全面实施素质教育是教育改革和发展的战略主题，是贯彻党的教育方针的时代要求，核心是解决好培养什么人、怎样培养人的重大问题，重点是面向全体学生、促进学生全面发展，着力提高学生服务国家服务人民的社会责任感、勇于探索的创新精神、善于解决问题的实践能力。坚持以人为本，在教育工作中的最集中体现就是育人为本、德育为先。并强调："德是做人的根本，只有树立崇高理想和远大志向，从小打牢思想道德基础，学习才有动力，前进才有方向，成才才有保障"②
2011年4月24日	清华大学百年校庆	要坚持把促进学生健康成长作为学校一切工作的出发点和落脚点，全面贯彻党的教育方针，坚持育人为本、德育为先、能力为重、全面发展，着力增强学生服务国家、服务人民的社会责任感、勇于探索的创新精神、善于解决问题的实践能力，努力培养德智体美全面发展的社会主义建设者和接班人。进一步强调了"育人为本、德育为先、能力为重、全面发展"的教育理念，突出强调了社会责任感、创新精神以及实践能力的教育内容，这些重要论断为全面推动教育事业科学发展指明了前进方向，同时为党的十八大对于教育的部署奠定了基础③

① 中国文明网：《胡锦涛在全国加强和改进大学生思想政治教育工作会议上发表讲话（2005年）》，http：//www.wenming.cn/ziliao/zhongyaolunshu/hujintao/201203/t20120312_550903.shtml，2022年7月18日。
② 中华人民共和国中央人民政府网站：《胡锦涛在全国教育工作会议上的讲话（全文）》，http：//www.gov.cn/ldhd/2010-09/08/content_1698579.htm，2022年7月18日。
③ 邵波涛：《［胡锦涛］在庆祝清华建校100周年大会上的讲话——不断提高质量是高等教育的生命线》，http：//edu.cnr.cn/gcsy/201104/t20110425_507928982.html，2022年7月18日。

习近平指出,"才者,德之资也;德者,才之帅也。"习近平同志在《之江新语》一书中指出:"人而无德,行之不远。没有良好的道德品质和思想修养,即使有丰富的知识,高深的学问,也难成大器。"一直以来,习近平总书记围绕青年工作发表的一系列重要论述,立意高远,内涵丰富,思想深刻,阐明了新形势下青年工作的重大理论和实践问题,指明了当代青年的历史使命和成长道路,对于准确把握青年工作的基本要求和重点任务,引导青年树立远大理想,热爱伟大祖国,担当时代责任,勇于砥砺奋斗,练就过硬本领,锤炼品德修为,激励和动员广大青年为实现"两个一百年"奋斗目标,实现中华民族伟大复兴的中国梦而勤奋学习,努力工作,具有十分重要的意义。[1] 具体如表 6-6 所示:

表 6-6　　　　　　　习近平同志关于德育的重要论述

时间	出处	内容
2010 年 1 月	华中科技大学调研	大学生们志存高远、脚踏实地,勤于学习、陶冶情操,在服务人民、服务社会的实践中,砥砺品质、增强本领,努力把自己锻炼成为德智体美劳全面发展的合格人才[2]
2013 年	同各界优秀青年代表座谈时的讲话	理想指引人生方向,信念决定事业成败。没有理想信念,就会导致精神上"缺钙"[3]
2014 年 5 月 4 日	北京大学师生座谈会	有信念、有梦想、有奋斗、有奉献的人生,才是有意义的人生。当代青年建功立业的舞台空前广阔、梦想成真的前景空前光明,希望大家努力在实现中国梦的伟大实践中创造自己的精彩人生[4]

---

[1] 习近平:《让青春在奉献中焕发绚丽光彩——习近平总书记关于青年工作重要论述综述》,《前进》2021 年第 5 期。

[2] 张婧:《总书记关心的武汉大学生们奋发进取,"总书记的话,激励着我们勇攀高峰"》,http://news.cjn.cn/whpd/ttxw_ 19945/202205/t4051849.htm,2022 年 7 月 18 日。

[3] 张铁群:《习近平:在同各界优秀青年代表座谈时的讲话》,http://www.xinhuanet.com/politics/2013-05/04/c_ 115639203.htm,2022 年 7 月 18 日。

[4] 王洋:《习近平在北京大学师生座谈会上的讲话(全文)》,http://www.gov.cn/xinwen/2014-05/05/content_ 2671258.htm,2022 年 7 月 18 日。

续表

时间	出处	内容
2015年 7月24日	致全国青联十二届全委会和全国学联二十六大的贺信中	前进要奋力，干事要努力。当代中国青年要在感悟时代、紧跟时代中珍惜韶华，自觉按照党和人民的要求锤炼自己、提高自己，做到志存高远、德才并重、情理兼修、勇于开拓，在火热的青春中放飞人生梦想，在拼搏的青春中成就事业华章[①]
2016年 4月26日	在知识分子、劳动模范青年代表座谈会上	广大青年要自觉践行社会主义核心价值观，不断养成高尚品格。要以国家富强、人民幸福为己任，胸怀理想、志存高远，投身中国特色社会主义伟大实践，并为之终生奋斗。要加强思想道德修养，自觉弘扬爱国主义、集体主义精神，自觉遵守社会公德、职业道德、家庭美德。要坚持艰苦奋斗，不贪图安逸，不惧怕困难，不怨天尤人，依靠勤劳和汗水开辟人生和事业前程[②]
2016年9月	八一学校	素质教育是教育的核心，教育要注重以人为本、因材施教，注重学用相长、知行合一，着力培养学生的创新精神和实践能力，促进学生德智体美全面发展[③]
2017年 5月3日	中国政法大学考察	青年在成长和奋斗中，会收获成功和喜悦，也会面临困难和压力。要正确对待一时的成败得失，处优而不养尊，受挫而不短志，使顺境逆境都成为人生的财富而不是人生的包袱。广大青年人都是一块玉，要时常用真善美来雕琢自己，不断培养高洁的操行和纯朴的情感，努力使自己成为高尚的人[④]

① 周楠:《习近平致全国青联十二届全委会和全国学联二十六大的贺信》，http://www.gov.cn/xinwen/2015-07/24/content_2902307.htm，2022年7月18日。
② 鲁芳:《在知识分子、劳动模范青年代表座谈会上的讲话》，http://www.scio.gov.cn/31773/31774/31783/Document/1476158/1476158.htm，2022年7月18日。
③ 黄颖:《习近平回母校八一学校看望师生》，https://www.bjnews.com.cn/news/2016/09/10/416469.html，2022年7月18日。
④ 赵瑛:《用一生来践行跟党走的理想追求》，http://news.youth.cn/sz/201805/t20180503_11612196.htm，2022年7月18日。

续表

时间	出处	内容
2018年5月2日	北京大学师生座谈会	"才者,德之资也;德者,才之帅也。"人才培养一定是育人和育才相统一的过程,而育人是本。人无德不立,育人的根本在于立德。这是人才培养的辩证法,并进一步指出:"要把立德树人的成效作为检验学校一切工作的根本标准,真正做到以文化人、以德育人,不断提高学生思想水平、政治觉悟、道德品质、文化素养,做到明大德、守公德、严私德。要把立德树人内化到大学建设和管理各领域、各方面、各环节,做到以树人为核心,以立德为根本"①
2018年9月10日	全国教育大会	在坚定理想信念上下功夫、在厚植爱国主义情怀上下功夫、在加强品德修养上下功夫、在增长知识见识上下功夫、在培养奋斗精神上下功夫、在增强综合素质上下功夫②
2018年12月	中共中央政治局第十次集体学习	要严把德才标准。德才兼备,方堪重任。我们党历来强调德才兼备,并强调以德为先。德包括政治品德、职业道德、社会公德、家庭美德等,干部在这些方面都要过硬,最重要的是政治品德要过得硬③
2020年8月17日	致全国青联十三届全委会和全国学联二十七大的贺信	我国广大青年要坚定理想信念,培育高尚品格,练就过硬本领,勇于创新创造,矢志艰苦奋斗,同亿万人民一道,在矢志奋斗中谱写新时代的青春之歌④

---

① 沈小栋:《习近平:在北京大学师生座谈会上的讲话》,http://shanghai.xinmin.cn/xmsz/2018/05/03/31384048.html,2022年7月18日。

② 申明宽:《习近平在全国教育大会上强调 坚持中国特色社会主义教育发展道路 培养德智体美劳全面发展的社会主义建设者和接班人》,http://news.cnr.cn/native/gd/20180910/t20180910_524356347.shtml,2022年7月18日。

③ 孙丁玲:《习近平在中共中央政治局第十次集体学习时强调 严把标准公正用人 拓宽视野激励干部 造就忠诚干净担当的高素质干部队伍》,http://news.cnr.cn/native/gd/20181126/t20181126_524426888.shtml,2022年7月18日。

④ 共产党员网:《习近平致全国青联十三届全委会和全国学联二十七大的贺信》,https://www.12371.cn/2020/08/17/ARTI1597653229721354.shtml,2022年7月18日。

续表

时间	出处	内容
2021年3月25日	闽江学院	希望同学们树立远大理想、热爱伟大祖国、担当时代责任、勇于砥砺奋斗、练就过硬本领、锤炼品德修为，努力成为对社会有用的人、道德高尚的人，积极投身全面建设社会主义现代化国家的伟大事业①
2021年4月19日	清华大学	当代中国青年是与新时代同向同行、共同前进的一代，生逢盛世，肩负重任；广大青年要肩负历史使命，坚定前进信心，立大志、明大德、成大才、担大任，努力成为堪当民族复兴重任的时代新人，让青春在为祖国、为民族、为人民、为人类的不懈奋斗中绽放绚丽之花②

（二）德育、智育内涵不断明确

总体来看，党的十一届三中全会后，"学校教育，育人为本；德智体美，德育为先"的育人目标逐步明确，"德"之地位不断凸显，意蕴不断深化。伴随国家与社会的不断发展，党和国家明确指出，高校人才培养的目标是为建设中国特色社会主义事业培养合格的建设者和可靠接班人。围绕着这一根本目的，党和国家不断调整人才培养的方略，在其价值指向上愈加明确。进入新时代，习近平指出，要培养德、智、体、美、劳全面发展的社会主义建设者和接班人，并明确指出："培养什么人，是教育的首要问题。"习近平的重要论述使立德树人地位和内涵得以不断明确，并为高校落实立德树人根本任务提供了一种方法论指导。

随着社会经济的发展，高校德育目标和德育教育的对象也在发生变化，这就需要不断调整充实。目前德育工作是高校教育的重要组成部分，针对大学生学习和生活特点，发展延伸了中小学德育的

---

① 廖文焱：《当年的蓝图成现实，我们圆梦了》，https：//news.xmnn.cn/xmnn/2021/03/26/100868283.shtml，2022年7月18日。

② 张建伟：《习近平在清华大学考察时强调 坚持中国特色世界一流大学建设目标方向 为服务国家富强民族复兴人民幸福贡献力量》，https：//qnzz.youth.cn/zhuanti/shzyll/fzyjs/202104/t20210426_12893208.htm，2022年7月18日。

内容，逐步形成了以爱国主义、集体主义、社会主义教育为核心的德育教学体系。包括：第一，马克思列宁主义、毛泽东思想和邓小平建设有中国特色社会主义理论教育。第二，爱国主义教育。第三，党的路线方针政策和形势教育。第四，民主、法制教育。第五，道德品质教育。第六，学风教育。第七，劳动教育。包括劳动观念教育、劳动态度教育、热爱劳动人民教育。第八，审美教育。第九，心理健康教育。

高等学校德育的具体目标是：学生要热爱祖国，拥护中国共产党的领导和基本路线，勇于为中国特色社会主义事业献身；努力学习马克思列宁主义，逐步树立科学的世界观和方法论，走理论与实践相结合的正确道路；努力为人民服务，具有艰苦奋斗的精神和强烈的使命感、责任感；自觉遵纪守法，具有良好的道德品质和健康的心理素质；勤奋学习，勇于探索，努力掌握现代科学文化知识，并从中培养一批具有共产主义觉悟的先进分子。

（三）完善的德育、智育政策体系

1995年，我国颁布了《中国普通高等学校德育大纲（试行）》（以下简称《大纲》），指出高等学校的根本任务是培养德智体等方面全面发展的社会主义事业的建设者和接班人。高等学校德育的任务，是用马克思列宁主义、毛泽东思想和邓小平建设有中国特色社会主义理论教育学生坚持社会主义方向，树立科学的世界观和正确的人生观，形成良好的道德品质，把学生培养成有理想、有道德、有文化、有纪律的一代新人。

近年来，我国出台了各项条例、方案来保障高校德育智育的顺利开展。详细如表6-7所示：

表6-7　　　　　　　　我国关于德育的重要文件

时间	文件	内容
2012年	《全国大学生思想政治教育工作测评体系（试行）》	育人为本，德育为先在学校人才培养方案中有具体体现

续表

时间	文件	内容
2016年	《关于加强和改进新形势下高校思想政治工作的意见》	高校要把立德树人作为根本任务，融入思想道德教育、文化知识教育、社会实践教育各环节，把思想政治工作贯穿教育教学全过程，把思想价值引领贯穿教育教学全过程和各环节，形成教书育人、科研育人、实践育人、管理育人、服务育人、文化育人、组织育人长效机制
2017年	《关于深化教育体制机制改革的意见》	全面深化教育综合改革，全面实施素质教育，全面落实立德树人根本任务，系统推进育人方式、办学模式、管理体制、保障机制改革，使各级各类教育更加符合教育规律、更加符合人才成长规律、更能促进人的全面发展，着力培养德智体美全面发展的社会主义建设者和接班人
2019年	《关于深化新时代学校思想政治理论课改革创新的若干意见》	办好人民满意的教育，努力培养担当民族复兴大任的时代新人，培养德智体美劳全面发展的社会主义建设者和接班人
2020年	《深化新时代教育评价改革总体方案》	坚持把立德树人成效作为根本标准，坚决克服重智育轻德育、重分数轻素质等片面办学行为，促进学生身心健康、全面发展
2021年	《中国共产党普通高等学校基层组织工作条例》	宣传和执行党的路线方针政策，宣传和执行党中央以及上级党组织和本组织的决议，坚持社会主义办学方向，依法治校，依靠全校师生员工推动学校科学发展，培养德智体美劳全面发展的社会主义建设者和接班人
2021年	《国家义务教育质量监测方案》	坚持立德树人，落实立德树人根本任务，突出"五育并举"
2021年	《中共教育部党组关于加强新时代全国教育系统关心下一代工作委员会工作的意见》	聚焦铸魂育人，加强青少年思想政治教育。把学习贯彻习近平新时代中国特色社会主义思想作为首要政治任务，引导青少年增强"四个意识"，坚定"四个自信"，做到"两个维护"。加强理想信念教育和革命传统教育，推动红色基因渗进血液、浸入心扉，教育青少年听党话、跟党走

《大纲》颁布以后，各省、自治区、直辖市教育主管部门根据《中共中央关于加强和改进学校德育工作的实施意见》和《中国普通高校德育大纲》，结合各地的实际情况，进行调研并出台高校德

育工作评估方案,如北京市、上海市、浙江省、河南省等。各个高校也相应颁发了《院系德育工作评估方案》《大学生德育考评实施意见》等文件以保证德育教育工作落到实处。

二 高校层面

(一) 多元的德育智育协同作用模式

学科是现代人才培养、学术研究的基本单元。大学学科中的文化特性、理论特性、实践特性与协作特性可以和爱国主义教育、思想政治学习、社会实践活动及个体的品德成长很好地结合在一起,从而使德育和智育相融合。大学学科在学科文化主体与学科知识体系、价值体系等核心要素的共同作用下,在大学生素质的养成过程中发挥着重要的教育功能,可以通过学科知识体系、学科文化主体、学科价值体系等达到德育的目的。专业的学习历来被大学生视为是上大学的主要目的,是获得专业技能的唯一方式,因此,在专业学习中渗透德育,会大大提高德育的实效性。主要有现场教学与思想感悟结合模式、先例教学与榜样引领结合模式、课程教学与创新实践结合模式、专业应用与志愿服务结合模式以及家校共育。[①]

1. 典型模型介绍

一是现场教学与思想感悟结合模式,主要表现为体验式教学。体验式教学是指根据学生的认知特点和规律,借助创造实际的或多次重复经历的特定情境和机会,呈现或再现、还原课堂教学内容,使学生在亲历的过程中充分理解并建构相关的知识、发展能力、产生情感体验的教学观念和教学形式。体验式课程教学以人的生命发展为归宿点,尊重珍贵的生命、关怀我们的生命,拓展生命的价值、提升生命的价值,蕴含着高度的生命价值与意义。它的意义不仅仅是人能够经由教学而得到多少科学知识、认识多少周围世界,还在于人的生命价值和意义能够经过教学而得到凸显和扩

---

① 周明阳、李向锋:《基于学科背景的大学生德育、智育融合路径及实践模式研究》,《江苏高教》2016年第6期。

展。所以，在高校德育活动形式的设置上，举办一些和课程紧密相关的实践活动，能引导学生积极主动体验感受和感悟，达到德育的目的。

二是先例教学与榜样引领结合的教育模式。"榜样的力量是无穷的"，好的学习榜样是大学生思想品德的具体体现，生动、鲜明的形象能够让学生对道德行为规范产生直接深刻的理解，更容易受到熏陶和激励。榜样的教育引导在高校德育工作中起着至关重要的作用，高校鼓励并激发广大学生向身边的优秀榜样学习，能够促进良好校风—班风—学风的形成，大学生的精神面貌得以充分展现，能够在校园中营造向优秀典型学习的氛围，发挥榜样的模范带头作用。高校德育过程中应充分重视挖掘身边的教育典型，用典型人物的先进思想和行为来教育引导学生，通过榜样示范，把抽象的说教转变成生动形象的教育，具有积极的激励作用。

三是课程教学与创新实践结合的新型模式。习近平总书记在全国教育大会上强调，要进一步提升教育服务经济社会的能力，调整优化高校区域整体布局、学科结构、相关专业设置，建立健全学科专业动态调整机制，加快一流高校和一流学科建设，推进产学研协同创新，积极投身实行创新驱动发展战略规划，重点强调培养科技创新型、复合型、应用型人才。这样才能够形成评价机制、合作机制、联动机制与动态调整机制的多维聚合，不断扩大集聚效应和放大效应，着力提升服务区域经济社会发展能力。教育工作者也可按照学科专业的不同，采取不同的教学方法教授不同的教学内容。不仅仅是教授具体思路和方法，更应该结合专业特色风格，突出人才培养特色，德育具体形式更加充分依托专业特性，不断创新，既可以调动学生学习专业课的积极性，又在无形中达到德育的目的。

四是专业应用与志愿服务结合的教学模式。大学生参与志愿活动是参加社会活动的一种重要表现形式，其突出特点是学生不是被动参加而是根据自己的意愿主动参加，高校大学生参与活动的自主性得以发挥，高校德育工作理论和实践教学能够很好的结合。《教育部关于深入推进学生志愿服务活动的意见》中就指出了各个高校应该结合实际，根据高校学生的不同特点，组织大学生积极主动报名参加各类志愿服务活动，并且利用法定节假日，尤其是寒假和暑假，开展社会实践等各类志愿活动，探索形成具有学生显著特点的志愿服务品牌相关项目，建设各高校学生志愿服务实施基地。对于高校毕业生，也可以参加"支农、支教、支医、扶贫"计划和大学生志愿西部服务计划等志愿服务等项目，鼓励和引导毕业生志愿者到西部、到基层、到祖国最需要的地方去，转变就业创业观念，提升就业创业能力，传播志愿服务理念，大力弘扬志愿精神。

2. 典型案例介绍

一是现场教学与思想感悟结合模式——浙江大学马克思主义学院"红船"现场讲学。红船劈波形，精神聚人心[1]。2019年，有25年思想课教龄的浙江大学马克思主义学院的傅夏仙老师，将《毛泽东思想和中国特色社会主义理论体系概论》的教学地点选择在与课程的内容体系紧密相关的南湖边和南湖革命纪念馆，让大学生现场感悟"红船精神"。傅老师说："南湖是中国共产党的诞生地，学生们应该了解、学习'红船精神'，进而了解我们的党，体验家国情怀，树立正确的理想信念。"把课堂搬到农家、文化大礼堂、美丽乡村等室外场所，让抽象的理论变成看得见、摸得着的场景，使原本抽象的理论"活"起来，变得美丽可爱起来。

二是先例教学与榜样引领结合模式——河南师范大学青春寻访身边榜样。河南师范大学[2]为献礼建党百年组织开展了以"青春寻访行动：我身边的大学生榜样"为主题的寻找大学生榜样活动，在身边充分挖掘富有时代特色的先进典型，以彰显当代大学生的精神

---

[1] 李文霞：《追寻西迁足迹　发扬红船精神——马克思主义学院赴嘉兴南湖革命纪念馆暑假社会实践活动正式启动》，http://marx.zju.edu.cn/2019/0701/c23493a1283737/page.htm，2022年7月18日。

[2] 荆恒磊：《关于开展"青春寻访行动·我身边的大学生榜样"活动的通知》，https://www.htu.edu.cn/xtw/_t297/2021/0315/c835a190064/page.html，2022年7月18日。

风貌，发挥优秀青年楷模的榜样作用。这次寻访对象包含了十类青年榜样。第一类是战"疫"冲锋好青年。主要是寻访在抗击新冠疫情期间，积极参加疫情防控各项工作表现优异的青年大学生，比如疫情防控社区志愿者、尽己所能捐献抗疫物资、利用专业优势进行线上辅导等。第二类是崇德守信好青年。主要寻访具有高尚的道德情怀，能够积极传承文明家庭风尚，弘扬家庭美德，孝敬父母，尊敬长辈，关爱亲人；能够遵守社会公德，诚实守信并赢得学校或社会良好口碑的大学生。第三类是勤学上进好青年。主要是寻访在学习上表现突出，掌握前沿理论和科技知识，在专业创新和学术研究领域取得成绩的青年大学生。第四类是创新创业好青年。主要是寻访具有创新意识、创业精神，敢于追求卓越，尤其是在大学生创新创业比赛，如"创青春""挑战杯"等创新创业竞赛中获得成绩的青年大学生。第五类是志愿服务好青年。主要寻访具有志愿服务意识，为志愿服务工作做出贡献，获得志愿服务相关奖项的青年大学生。第六类是见义勇为好青年。主要寻访有担当精神、强烈的社会责任感，有见义勇为先进事迹的青年大学生。第七类是孝老爱亲好青年。主要寻访尊老爱老，积极参加敬老爱老活动的青年大学生。第八类是才艺并进好青年。主要寻访有较高的文艺素养，积极投身文化传播，传递社会正能量并获得良好反响的青年大学生。第九类是强身健体好青年。主要寻访身体素质好，坚持体育锻炼，在各项体育赛事中取得成果的青年大学生。第十类是精工巧匠好青年。主要寻访专业技术能力强，能够传承工匠精神，具备了专业的技能和技艺，对所学专业能够经济求精的青年大学生。

三是课程教学与创新实践结合模式——上海交通大学"ITP"创新性实验计划。为调动高校大学生的创新积极性，上海交通大学拓展了本科生研究计划和课外科技活动，实施了以本科生为主体的创新性实验改革——"国家大学生创新性实验计划"（National Undergraduate Innovative Test Program，ITP）。① 作为上海交通大学的一项教育教学改革措施，本项目旨在加强人才培养体系的创新型建设，改革教学模式为以问题和课题为核心，培养青年大学生的创新创业能力，并做了详细的项目实施要求。第一，本次项目的实施主体必须为学生，导师负责指导，发挥辅助作用。作为学生，应自主地学习、设计实验方案，组织设备及所需材料，组织实验，分析实验数据并形成文字总结报告。目的就是让同学们在实验项目实施过程中锻炼创新思维和获得创新实践机会。作为老师，主要是为同学们营造教学融合的学术氛围，与学生保持联系。第二，学校提供创新平台，比如对执行项目的大学生免费开放上海市重点实验室、国家工程研究中心、国家重点实验室以及部门重点实验室等各类实验室，并对使用者提供相应指导。第三，学校制订了柔性化的培养方案，配备指导教师和院系 ITP 工作组，参加项目的大学生可参照培养方案向指导老师及院系工作组进行选课、考试、学分和成果的认定。第四，参与该项目的大学生将参加学校组织的学术交流活动，参加各类学术会议。让同学们在创新性研究方面进行经验交流、成果展示和资源共享。第五，对于参加该项目的指导教师，学校也将定期组织项目交流。

四是专业应用与志愿服务结合模式——贵州大学"博士村长"助力乡村振兴。2017 年，为助力向乡村振兴，贵州大学启动了"博士村长"计划。先后组织 300 余支博士队伍，10000 多名队员（队伍组成为 1 个博士研究生+10 个硕士研究生+100 个本科生）到贵州省内 40 多个县开展脱贫攻坚工作，包括教育、科技、文化和产业方面的帮扶，建立起"产业+专家+基地+博士村长"的创新模式，用自己的所学知识为贵州的乡村振兴事业贡献自己的力量，真正做到了用脚步丈量土地，将祖国大地作为科研平台，将论文写在了贵州的大地上。例如，植物保护专业农业昆虫防治方向的博士研究生田

---

① 《上海交通大学"国家大学生创新性实验计划"项目管理办法（暂行）》，2018 年。

太安同学，在导师杨茂发教授的指导下，以贵州大学和地方烟草共建的天地繁育中心为平台，在凤冈县高坝村两位村民家进行实地果树、花椒和烤烟技术指导，带动两户农户脱贫。田太安同学也因此发表了论文，申请到了专利，带动了凤冈县烤烟种植质量的提升。[①]

（二）成熟的三全育人和五育并举工作理念

从实践来看，高等学校的立德树人工作属于社会系统工程性质。家庭、学校、政府、社会都以不同的角色与形式参与其中。1978年，高校确立了党委领导下的校长负责制。中国共产党和国家不断加强高校思想政治工作，颁布了一系列重要文件，如《中共中央关于进一步加强和改进学校德育工作的若干意见（1994年）》《关于进一步加强和改进大学生思想政治教育的意见（2004年）》《关于加强和改进新形势下高校思想政治工作的意见》等，这些文件在不同的历史时期，从根本上对高校开展思想政治工作，落实立德树人根本任务做出了系统、全面部署，高校思想政治工作的体制为之一新，"大思政"的理念与实践得到落实。从载体来看，第一，课程、科研、实践、文化、网络、心理、管理、服务、资助、组织方面工作的育人功能得以进一步强化，全员全过程全方位育人总体格局逐步形成。第二，网上网下、校内校外、学校、家庭、社会多方面协同立德树人的平台载体与现实方法途径实现了有机结合。第三，从教育者来看，高校思想政治团队人员结构合理，有马克思主义学院教师、哲学社会科学类教师、辅导员、班主任、心理健康教师、各高校党政干部规模较大，结构合理，各高校还实行了思想政治教育进课堂，开始发挥协同作用，与专业课教师、行政管理服务人员的互动机制逐步建立。从制度体系来看，高校思想政治工作体系与现代大学制度相互衔接、相互契合的程度越来越高，能够满足大学生成长发展的需求，这种多元参与、多面展开、多方评价的高校思想

---

① 景应忠：《"博士村长"驻村记》，http://paper.jyb.cn/zgjyb/html/2021-05/24/content_594977.htm?div=-1，2022年7月18日。

政治教育评价与保障机制在未来会更加健全。我国已经形成了"三全育人"的格局和"五育并举"的人才培养理念，更加注重德育、智育、美育等各方面的协同作用和协同效果。

"三全育人"是指全员、全过程、全方位育人。《关于加强和改进新形势下高校思想政治工作的意见》指出，要坚持全员全过程全方位育人。各个高校要落实"立德树人"的根本任务，将思政教育、专业知识教育以及社会实践各个环节紧密连接起来，将思政工作贯穿于教育教学的全过程和各个阶段。提高政治站位，以知促行，强化担当，以行践知。根据《教育部办公厅关于开展"三全育人"综合改革试点工作的通知》要求，设立北京市等5个省（区、市）、清华大学等10个高校、北京师范大学教育学部等50个二级院（系）开展第一批"三全育人"综合改革试点。

例如，为强化思想引航，中国人民大学打造"三全育人"的新路径。从思想、课程、实践以及评价机制上进行创新，实现全员、全过程、全方位育人。一是引导高校大学生扣好"人生第一粒扣子"，抛开过去师讲生听的模式，开创"研讨式"专业学习、思想政治教育等主体教育，现场生动活泼，能最大限度地引导大学生积极思考，融入课堂。二是深化课程改革，建成"一体两翼"的思想政治教育模式。"一体"指的是系统讲授、专题教学和实践教学三位一体；两翼指的是研究型教学和互动性教学。三是通过第二课堂重视实践育人，组建博士生服务团和研究生支教团，在革命老区和中西部地区开展扶贫、调研等工作。四是完善学生成长评价制度，创建"学务中心"网络平台实施大学生课外活动的评价系统；为本科生编制人才培养地图，拓展研究性学习制度体系。[1]

又如，贵州大学数学与统计学院院长王锦荣[2]从党建角度提出

---

[1] 岱宗：《中国人民大学打造"三全育人"新模式》，http://www.moe.gov.cn/jyb_xwfb/s6192/s133/s135/201803/t20180305_328767.html，2022年7月18日。

[2] 王锦荣：《精心打造高校"党建+"育人新模式》，https://www.sohu.com/a/430505759_243614，2022年7月18日。

"党建+"模式创新"三全育人"模式。一是"党建+引领"。发挥教师党员和学生党员模范带头作用。依托党员示范实验室平台,本科生导师作为补充力量,结合相关理论和专业知识,借助中共党史的学习引导学生成长成才。二是"党建+课程"。将思想政治教育工作贯穿专业教学中,教师以课堂教学为载体,弘扬中国科学成果对世界的贡献,激发学生学习热情,促进教学效果提升。三是"党建+创新"。以学科竞赛为抓手,培养"有创新思维能力"的人才,围绕"创青春""互联网+""挑战杯"等竞赛,坚持问题导向,培养学生创新精神,着力提高学生解决实际问题能力。四是"党建+实践"。坚持党建指导实践,通过党建和实践增强学生的家国情怀、社会责任和担当精神,培养劳动精神、强化劳动意识和习惯、养成创造的愿望,不断提高创新能力和实践能力。

五育并举:德、智、体、美、劳全面发展。习近平在全国教育大会上强调,培养德智体美劳全面发展的社会主义建设者和接班人。德智体美劳,每一个方面都有其自身的特点和教育中的功能作用。好的教育,不仅仅有分数和升学率,更要有完整的灵魂和坚定的价值追求;不仅关注知识和技能的厚度,更关注体质意志品质和涵养的高度。

"立什么德、如何立德,树什么人、为谁树人"是办好中国特色社会主义大学的首要问题。高校要坚持立德树人根本任务,充分发掘并把握德育、智育、体育、美育、劳育之间的规律性联系,以德立人、以智慧人、以体健人、以美化人、以劳塑人,着力构建高质量的人才培养体系,努力追求"五育"协同效应的最大化,培养全面发展的优秀人才。

例如,鲁东大学[①]以习近平新时代中国特色社会主义思想为指导,全面贯彻党的教育方针,坚持社会主义办学方向,落实立德树

---

① 山东省教育厅网站:《鲁东大学"五育并举"持续推进人才培养工作再上新台阶》,http://edu.shandong.gov.cn/art/2021/4/16/art_ 11972_ 10288165.html,2022年7月18日。

人根本任务，以提高人才培养质量为核心，扎实推进教育教学改革，坚持"五育并举"，把德育、智育、体育、美育和劳动教育相融合，将思想政治工作贯穿教育教学全过程，打造具有鲁大特色的一流教育教学和一流人才培养体系，持续推进人才培养工作迈上新台阶。一是重新构建由公共基础课程、专业拓展课程、学科基础课程、专业课程、实践教育课程组成的课程体系，把公共基础课程"亮"起来，打造思想政治"金课"，开足开好体育、艺术、人文素养课程，突出学生"德、体、美"方面素养。二是推进以课程建设为基础的教学信息化建设，改革教学方法与手段，提高课堂教学效果。三是创新创业教育与专业教育相融合，将创新创业教育融入人才培养全过程，构建有机统一贯穿始终的创新创业教育体系，建立创新创业学分积累与转换制度，把第二课堂创新创业教育实践活动整合纳入人才培养体系，实现两大课堂互动互融。

（三）丰富的德育、智育实现形式

改革开放40多年来，在党和国家的领导下，高校紧密地围绕如何立德树人这一根本任务，开展了一系列卓有成效的探索，逐步形成了体系化、科学化、规范化、标准化的建设格局。尤其是"进入新时代以来，高校思想政治教育的管理更加侧重于规范的机制、坚定的政治方向和科学的质量保障，其内涵是追求更高质量的高等教育，培养符合时代需要的一流人才"。从实践的总体效果来看，基于把握人才能力培养这个核心点，高校将以学生健康成长为中心，秉持"围绕学生、关照学生、服务学生"的新型理念，在满足学生对成长发展的期望之上，立足于帮助学生解决实际问题，将深入细致的思想政治工作与之结合起来，以期实现因势利导，最终达到润物无声的效果。在体制机制上，高校紧紧围绕立德树人的根本使命，结合自身实际与发展特色，构建起"大思政格局"，高校党政主要负责同志为在校生讲授思政课等一系列重要举措得以落实，完善体制机制建设，指引思想政治理论课建设的方向，确保党的教育方针全面贯彻落实。

在教学改革上，高校以提高思想政治理论课的实效性为目标，展开了前瞻性、高质量、能操作的特色探索，并形成了诸多经验，"学科思政""课程思政"与"思政课程"同向同行、协同发力，思想政治理论课教学与新媒体新技术高度融合，大规模在线开放课程（MOOC）等一系列创新性探索层出不穷，收获大学生好评。在思政工作创新方面，高校主阵地一系列教育工作的开展、党团组织先锋模范作用的发挥等，进一步引领和凝聚了大学生坚定理想、历练本领的思想共识，并且使大学生在各类社会实践活动中加深对高校落实立德树人根本任务的认同。

从实地调研来看，教师能够通过典故或者名言警句、学生的实际问题、自身遇到的实际问题以及教材实际出发进行课堂教学。调查得出，90.83%的教师认为应该将自己的科研成果引入课堂教学；99.17%的教师引入丰富的案例教学；95.83%的教师对知识进行了衍生，78.26%的教师认为衍生知识能够启发学生的思考能力；92.5%的教师认为应该将交叉学科的知识和方法引入本学科的课堂教学；74.17%的教师向学生推荐了专业名著；70%的教师向学生推荐本专业的顶级期刊；100%的教师希望学生参加实践基地（企业、政府部门等组织）的社会实践活动。

（四）不断完善的教学体系

随着社会主义市场经济的不断发展，社会对于大学生的实践能力提出了更好的要求，为此我国鼓励高校进行教学体系改革，而教学体系改革的重点则在于实践方面，旨在通过实践探索活动，积累实践经验，提升创新精神与实践能力。目前我国高校实践教学主要集中在课程实践教学、专业实践教学两个方面。

课程实践教学涵盖了实验教学、课堂问题辩论、专项课题探究以及实践调研体验等方面。第一，实践教学，专业教师和高校大学生以专业实验室为主要平台，按照实验教学大纲的指导进行实验设计和实验操作。第二，课堂问题辩论，这种模式主要依靠教师课堂启发，抛出问题，引起学术型、科研型争辩，实行问题导向式教学，开发学生对学术科研的质疑能力，提升发现问题、解决问题的意识和能力。第三，专项课题探究。这种模式在于，教师布置课后研究方向，学生通过对相关主题的问题进行文献查找、文献梳理以及实验验证，自主完成专项课题的思考、探索和研究。四是实践调研体验。针对课堂上出现的重点、难点问题，亲自前往实践教学基地或者调研地，进行实践操作或者问卷调查、访谈等面对面形式增进对知识的理解。

专业实践教学主要包括专业认知实习、专业实践实习以及社会实践。专业认知实习主要安排在大一和大二，专业实习教师带领大学生前往校外合作的实习基地或者企业进行观察学习，对专业实践有初步的了解。专业实践实习指的是在大学后期直接到相关岗位进行工作实践，更深入全面地了解实际工作情况，锻炼人际交往和协调组织能力，锻炼大学生处理现实问题的能力。三是社会实践，即校外实践。例如参与社区工作、社会工作体验与社会问题调查。深入了解社会中存在的问题与现实诉求，增强社会责任感。

三 学生层面

德育智育纳入测评体系，大学生行为得到规范。德育和智育是大学生综合素质测评的重要组成部分，是大学生申请学位的必要条件。大学生综合素质测评起源于"素质教育"理念，20世纪80—90年代，国家逐步提出和实施素质教育，经过发展和实践，逐步明确为培养德智体美劳全面发展人才的教育理念。大学生综合素质测评就是以素质教育为出发点，通过设置一定的评价指标体系，按照定性与定量相结合的方式建立评价模型得出测评结果，综合评价大学生在校表现的过程，通常被简称为"综合测评""综合评价"或"综合考评"。综合测评的评价指标一般分为两级，其中，一级指标划定指标性质，如"德育素质""智育素质""社会活动""心理素质"等。二级指标在一级指标的基础上进一步细分，通常包括校园活动、科创竞赛、学生组织表现等。两级指标基本涵盖大学生日常在校学习生活，因此综合测评能够比较全面地反映学生在校表现情况。

如《清华大学学位授予工作实施细则》[①]中要求经德育考核，首先就是拥护中国共产党的领导，拥护社会主义制度，遵守宪法和法律，遵守学术规范，具备严谨的科学态度和求实的科学作风。

以贵州大学为例，大学生综合素质测评[②]中包含了德育测评（25%）和智育测评（50%）两个内容（共5个内容），共占比75%。其中德育测评主要考核学生的思想政治、道德修养和学习态度等方面表现，由德育实践分、品德表现分、奖励分和扣分组成。

德育实践：满分30分。每参加一次思想政治、道德修养方面的教育实践活动加5分。

品德表现：满分50分，包括六个小项，各项评分由班主任（辅导员）任组长组成评审小组，按规定进行评定：政治思想（30分）：拥护中国共产党的领导，热爱社会主义祖国；努力学习马克思列宁主义、毛泽东思想、邓小平理论、"三个代表"重要思想、科学发展观，深入学习习近平新时代中国特色社会主义思想；牢固树立"四个意识"，坚定"四个自信"，坚决做到"两个维护"；树立共产主义远大理想和中国特色社会主义共同理想，具有团结友爱、勤劳勇敢、自强不息的精神，无违反《普通高等学校学生管理规定》及《贵州大学学生管理规定》的加20分。积极参加思想政治教育主题班会、团组织生活，每参加1次加1分，最多加10分；诚信原则（3分）：诚实做人，诚信处事，考试过程中无违纪违规行为，无不良诚信行为；学习态度（5分）：立志成才，热爱学习，勤奋学习，正确处理学习与工作、生活等方面的关系。具有良好的学习习惯，积极参加学校"博学计划"和"纯风行动"等学风建设活动。按要求完成作业，认真上好各类课程，积极参加课外学术科技活动，不断提高学习成绩；纪律作风（5分）：分为纪律分和考勤分

---

① 《清华大学学位授予工作实施细则（2019）》。
② 《贵州大学学生综合素质测评方案（2021）》。

两个内容；纪律分（2分）：自觉遵守国家法律法规和校规校纪，认真学习法律知识和《贵州大学学生手册》，严格遵守课堂纪律和考试纪律者获得1分；遵守宿舍管理规定、图书馆规定、食堂管理规定和校园管理规定，无打架、赌博、偷盗、考试作弊等违纪行为，生活作风良好，严于律己的获得1分；有违反上述内容者不得分；考勤分（3分）：无迟到旷课现象的获得3分，有迟到现象无旷课现象者最多2分，有少数旷课现象者最多1分，旷课现象较严重者不得分；集体观念（5分）：关心集体，以集体、全局利益为重，积极参加班会、团支部会等集体活动，积极为集体争取荣誉。乐于助人，公道正派，不搞小团体。每年至少参加2次集体活动的，可获得基本分1分，参加多次的，可获得最多5分；文明礼貌（2分）：尊敬师长，尊重值班执勤人员、食堂工作人员、校园管理人员。讲究社会公德，遵守公共秩序，养成文明礼貌、勤俭节约的良好行为习惯。为人诚恳，不说假话、脏话，保持良好大学生形象。

德育奖励分（20分）：分为荣誉分、社会工作分和突出事例分三小项。荣誉分（10分）：（1）凡表现突出，在本年度内获得国家级、省级、校级、院级荣誉称号及表彰的分别加5分、4分、3分、2分。受校、院通报表扬者分别加2分、1分。获多项荣誉的按最高项加分，不累加。（2）凡本年度评为国家级、省级、校级、院级先进集体的主要负责人分别加5分、4分、3分、2分，主要骨干加4分、3分、2分、1分，其余成员可加3分、2分、1分、0.5分。（3）参加军训且合格者一次性加1分，优秀个人加2分；报名应征入伍的加1分，上站体检的加2分。以上同项内容不得累加，各项总分最高分不超过10分。

社会工作分（5分）：（1）主要学生干部（班长、团支书、学院党支部书记或副书记、校院团委及团总支书记或副书记、校院学生会正副主席）加最高职务分5分。校院团委学生会、学生勤工助学中心各部（组）正副负责人、校艺术团等校职能部门直管正式学生社团负责人、基层学生党组织委员加最高4分，上述组织、其他学生社团、班委中其他学生干部和宿舍层长、寝室长加3分。上述学生干部社会工作分须经有关部门考核合格后方能加分,兼任数项工作的计其中两项主要职务的加分。(2)本学年没有担任学生干部,但各方面表现较好,且为校、院、班级集体工作做出较大贡献,对学校工作提出重大改进意见被采纳者或有相关证明可酌情加1分至2分。以上各项总分最高分不超过5分。

突出事例加分(5分):(1)有见义勇为、抢险救灾、拾金不昧、抢救伤残等突出事例者,可酌情加1分至4分。(2)捐献造血干细胞加1分;成功匹配并捐献的加5分。(3)无偿献血的加1分。以上各项均由班主任(辅导员)及有关部门核准后方可加分,各项总分最高分不超过5分。

德育表现扣分:凡受学院通报批评者一次扣2分,受学校通报批评者一次扣4分。凡受行政、治安处罚或以下处分者,扣分为:警告扣5分、严重警告扣10分、记过扣15分,受行政、治安处罚或留校(党、团)察看扣20分。不遵守学校规定,私自在外租房或住宿者,或在寝室留宿他人的扣10分。无故不参加班、团、院、学校组织的活动的,每次扣1分,造成一定影响的每次扣3分至5分。因同一事由(件)被扣分者,以最高项记,不同事由(件)造成扣分的要累加。

智育测评主要考核学生的学业情况,由学分加权平均成绩、奖励分和扣分组成。

学分加权平均成绩计算公式:学分加权平均成绩=$\Sigma(A\times a)/\Sigma a$。其中,$A$为学年计划内修读所有课程成绩,$a$为课程学分,$\Sigma$表示求和。选(辅)修课不计入此项成绩,重修和补考的课程均按60分计算。

智育奖励分(10分):(1)参加国际、国家、省(市)、校、院单科业务竞赛、科技成果展获奖者按表6-8标准加分。(2)在校级以上学术刊物(会议)发表论文(必须是第一作者),按校、省(市)、全国、国际分别加3分、5分、8分、10分;发表在正规报刊上的非学术性文章可参照加分，最高不超过3分。（3）积极参与科技、文化等活动，成绩突出者可加2分至4分。（4）积极参加与专业相关的科技推广帮扶等活动，取得实际效益的可加2分至8分。（5）积极参加SRT、大学生创新性实验等科技、科研活动，主持并完成者加最高分5分，参与者按排序加4分、3分、2分、1分。以上各项均应有正式证明及有关部门核准方可加分，总分最多10分。

表6-8　　　　　　　　智育奖励加分标准

奖类	一等奖	二等奖	三等奖	鼓励奖
国家（际）级（分）	10	8	6	5
省（市）级以上（分）	6	5	4	3
校级（分）	5	4	3	2
院级（分）	4	3	2	1

学业表现扣分：（1）考试违纪作弊者，除在德育测评中扣分外，另在本项评价扣10分；（2）违反课堂纪律（如迟到、早退、旷课、影响教学等）的酌情扣1分至5分。

第七章 智育德育视角下高校人才培养存在的问题及对策建议

第一节 智育中存在的问题

党的十九大报告指出，青年兴则国家兴，青年强则国家强。青年一代有理想、有本领、有担当，国家就有前途，民族就有希望。中国梦是历史的、现实的，也是未来的；是我们这一代的，更是青年一代的。中华民族伟大复兴的中国梦终将在一代代青年的接力奋斗中变为现实。当前，高校的日常培育教育中，硬件设施得到极大的改善，教学管理体系也得到不断完善，对学生及老师的出勤率、教授上课比例、上级领导听课检查、学术论文抽检等管理指标体系不断构建完善，但硬件设施和管理体系的改善对提高学生智育质量，实现高质量教学的目标还有差距，当前还存在什么样的问题阻碍高质量教育目标的实现是我们要探讨的问题。从教师、学生、高校三个方面结合资料整理、访谈了解和问卷数据来深入分析在智育方面的问题。

一 教师维度

（一）课堂吸引力不足

当前大学教育的课堂上依旧存在照本宣科和照PPT读内容的教学方式，从表面来看，教师似乎在努力地教学，学生也在老实地听课，但实际上这种呆板的教学模式不能真正吸引和引导学习，对学生来说是单调和乏味的。对于一些学习意愿较为强烈的学生来说，也许还能坚持在课堂上学到一些知识，但对于一些缺乏专注力和学习意愿的同学来说，一堂课下来收获无几，只是互相浪费时间。

根据贵州大学"以知塑型、以德铸魂"调研团队对高校智育德育实施情况教师问卷调查结果显示①，老师花费在备课的时间上来看，45.76%的老师花费时间在 5 小时以内，34.75%的老师花费 5—10 小时，19.49%的老师花费 10 小时以上，老师备课时间的差异较大。备课的时间差异也许和老师任教时间、教学经验的丰富与否有一定关联，但我们不否认备课时间的长短对教学质量有着直接的影响，哪怕是教学经验丰富的老师仍需要及时更新课件内容，跟上学科前沿热点知识，实现课堂教学的高质量呈现。

（二）教学互动性缺乏

"中国大学普遍的沉闷状态是令人忧郁的，课堂本是一个应激起大脑风暴的地方，但是它寂静得令人可怕。"② 教学互动是提升教学质量的重要方面，课堂上如果只有老师单向的输出教学，没有学生的积极参与，学生的学习状态老师没有得到反馈，无声的课堂也不能激励教师改进教学内容和方式，学生的学与教师的教呈现出脱节的状态，而当下这种"沉默的课堂"普遍出现在大学教育中。问卷结果也显示出教学互动的缺乏，22%的老师在上课过程中没有学生举手表达自己的疑惑；11.67%的老师不会在课余时间与学生进行学习方面的沟通交流。

此外，问卷结果还显示 78.33%的老师会与同事交流教学方面的经验，其余老师则选择没有交流和没考虑过交流。此项结果表明，除了师生之间教学互动的缺乏，教师之间的沟通交流也同样不够充分。也许不同学科之间老师的教学方式缺乏共性，但是同一学

---

① 后文中的调研数据皆为此项调研项目所获得的数据结果。
② 张楚廷：《大学里，什么是一堂好课》，《高等教育研究》2007 年第 3 期。

科之间，资深教师与新教师之间的沟通交流确有必要，缺乏沟通对教学内容和模式的改进较为不利，不能把资深教师与年轻教师的优势进行整合。

（三）教学知识的延展性不足

在大学教育以前的学习阶段，学生和老师都以应试为目的，以获取高分为目标，到了大学阶段，教学在提高学生专业知识的同时更要提升综合能力，硕士研究生则应以培育学习能力和科研能力为目标，但目前看来，本科生和研究生的教学情况并不能很好地提升专业学术能力，在智育方面还需要加强。从调查问卷的数据来看，95.83%的老师会选择在上课过程中对知识点进行衍生，但是20%的老师不确定衍生知识点能否启发学生进行思考；25.83%的老师在课堂上没有向学生推荐本专业的名著；30%的老师没有向学生推荐本专业的顶级期刊，以上数据结果表明，大多数老师在教学过程中会进行知识点衍生，但对衍生知识的效果难以估计，也是前文中提到的学生课堂反馈不足所带来的问题。1/4以上的老师未推荐名著或顶级期刊，也说明老师在专业知识延伸方面的不足，难以满足拓展学生知识面，降低学术更多延展学习的可能。

（四）教学与实践的系统融合性不足

从调研数据上来看，18.33%的老师不了解学校（学院）为了学生学业进步而进行的专业课程体系设计，81.67%了解过的老师中有13.27%认为专业课程体系设计没有提升学生的学习成绩。75%的老师没有属于自己的工作室让学生课余时间进行自习，其中80.73%没有工作室的老师希望有属于自己的工作室让学生课余时间进行自习。83.33%老师的学生没有参加过实践基地（企业、政府部门等组织）的社会实践活动。

从以上三个方面的数据来看，部分老师对学生专业课程体系的设计不了解，也认为专业课程体系的设计对学生成绩提升没有帮助，其从主观上对专业课程体系不了解也并不完全认可，这样会导致老师只是负责自己的教学内容，不能互相补充完善，导致专业课程教学方面存在系统性不足的问题。在课外，大多数教师没有专属自习室，硬件设施的不完善、教室的紧缺，导致部分教师不能给自己的学生提供更充足的指导，尤其是在研究生教育过程中，没有专属自习室不利于学生长期稳定地进行学术活动。从数据上看，较多学生都未参加社会实践活动，这样对于"产学研"三维立体教学模式的开展比较不利，学生未能将学习的理论知识应用于实践中，老师也无法得到教学与实践关联的反馈信息，不利于教师对学生进行更加实用和切合实际的指导，影响大学教育的质量。

（五）教学手段跟不上现实需求

当下，线上优质教育资源不断涌现，网络课堂丰富了大学生学习专业知识的途径，学生可以从网络上学到全国乃至全世界的优质大学课程，这样的情况对本校教师课堂教学质量是一个挑战，学生不再是只有线下学习这样单一的选择。近两年，由于新冠疫情的因素，教师需要进行网络教学来满足部分中高风险学生不能到校、留学生不能返校的情况，这样新的教学方式对于教学质量也是一个挑战。存在以下问题：一是教师无力控制学生的网络行为。教师对学生的此种行为监管存在困难，造成教师不细致、不全面的讲解部分课程内容的情况。二是部分教师对线上教学了解不够。部分教师由于不熟练线上操作，在进行线上教育教学时，常常出现"无声戏、独角戏"等现象，导致学生无法正常接收信息。另外，部分教师在让学生学习其他平台的录播课时，没有充分考虑学生对该视频的接受情况，缺乏足够的"原师生"交流。对处于边远地区和家庭经济较为困难的这类学子来说，信号问题、网速问题、电子设备落后问题等，导致他们不能正常参加教育教学活动。

无论优质网络课堂还是疫情需要老师线下教学，大学课堂教学手段都需要不断创新去满足时代的需求，但现实中，大学老师并非都能掌握新的技术，不能满足线上线下同步交互的需要，尤其是远程教学交互的效果较差，师生之间的互动性更低，会导致师生之间都成了信息孤岛,教学过程中产生的孤独感会导致教学效果不佳。①

(六) 教师教学的考核和评价体系不够完善

建立对教师的考核和评价体系是促进教学更好发展的有力措施。然而事实上,这种评价体系没有很好地发挥作用,甚至偏离初衷。学生的评价和教师的被评价更多的是建立在相互博弈的基础上:学生对教师的评价更多的是从自身是否考试过关获取学分来评价教师上课质量的好坏;而教师为了使自己在学生当中的评价分数不算很差,不被领导批评等,往往违心取悦或迎合学生,改变教法、降低要求。而有些老师对学生提出的意见和建议不屑一顾,也不愿意做太多的改变,依然老教法、老办法,导致学生对老师提出的意见和建议没有起到作用,反而易激发师生之间的矛盾,久而久之对教学评价打分也变得无所谓,随便点评应付了事。教学变成教师的良心活,对学生负责一点的教师或许舍得花些精力去改善教学,否则变成"下课就算是完成任务,应付到学期结束万事大吉"的任务式教学。

二 学生维度

(一) 专业知识水平薄弱

问卷调查的结果显示,76.97%的同学专业学习成绩一般,更有9.02%的同学认为自己的学习成绩不好。63.93%的同学觉得自己学习方法存在问题,24.72%的同学讲不清楚是否存在问题。从以上结果可以看到,专业学习成绩一般的同学占了大多数,并且很多同学认为自己学习方法是有问题的,但他们能否找出问题并很好地解决是一个难题。如果学习方法有问题但又没有及时解决,或者找不到很好的方法解决问题,那么就会形成恶性循环,学生在大学、研究生学习期间专业知识体系的构建较为薄弱,知识基础打得不牢固,更难以进行创新。

---

① 陈涛、巩阅瑄、蒲岳:《探寻社会化意义:大学生在线教学交互及其对学习效果的影响——基于334所高校在线教学的调查》,《高等教育研究》2020年第6期。

（二）拓展知识面的主动性不足

传统课堂主要是以教师的主动讲授和以学生的被动反应为主要特征，教师注重通过语言的讲述和行为的灌输来实现知识的传授，把教学过程看成是学生配合教师完成教案的过程，教师的主导地位倾向突出，而学生的主体地位却被习惯性地忽视。在这种教学模式下课堂教学往往过于死板，学生的学习地位得不到充分的体现和尊重，严重束缚了学生学习的积极性、主动性和创造性的发挥。

从调查结果来看，41.38%的同学没有做到每天都接触较为新颖的专业知识或者观点，不断充实自己，拓宽自己知识面。73.19%的同学未看过一些专业相关的名著。78.58%的同学没有看过一些相关专业的顶级期刊。47.75%的同学表示老师上课的时候不会推荐一些专业名著，60.95%的同学表示老师上课的时候不会推荐一些专业期刊。以上的调查结果都显示，部分学生的创新意识不强，主动学习的意识不强，加上老师不会推荐专业更多的名著和期刊，在专业领域及其延伸知识的学习方面，学生缺乏"推拉力量"，只是在无形封闭的学习环境中完成最基本的学习任务，在专业学科的领域的实践和理论方面都难以进行创新探索。

（三）对教学设计的认可度不高

根据调查结果显示，59.26%的同学觉得老师上课的方式能吸引同学，能够较好地学习；17.87%的同学认为没有吸引力，不能好好学习；22.87%的同学认为不清楚。68.92%的学生认为学校（学院）有为了学生学业进步而进行专业课程体系设计，31.08%的同学认为没有。以上的结果表明，学生对于老师的课堂教学情况不够满意，对学校（学院）教学体系设计的科学性和合理性感受不深。从学生的角度来看，首先是老师的教学模式需要反思，沉闷、乏味、单调的课堂环境对学生的吸引力不足；其次是专业课程的设计上，统一的教学计划、课程会导致学习知识的重复，课程之间缺乏有机联系，交叉和延伸知识学科设置不够，接触前沿知识较少，这一系列现实情况都造成了同学对教学设计的认可度不高。

（四）缺乏学习实践的必要条件

调查结果显示，57.09%的同学指出他的老师没有属于自己的工作室让学生课余时间进行自习，其中77.58%的同学希望老师有属于自己的工作室让学生课余时间进行自习。从学校客观条件来说，难以保证每个老师都有自己专属的学生自习室，学生不能够长期专心地在一个稳定的学习环境中学习，会对老师指导的学生团队学习和科研成果产出有影响，尤其是学生扩展带来的压力让学校从硬件条件上难以满足学生的需要。

另外，64.25%的同学没有去过学校（学院）的实验平台开展相关实验活动。59.1%的同学没有参加过实践基地（企业、政府部门等组织）的社会实践活动。在实验平台问题上，部分文科专业的学生不需要此项设备条件，调研问卷在这个问题上可能设置不够完善。但后面有接近60%的同学没有参加过社会实践，凸显当下大学生缺少理论与实践相结合的机会，论文"闭门造车"现象严重，"产学研"各自发展，不能紧密协作，学生难以将学到的知识与现实结合，不能够形成交互反馈的机制，不利于学生进入社会实现所学为所用的目的。

（五）缺乏质疑精神

问卷调查结果显示，如发现老师讲错了某个知识点，只有19.81%的同学会选择在课堂上站起来给老师指出问题，16.1%的同学选择不会，64.09%的同学选择视情况而定。23.67%的同学选择在课堂上发现老师在讲重复的知识点，会给老师反馈；26.41%的同学选择不会，49.92%的同学选择视情况而定。从结果看，学生在课堂学习过程中缺乏质疑精神，部分学生对老师的教学失误情况置之不理，抱着顺利结课拿到学分的心态，多一事不如少一事，导致课堂参与度低，即便老师出现了失误，自己也不会指出来，或者等着其他人指出来。当然，学生出现这样的情况也与个人主体意识受压抑的文化传统、"师道尊严"不容置疑的思想根基等因素相关，也与重"教"轻"学"的课堂教学方式有一定的关系。①

三　高校维度

（一）资源配置不足

招生规模的不断扩大，学校在硬件设施和人员配备方面却难以满足需求，尤其是在研究生数量不断激增的情况下，实验设施、实践基地等建设相对薄弱，从师生问卷中对于自习室的需求情况就能看出来，学校在基本学习教室方面就存在难以满足需求的情况；从硬件设施和软件配备方面来看，高校在学生智育方面资源配置不足的情况非常明显；导师数量增长跟不上学生规模的增长，每个导师在教学和学生培养方面投入的时间精力难以增加。随着办学规模的扩大，高校招生人数与学科专业迅速增长。由于主校区办学规模的扩大，师资队伍的需求量急剧增大，导致师资力量不足。同时，由于校区分散，师资力量分配不均衡，导致高层次人才不能充分利用，严重影响学校的发展。

（二）课程设计不够科学

从问卷结果来看，师生对于专业课程设计了解情况及效果都不理想。而专业课程的设计以及交叉学科的教学安排需要由学校进行统筹，学校针对大多数专业课程的设计采用全国统编教材，课程设置单一，课程之间有机联系不紧密，相邻和交叉学科设置不够，对学科中必要的基础知识了解较少。学科交叉涉及多学科的知识结构、思维方式与管理流程。在学科交叉中，必须重视每一门学科专业的独立价值，关注不同学科知识间的相互影响，一门学科知识的新发现如何影响到另外的学科，一门学科的发展如何建立在其他学科的原理和进步之上，需要发现学科知识间的内在联系。比如，农林经济管理专业学生对经管理论性知识学习较多，但对"三农"现实情况，对农村社会、农业产业、农村基层治理等方面的基本常识

---

① 朱柏铭、王晓莹：《以互动式教学培养研究生的怀疑精神》，《研究生教育研究》2020年第4期。

缺乏，但这些知识涉及社会学、农学、公共管理学等学科课程，受学院限制难以整合其他学院教学资源。这样的情况普遍出现在专业课程设计过程中，学生专业课程体系受到学校硬件设备、学院体制、师资力量、考核机制等方面的限制，不能更加灵活、多元化地设置课程。

（三）创新创业实践教学薄弱

在大学教育中，仍然存在以完成课堂教学为目标的教育体制问题，难以让学生较多地参与创新创业实践教学。从师生问卷结果就能看到，较多的学生没有参加实践基地（企业、政府部门等组织）的社会实践活动，大学教育在实践环节的薄弱会让学生学到的知识与社会实际脱节，即便老师对于社会实践的现实情况较为了解，也无法替代学生进行知识应用的反馈。课程缺乏系统性、针对性、可操作性和全过程性。课程没有以创业教育的基本价值为标准，缺乏实用性和新颖性，不能体现创业教育与学科、专业及实践环节的紧密结合，未能发挥创业课程加强和改进创业教育主阵地的作用。从当前来看，高校教育过程中普遍存在校内实践环节（实验、课程设计）资源不足，校外实践环节（生产实习）缺失，校企"产学研"脱节的问题，"三维实践平台"建设非常薄弱。学校、政府、社会三位一体式的创业教育体系尚未建构起来，大学生创业缺乏相应优化的机制和环境。首先，学校内部的文化氛围、培养目标、激励导向、评价体系都未能向创业素质培养倾斜；其次，社会对创业的态度未形成支持、鼓励的氛围，这些外部环境因素对特别需要协作精神、创新精神和进取精神的学生存在较大负面影响。

（四）管理规章制度问题

在资源配置过程中，作为一种管理手段，制度有助于资源配置工作的顺利进行，实现资源优化配置的有序、高效和效益最大化。通过调查发现，高校教学管理规章制度仍不健全，主要表现在四个方面：一是管理层次职责不清晰；二是各院系缺乏教学管理自主权；三是多校区教学管理规章制度差异较大、协同困难，不能满足所有学院需要；四是教学资源配置激励与监管机制不健全，教学用房和教学实验仪器设备分配不均衡，存在需求与使用脱节现象，致使教学资源闲置与浪费。

第二节 德育中存在的问题

一 教师维度

（一）德育培育意识较弱

调查问卷结果显示，有88.33%的老师会在课余时间给学生进行交流，其他则不会；26.73%的老师对他的学生学习、生活和工作等方面不了解。在学生德育工作方面，只有35.83%的老师投入较大精力，60%的老师投入精力一般或者更少。老师对于学生德育工作的基础信息掌握不足，那么德育工作最基础和最前端的工作环节比较薄弱。虽然大学生、研究生已经具备了人生观、价值观、世界观，但年轻学生在处理事情上可能会较为单纯稚嫩，遇到困难、挫折容易出现较为极端的想法和做法，需要老师的教育引导。如果老师不能有较多的时间、精力投入在学生德育工作中，对学生的基本信息、学习生活、性格状态等情况不了解，学生也难以对老师产生信任感，老师对学生品德教育工作难以发挥作用。

另外，65%的老师认为当前家庭教育对学生德育教育有促进作用，其余老师则认为作用一般、很小或者说不清。80%老师没有经常和学生的家长进行学生德育方面的沟通交流。较多的老师认为学生家庭教育对学生德育较为重要，这也是部分老师没有重视德育培育的原因，认为学生德育的培育应更多的是家庭教育的责任。75%的老师与学生的家长没有经常沟通，作为学生德育培育的两个重要主体缺乏沟通联系，这样不利于对学生学习、生活情况的掌握。在信息沟通方式飞速发展的当下，学校、老师与家长的沟通没有因技术手段的发展而进步，甚至是直到不幸的情况发生才会见面沟通。我们经常会看到一些发生不幸的学生家长与学校、老师各执一词的报道，双方掌握学生的学习、生活、性格信息都并不一致甚至截然相反，双方对学生的了解可能都是片面的，在德育方面都存在缺失，但此时再谈学生德育工作是谁的责任义务已是为时过晚。

（二）德育工作制度建设较为薄弱

调查问卷结果显示，47.5%的老师认为所在的学校将智育与德育工作有机结合方面的工作开展得很好，40.83%的老师评价为一般，5%的老师认为较差，6.67%的老师表示不清楚情况。39.17%的老师选择学校实施过"不同年级有相对应的系统的阶段性德育规划和措施"，15%的老师认为未实施过，45.83%的老师不清楚情况。37.5%的老师对当前学校德育工作的效果评价为很强，40%的老师认为效果一般，6.67%的老师认为较差，15.83%的老师不清楚效果如何。以上的评价显示，较多老师对于学校德育工作评价较为一般，对于学习实施的德育规划和措施了解情况非常低，也未得到较多的培训或者普及，说明较多的老师对学校开展德育工作情况的不熟悉，这会导致老师在开展德育工作时具有较大的主观性，不具有系统性和规划性。同时，学校对老师的培训工作薄弱也会让老师产生德育工作不重要的认知，在本就繁杂的教学工作中难以花费更多的时间和精力进行德育工作，对学校整体德育工作产生不良影响，就会形成德育工作越来越差的恶性循环。

（三）对德育工作内容认识不清楚

调查问卷结果显示，51.67%的老师认为德育与思想政治教育是一致的，35.83%的老师认为不是一致的，12.5%的老师不确定是否一致。这样的结果说明较多的老师对于德育工作的内容是不了解的，不能分清德育与思想政治教育的联系和差异。实际上，德育教育范围比思想政治教育更为广泛，其包括思想政治教育，德育教育是对学生进行思想、政治、道德、法律和心理健康的教育。从这个角度来看，老师对于德育与思想政治教育内涵边界的不了解，就会出现老师认为学生已经进行了思想政治教育课程的学习，学校、学院对学生也进行了中国共产党理论知识、政策措施等方面的教育宣传，认为学生的德育工作已经得到开展，老师就可以不用再付出时间精力来进行德育工作，这样的误解也是造成高校德育工作薄弱的原因之一。

（四）针对老师的德育辅助工作薄弱

调查问卷结果显示，60%的老师选择所在的学校有专门为老师开设的心理辅导室和心理咨询师，15.83%的老师选择没有，24.17%的老师选择不清楚情况。老师是学校的中流砥柱，为学生传道授业解惑，但我们也要认识到老师也并非无所不知，也需要答疑解惑；老师也会面临困难问题，需要帮助和开解。老师心理的健康与否直接关系到老师对于学生培育的成败，老师的心理健康会直接影响其授课质量、师生关系，因此，专门针对老师开设的心理辅导室和心理咨询师就非常必要，60%的老师虽然知道这些的存在，但不一定会使用，那么剩余40%选择没开设或不清楚是否开设的老师就肯定没有在学校中利用这些设施条件解决自己遇到的困难问题，这对于建设心理健康的教师团队较为不利，对于学校整体的德育工作来说是比较危险的。

（五）存在老师自身道德行为失范问题

在对老师师德情况的了解中发现，老师自身也会出现价值观失衡，功利化严重的情况，在教学工作、指导学生等本职方面付出的时间精力不足的问题，对提高个人学术地位、增加物质收入、搞"第二职业"方面付出较多，也存在一些老师学术浮躁甚至弄虚作假，行为作风表里不一、团队意识淡薄、损害同事及集体利益，严重影响教师自身的师德形象，做出不好的示范，对学生的德育工作产生不良的影响。

二 学生维度

（一）学生德育成果不容乐观

1. 知行合一方面有待提升

调查问卷结果显示，对于撒谎的态度，有15.54%的同学认为撒谎可耻，不能原谅；2.9%的同学认为无所谓；6.36%的同学认为撒谎是普遍行为，不必大惊小怪；75.2%的同学认为视情况而定。然而在德育教育内容中，95.09%的同学认为重要的是诚实守信，91.71%的同学认为爱国守法最重要，勤俭节约和敬业奉献分别有84.46%的同学选择为最重要，尊老爱幼和团结友善的选择率为88.46%和88%。从这两个问题的选择结果来看，超过80%的同学对撒谎保持"看情况而定、普遍行为不必大惊小怪"这样模棱两可的态度，这是一种知行存在矛盾的情况，学生在内心中认可诚实守信是最重要的品德，然而在面对现实生活中又往往出现"双标"的态度，或者是模棱两可的情况。

2. 缺乏坚定的理想信念

调查问卷结果显示，73.19%的同学有坚定的理想信念，11.03%的同学没有坚定的理想信念，15.78%的同学选择不确定。关于是否相信自己会成功实现自己的理想这个问题，60.49%的同学认为"我相信我会成功，因为我有信念的支撑"，5.87%的同学选择"我相信我不会成功，因为我觉得我的成功与信念无关"，33.64%的同学选择"我还不知道，因为理想与现实相差太远，信念有时很空洞"。

从这两个问题的结果看来，有部分同学对于树立理想信念方面比较模糊，自身没有树立坚定的理想，对未来的成功与否与理想信念之间的关系界定也比较模糊，这对于学生来说在选择未来从事的事业，实现自我价值与社会价值的统一过程中可能会存在偏差，缺乏坚定的信念，没有正确的目标引导，可能会出现比较迷茫，随波逐流的情况。

3. 集体责任感不强

调查问卷结果显示，当面对班级团体任务时，61.92%的同学选择积极参加，3.46%的同学选择不管，34.62%的同学选择视情况而定。当个人利益与班级集体利益产生矛盾时，62.24%的同学选择以班级集体利益为主，4.75%的同学选择以个人利益为主，33.01%的同学选择视情况而定。51.77%的同学选择愿意为班级集体利益牺牲个人利益，5.88%的同学选择不愿意，42.35%的同学选择视情况而定。43.13%的同学喜欢班级集体活动，18.5%的同学选择个人活动，38.37%的同学选择视情况而定。31.88%的同学选择在班级中经常会为班级里的事操心，54.19%的同学偶尔会操心，13.93%的同学选择不会为班级操心。这一系列关于如何处理集体利益与个人利益之间的关系的问卷情况显示，对于集体活动、集体利益、集体事务的态度上，较多的同学态度比较不确定，或者不太关心，对于集体的发展来说不太乐观，而学生是集体的组成部分，集体也能为学生个体提供保障，是一个互利共赢、和谐发展的关系，但部分学生对于这样的关系没有一个客观的认识，对集体的发展不太关心，对集体的事务有一种事不关己的态度，这对于集体和个人的发展都是不利的。

4. 爱国教育仍需加强

调查问卷结果显示，60.06%的同学知道国旗、国徽、国歌的诞生故事，33.9%的同学说不清楚，6.04%的同学选择不知道。这一个问题的情况就说明在爱国教育、党史教育方面仍需加强，在宣传、普及方面仍需加大力度，让同学们对于国家历史、常识知识有基本的了解。

当身边有人对祖国不敬时，70.15%的同学选择"据理力争"，5.87%的同学选择"无奈离开"，21.4%的同学选择"心中愤慨，但不做表现"，1.53%的同学选择"辱骂甚至殴打对方"，1.05%的同学选择"没有太大感觉"。在这个问题上，有70%以上的同学选择"据理力争"是让人非常欣慰的，但有1.53%的同学选择"辱骂甚至殴打对方"这并不是一个好的处理方式，甚至会有些极端，违背了爱国教育的初衷。

（二）老师对学生德育关注不足

调查问卷结果显示，71.1%的同学选择老师对德育这一块的知识强调的多，19.08%的同学认为不多，9.82%的同学选择没关注。

58.37%的同学认为老师在和同学沟通时经常注重理论联系实际，能及时对学生进行道德教育和引导，36.88%的同学选择偶尔教育引导，4.75%的同学选择从来没有。从这两项数据来看，学生感受到的老师在日常教学引导方面时对德育工作花费的时间精力不够，学生对老师德育工作的频率和教育方式评价都不乐观，部分老师不经常进行德育知识的强调，也不经常用理论联系实际的方法来引导教育学生，这就让学生德育工作在关键的课堂教育环节显得较为薄弱。

(三) 学生与家长、老师沟通不足

调查问卷结果显示，第一，关于学生与家长的联系方面，52.98%的同学认为"我不主动和父母交流我的学习和生活情况"这种情况不符合自己的实际，28.34%的同学认为符合实际情况，18.68%的同学选择了说不清。第二，关于学生与老师的联系方面，42.27%的同学选择所接触的老师有经常找其谈心，并给予指导和帮助，47.18%的同学选择没有，10.55%的同学选择不记得。28.42%的同学认为老师对其学习、生活和工作等方面了解得很多，42.19%的同学认为老师了解得很少，11.84%的同学认为老师一点也不了解，17.55%的同学表示说不清。第三，在处理问题方面，"在过去的人生旅途中遇到挫折和坎坷时，您是怎样解决的？"这个问题，41.27%的同学选择"向长辈或同龄人求助"，56.48%的同学选择"自己勇敢面对，直到问题解决"，2.25%的同学选择"任其发展，一蹶不振"。

从以上第一和第二两个问题的情况来看，有较多的学生存在和父母沟通不足，与老师沟通也不足的情况。我们不否认这些同学可能与同学、朋友等同龄人有更多共同的话题、有较多的沟通，但这些不能完全替代与老师、家长之间的沟通交流。尤其是在面对问题、困难的处理时，家长、老师的建议可能会从长远、大局的角度来出发，会更注意对学生身心健康、长期发展的影响。但是如果学生与家长、老师日常沟通不足的时候，家长、老师对学生的心理状态、生活学习情况都不够了解，学生在遇到问题、困难时就很可能不会选择像家长、老师倾诉和寻求帮助，家长、老师也难以给出适合学生的建议，出现第三个问题的情况也是合理的，更多的同学会选择自己来面对，也有很少的同学选择消极的态度。从沟通不足的情况来看，家庭与学校在学生德育方面的作用都需要加强，同时，家庭与学校之间的沟通也存在不足，家庭、学校、学生三方互联沟通情况不容乐观。

另外，在师生关系评价方面，76.41%的同学认为当前您所知道的师生关系融洽，21.9%的同学认为师生关系一般，1.69%的同学认为师生关系比较紧张。这一方面的数据结果也凸显问题，如果21.9%和老师关系一般的同学并不影响其正常学业的进行、不影响其日常生活、心理状态的情况，在调研的1242位同学中有21位同学选择师生关系紧张，从数据上无法判断是学生的问题还是老师的问题，但这样的情况会让我们思考，师生关系的紧张情况是否会影响到他们学习、生活的进行，是否会影响他们的心理状态，老师在德育方面是否会不发挥作用或者发挥着负面作用，学院或者学校是否能介入，妥善处理这样的问题，让师生关系缓和、化解矛盾。这样的情况并非个例，当学生遇到紧张的师生关系时，在大学、研究生学习阶段对其智育、德育都有较大影响，需要寻找妥善解决的方式方法。

（四）对德育教育内容认识模糊

调查问卷结果显示，62.08%的同学认为德育与思想政治教育是一致的，25.52%的同学认为不一致，12.4%的同学表示不确定。这个问题与教师对德育教育工作内容认识模糊的情况是一致的，从源头来说，老师都不能对德育和政治教育有清楚的认识，那么学生又如何能够清楚地辨别其中的联系和差别，这个问题需要从学校层面来解决。

三 高校维度

（一）高校在德育制度体系建设方面不够健全

从以上老师和学生在德育教育方面的问题，部分问题并非是老师和学生本身的问题，而是由于学校制度体系不健全而导致的。比如部分老师对学校德育与智育工作之间的联系不了解情况，对当前德育评价一般，老师开展德育工作的辅助条件不完善；部分学生对德育内容不清楚，认为老师在德育工作方面不重视等。这些问题的根源来自学校上层德育制度建设的不完善，没有形成良好的德育教育机制、管理机制、反馈机制，老师德育工作没有制度依托和支持，也没有制度管理和推进，德育教育从老师传递给学生的内容就比较薄弱。

（二）高校对老师德育工作的支持力度不够

由前面的内容可知，部分老师没有单独的学生自习室条件，就缺乏一个稳定的空间地点与学生做较多的沟通交流；老师缺乏心理辅导作为德育工作的辅助工作，帮助老师开展德育工作。德育工作的内容和形式应该是多样的，而在这方面的工作经费也较为缺乏，老师也难以开展频繁、多样的德育工作。同时，在社会发展较快的当下，学生接收到信息迅速而繁杂，学校在德育教育上的方式与内容的转型跟不上时代的变化，在硬件和软件条件上很难为老师及时地提供帮助和指导，会造成老师德育工作在硬件条件的落后，德育教辅资料内容上也不能跟上现实的需要。

（三）高校对德育工作的关注度不足

高校在教师教学质量评估方面有比较完善的体系建设，对学生学习、参与活动等方面有详细的评价指标体系，但是对老师德育工作效果的评价、对学生德育情况的了解都没有细化成体系的考评机制，这样会造成老师更关注能够提高其绩效考核水平的工作内容，学生也更关注能够如何提高其成绩、提高其评优评奖等次的学习内容，老师和学生对德育工作会因学校的不重视带来的传导效应，继而也同样忽视德育工作，甚至会出现一些"有才无德"的学生，为了学术成果、评优评奖在规则上"打擦边球"、在成果和积分上弄虚作假，从根本上会对学校的综合教学质量造成不良影响。

（四）高校与学生家庭沟通联系不足

在前面的问卷中，80%老师没有经常和学生的家长进行学生德育方面的沟通交流；而学生也有47%认为不常和父母沟通或者说不清沟通的频率。这两个问题综合来看，老师认为学生家庭教育对学生德育较为重要，老师会认为学生会与家长进行较多的沟通，家长与学生之间应该有密切的联系。但现实情况是有很大一部分学生与家长之间的沟通并不密切，在一些新闻报道中采取了极端方式处理自身问题或者同学矛盾的学生，其家长与老师对学生的情况都不了解，对学生基本情况的评价描述往往各执一词甚至完全相反，这种情况就是由于学校与学生家庭之间缺乏沟通，学生在学校和家庭所表现出来的性格都是较为片面的，隐藏了其真实的想法，学校和家庭的不沟通让各自成为信息孤岛，难以帮助学生解决其面临的问题和困难，对学生的德育、智育工作都比较不利，甚至会影响其一生的发展。

第三节 提高高校人才智育水平的对策建议

先从教师和学生主体入手，继而总结到学校层面；在对策建议方面将会先从高校维度分析，从上至下、从总体到局部地提出做好智育工作的建议。

一 高校维度

（一）完善制度设计，为培养高质量人才提供制度保障

实现高等教育智育水平的提高，首先要从制度上明确人才培养总体目标定位、人才培养模式、人才培养质量评估等方面，制订详细的发展规划和具体的实施方案，明确学校各职能部门和教学单位、研究机构的主体责任。同时，学校层面加强组织建设，明确培养单位在智育方面主体责任，进一步促进学院领导、教师、辅导员深度参与学生培养过程，实现全员参与智育工作，形成典型案例并进行人才培养经验总结，实现由点到面的示范带动效果。[1] 完善人

---

[1] 王焰新等：《高校"三融合"人才培养模式的理论与实践》，科学出版社2020年版，第105页。

才培养评价体系，优化对老师教学工作、学生学习情况的评价标准制度。对老师的教学评价，要从高质量教学入手，促进老师重视"三尺讲台"的重要性，提升老师教学情况对其个人职称、评优、提拔的影响程度，制定激励措施引导老师重视日常教学工作。对于学生的评价，在重视其学业成绩的同时，要考虑多元化评价方式，将科研成果、创新创业、党团学生工作、社会实践等综合能力纳入考评机制，让学生从多方面获取知识，多维度提升能力。欧美发达国家对建设"协同创新综合体"非常重视，并从政府服务体系、政策法规、人力资源科研经费投入、政产学研结合方面给予全方位的支持。建议在全面深化改革中，仅以健全有利于推动科教融合校企合作的法律法规、政策制度和资源投入保障机制，支持"科教融合综合"建设，完善机制，调动人力资源，发挥制度政策的优势。

（二）完善学科发展规划，树立科学的培养目标

1. 坚持学科合理规划

第一，科研与教学相结合原则。高等学校的教学与科学研究是相互促进、相互影响、相辅相成的两个方面。教学带动科学研究，科学研究促进教学。通过科学研究，对某些问题有所发现，有所创新，并创造大量的研究成果，这样，教师在教学中将科学成果不断转化为教学内容，让学生经常接触最新的科学研究技术和学术成果。第二，共性与特色相结合的原则。高等学校不仅是培养专业人才的摇篮，而且是开发研究成果和发展高新技术的重要阵地，大力开展学科研究是提高办学水平，增强高等学校综合实力的长远目标。但研究特色也是高等院校的核心竞争力，一方面，研究特色是核心竞争力形成和发展的结果；另一方面，研究特色也是核心竞争力形成的重要基础。科学研究特色是目前高等学校赖以长期生存和发展的基础，高等学校要基于实际情况、科技前沿和高等教育发展前沿来确定自己的科研定位。第三，基础研究与应用研究相结合原则。高等学校的科学研究既是基础研究，又是应用研究，两者既相互区别，又相互联系，共同构成科学研究的结构体系。高等院校在

谋划科研工作时，应正确处理基础理论研究与应用技术研究的关系，坚持分类指导，科学确定科学研究重点，优化配置科研资源，实现学校科研研究效益的最大化。有条件兼顾基础研究和应用研究的高等学校，如综合性高等学校，要重视基础研究，加强应用研究；而工科院校，应用研究的比例要高于基础研究，但不可忽视基础研究；即便是职业院校也应重视基础研究，以培养理论型的技能人才。第四，经济效益与社会效益结合原则。高等学校的研究成果必须克服华而不实的所谓"礼品、样品、展品"的状况，要加强推广应用，使一定的人力、物力、财力的科研投入，实现最大化和最佳的经济和社会效益。既要讲究经济效益，增加科研成果的数量，缩短科研周期，又要充分考虑社会效益以及教育意义，提高科研水平和教育成果的质量。第五，人文研究和科学研究相结合原则。人文学科研究与自然科学研究相融合的趋势日益明显，两者在研究思路、研究方法等方面相互借鉴和互补。现实中，越来越多的问题需要人文社会科学研究和自然科学研究人员共同研究，例如人与自然和谐发展的问题，人口、经济与环境、资源可持续发展利用等问题。因此，高校要积极创造条件，在政策引导、机构设置、制度环境、人员配置等方面，促进人文社科研究人员与自然科学研究人员相互学习、相互借鉴，实现人文社会科学与自然科学协调发展。

2. 树立科学培养目标

在培养高素质人才的时候，高校应该注重以市场为导向，全面分析和了解社会和企业的发展情况，进而使培养出的人才满足国家和社会发展需求。随着国家高新技术发展，产业结构调整的背景下，人才培养逐渐成为社会发展的重要助力。因此高校需要根据社会发展特点，来对学科人才的能力、知识和素质给予针对性、系统性培养。当学生进入高校的时候，应该对人才的市场需求给予准确的定位。不同方面人才培养要求存在一定的差异，而且不同阶段、不同时期的培养目标也不尽相同，因此高校应时刻重视调整自己的教育结构，与社会发展和市场变化相适应，避免培养千篇一律的流水线产品。

3. 优化课程体系设置

高校应该加强理论课程与实践的结合，有效提高学生的知识运用能力。在理论体系与课程结构设置的时候，需要将人才培养的具体要求与课程教学相结合。要重视实践对于理论知识的吸收促进作用。在进行课程设置的时候，应该尽可能减少课程的重复性，增加课程的实用性与时效性，为社会培养全面的具有创新技能的人才。高校应该重视提升实践课程的实操性，尽可能增强学生解决问题的能力。高校培养的人才要在知识储备和实践技能上更好地适应社会发展的需要，以及经济发展的需要。强化学科专业基础课的学习。要强调各专业的基础课的职业性与规范性，通过科学的规划与精心的设计，使学生通过专业基础课的学习不断拓宽其专业视野，具备其专业眼光，培养其专业敏感性，从而为学生具备创新能力与创新素质奠定坚定的专业基础。全校课程向每个学生开放，每一个专业开设的课程是有限的，但如果全校课程都向每个学生开放，那将极大地丰富课程资源，增强课程的选择性。

（三）完善基础设施条件

1. 提高教学硬件设备建设水平

在硬件设备方面，完善设备设施、提高设备的性能对教学的质量很有益处。比如能在教研室或课堂上配备音响设备，声学、光学实验室的仪器要能为音乐现象作科学论证，让科学实验进入公共音乐课堂，对于提升学生学习的兴趣、提高音乐课的教学质量非常有帮助。积极投入资金，建立"产学研结合"综合实践基地。丰富扩充学校图书馆资源，特别是馆藏数字资源库，这是当前大学生们获得知识数量最多，速度最快的方式。强化学生阅读书籍和文献检索的习惯，从而整理他们思维的构架，让他们学会建立自己的知识链。学生宿舍公寓园内也有一定的活动室和学习室，方便学生课余的学习与学生组织、研究讨论会的活动。

2. 提升信息平台和技术作为在线教学的重要保障

随着后疫情时代的开启,线上教学的方式显得越来越重要。目前,在线教学的平台问题不仅是平台的数量与功能,平台的直播功能、回放以及音频等功能都会影响学生的在线学习体验,还存在平台的稳定性、优化、系统、服务器等方面的问题。要进一步优化平台,学校还应完善系统、优化服务器以及对硬件设备进行网络的稳定性改进。此外,由于学生所处的地区不同,学习的硬件设施条件参差不齐,学习效果也存在较大差异,因此,上课前学校需要调查学生的设备和网络环境情况。[①]

(四) 加强与社会资源的合作

1. 加强学校—企业科研合作联系

"高校"与"企业"相结合是市场经济发展的必然产物,是现代高等教育发展的一种趋势,更是以综合特征的现代科技发展的客观需要。可以建立高校与独立研究机构为中心的高科技开发区、科技孵化器;针对某学科领域组织的高等院校与企业联系在一起的工程研究中心;建设教学、科研、生产联合体,这种联合体是生产力发展到较高水平的产物,结合的方式是多种多样的,还有技术咨询、技术培训以及技术转让等,要根据双方的条件和需求而定。美国硅谷、剑桥科学园的成功经验表明,高等院校特别是高水平研究型大学是高新技术产业的生力军,是促进科学与经济联系的重要渠道。高校具有得天独厚的资源优势、地域优势、智力优势,由高等学校提供技术资料、设计规划和研究成果,由企业承接工艺技术、试制样品,这种形式有利于学科的建设和发展,有利于科研成果迅速转化为生产力,为产业升级换代和区域经济发展做出重大贡献。

2. 提升国内高校之间科研合作能力

在我国,高等学校已成为国家科技创新体系中的重要组成部分,

[①] 钱璇:《我国理工科高校培养高素质创新型人才的重要途径》,硕士学位论文,首都师范大学,2009年。

随着科研活动集团化趋势不断加强,高校之间的科研合作日益增多。高等学校应协同其他高校一起参加地区综合开发、重大的综合研究任务、行业的技术改造和引进技术的消化、吸收与创新研究,根据科技、经济、社会协调发展的需要而发展变化。

3. 重视国内高校和国外高校科研合作

高等学校在开展国际科研协作和学术交流方面具有特别有利的条件。目前我国已有许多高校与国外不少高校建立了双边合作关系,如北京大学参与 AEARU(东亚研究型大学协会)、APRU(环太平洋大学联盟)和 IARU(国际研究型大学联盟)等,为加强国际的交流与合作发挥了重要的作用。哈佛大学医学院联合康奈尔大学以及美国和中国的其他大学,创建了"CUSBEA 留美项目",开创了中美大学联合培养研究型博士的时代。[①]

二 教师维度

(一)提升教师自身水平,提升课堂质量

1. 保持广泛的阅读和思考的习惯

任何科学研究都要以已有知识为基础,脱离已有知识的科研只能是空中楼阁。高质量的大学教学要求教师广泛阅读。阅读不仅可以深化教师对所教学科知识的理解,提高教学质量,而且可以使教师拓展学科知识的宽度,从而能够更好地理解整个学术领域,做出更有原创性的学术成果。目前,大班讲授式教学在减少,小班研讨式教学在增多。教学形态的改变也对教师提出了更高的要求和更大的挑战,要求教师有更丰富的知识储备,因为教师永远不知道学生会提出什么样的问题。在这种情况下,教师只有坚持广泛阅读和深入思考,才能使自己在与学生研讨时显得从容不迫,游刃有余,不仅可以把最新知识介绍给他们,而且还能引导他们积极思考和深入探索。教师广泛而又深入的阅读,特别是为准备课程大纲和讲义等对文献进行的系统性阅读,也非常有助于提升自己的科研。麻省理

[①] 韩延明:《高等教育学新论》,山东人民出版社 2012 年版,第 223 页。

工学院经济学家理查德·斯默兰西写道:"我已经发现教学很有价值,因为它总是要求我去组织、提取和评估大量的文献,我的很大一部分论文所解决的问题,都是在准备文献中发现的有待解决的问题。"

2. 加强对学生的了解

从教师的角度来讲,教师的教学过程就是备课、教学、批改作业、学生辅导、考试,都是围绕教材这本书;从学生的角度来讲,学生的学习过程就是预习、听课、练习、复习、考试五个环节,也是围绕教材这本书。教学中缺少与时俱进与行动反思,这就出现了很多学者经常提及的为什么当今的课堂成为"沉默的课堂",所以"反思自觉"理应成为教育质量理念下高校教师的教学立场,要积极听取学生对自身教学的评价和反馈,系统反思教学中的"得"与"失",深入了解学生"学"的困难与"教"的问题,促进教学观念的提升。

3. 优化案例教学效果

案例教学能有效帮助学生了解在社会实践过程中的实务流程、培养适合社会发展需要的思维、掌握工作所需要的技术与方法。一方面,教师可以通过查阅教学资料收集一些经典案;另一方面,高校应鼓励教师从事产学研结合的社会实践工作,将在实践过程中的工作案例运用于课堂教学中。教研组可以以团队形式,集思广益开发一套案例,该案例应以真实事件为背景,加以适当改编,以此减少学生直接上网拷贝答案的现象,促进其主动思考讨论。尽量用一个经典案例串联所授课程的核心知识点,以期达到少而精的效果。

4. 严格执行大学课堂教学标准

从定性描述来看,就是要吃透教学内容,精准把握教学体系前后逻辑关系,了解学术前沿并融入教学过程,清晰界定教学的难点,突破学生理解障碍,使学生兴趣浓厚,教学氛围浓郁。这些定性描述可以转化为以下定量表达:在学科专业上,所授课程与所学专业的切合度高,依托教材又超越教材,一般有不少于3本最新参考教材，通晓该课程基础知识与基本理论，掌握不同教学单元的学术问题，对近年来本领域的主要学术期刊、硕士或博士学位论文有所了解，熟悉最新技术标准或成果转化现状。在教育专业上，能够清晰表达并依据现代教育理念进行教学设计，教学目标具体明确，符合课程目标，教学内容重点突出，教学方法符合课程与学生特点，以精讲精问促精思精练，能够考虑学生的个别差异，知晓基础薄弱的学生并施加特别影响，突出问题导向，启发学生创新思维，能够全面评价并提升学生的核心素养。在团队协作上，有明确的团队制度与稳定的团队成员，积极参与该课程的教研科研活动，主动请教老教师或指导青年教师，教学方案或教学改革经过团队讨论并获得支持。在教学方式上，结合学生的学习诉求与学习愿望，利用现代信息技术改革传统讲授式教学方式，探索实施混合式教学、探究式教学或讨论式教学，促进学生深度学习等。

（二）重视教学过程中的体验和实践

1. 教师引导学生积极参与实践探索

无论是课程的设置还是知识的学习都应该重视直接经验的获取。重视直接经验，从课程上讲，就是要把学生的个人知识、直接经验、生活世界看成重要的课程资源和课程价值；从教学角度讲，就是要鼓励学生对教科书进行自我解读、自我理解，进而进行一定的批判和反思。与此同时，教师应尊重学生的个人感受和独特见解，使学习过程成为一个富有个性的过程；从学习角度来说，就是要把直接经验的改造、发展作为学习的重要目的，间接经验要适当地整合，否则，就会失去其教育意义和发展人的价值。

2. 正确地看待学生已有知识在认知过程中的作用

在过去的学习观中，人们倾向于认为学生具有的知识、经验是零碎的、狭隘的。这些知识、经验往往与课本知识相冲突，所以，学习过程中应尽量排除或避开原有知识、经验的干扰。然而，原有知识、经验正是学习过程中加工、调整的对象，否认原有知识、经验，就是否认学习过程。因此，在学习中应高度重视原有知识、经验的作用。教师必须从学习者的经验出发，在教学之前认真考虑学习者原有的知识经验，使知识落在学生"最近发展区"，并与学生的实际生活经验紧密结合。

3. 要重视知识的情境性

知识本来就产生于某种特定情境，产生于知识发现者的生活与精神世界，产生于研究者的个体知识，产生于争论、协商。由此可见，在知识的发现过程中，知识是活的、不断变化的。因此，对于教材的设计来说，其根本任务就是要立足于学习者的生活与精神世界，重新创造和恢复知识的活力。与此同时，教师在教学过程中应适时给学生提供独自组合、批判和澄清新旧知识差异的机会，进而建构自己新的认知结构；教师要创设良好的学习情境，建构适当的问题情境，注重现有教学内容的调整，使学生在认知上产生冲突，从而发挥学生的主动性、积极性和创造性。

（三）积极引导学生转变学习方式

1. 教师应积极转变角色意识

网络时代的知识将引发教育观，特别是学习观的重大变革，这种变革正是以网络为基础的。网络时代的学习是学生独立自主学习的活动，网络中有著名教授编写的教材，有最新的前沿的科学自然知识，有丰富的人文景观，有多学科的交叉领地，因此，关注学生学习过程中自主性与独立性的培养对转变学习方式有非常重要的作用。教师要充分相信学生的能力，把自己定位于学生学习的组织者、引导者，而不是知识的化身，以权威自居。由此可见，学生学习方式的转变与教师的引导和影响有直接的关系。但值得强调的是，在基础教育阶段，对待学生的独立性和独立学习，还要有一种动态发展的观点，从教与学的关系来说，整个教学过程是个"从教到学"的转化过程，也即从依赖到独立的过程。在这个过程中，教师的作用不断转化为学生的独立学习能力；随着学生独立学习能力由弱到强的增长和提高，教师的作用也就发生了质的变化，最后是学生完全的独立。

2. 正确处理各类学习方式之间的关系

教师应积极引导学生根据知识类型、课时计划等实际情况，依据优势互补原则，正确整合运用各类学习方式，尤其是要正确处理接受学习与探究学习之间的关系。接受学习与探究学习是两种不同的学习方式，两者在知识获得方式、心理机制、思维过程、师生作用等方面都存在着明显的差异。正是这些差异决定了它们之间相互制约、相互促进和相互补充的关系。因此，教师在教学中要努力达成不同学习方式之间的整合、平衡和最佳结合状态，根据教学的实际需要和学生学习方式的多样性、差异性和选择性等特点，在接受学习中引入探究方法，在探究过程中融进学习，从而使传统的演讲法、实验法、启发分析法、模仿记忆法等中小学常用的"接受性"教学方法与现在所倡导的自主、合作、探究学习方式有机、高效地结合起来，优势互补，取长补短，以求更好地促进学生发展。

3. 要不断探索多样化的学习方式

当代知识观背景下所提倡的学习方式的转变，绝不意味着用一种方式代替另一种方式，即用自主学习代替他主学习，用合作学习代替个体学习，用探究性学习代替接受性学习，而是强调学习方式由单一性转向多样性，由片面的分割转向全面的整合，从而让学生了解和掌握更多的学习方式，实现学习方式的多样化，目的是从根本上树立起"一切为了学生"的观念，促进学生知识与技能、过程与方法、情感态度与价值观的整体发展。

4. 教师要增强沟通意识

通过访谈我们发现，有的被访者认为导师对其较为关心，导师对其人际沟通能力有着积极的影响。有的被访者和导师比较生疏，认为导师对其人际沟通能力没有任何影响。因此，全体教师都应该有意识地增加与学生之间的沟通，帮助他们解决人际沟通方面的困难。同时，教师应加强自身修养，增强与学生的主动沟通，鼓励学生勇于表达自己的观点。同时要注意以平等、真诚的态度与学生进行沟通，通过言传身教培养学生的沟通能力，帮助学生学会自尊和尊重他人。要将教师与学生之间的沟通情况、学生心理健康工作的开展情况纳入教师评价考核的内容中，最终确保学生的健康发展。

（四）教师队伍建设与创新能力培养

要培养出具有创新能力的学生，一流的教师队伍建设是关键。打造一支符合自己办学定位、彰显自己办学特色，年龄结构、学历结构、职称结构都比较合理，整体素质比较高的师资队伍，对于培养与造就创新型人才是非常关键和十分必要的。

1. 实行公平公正的评分制职称评价标准

着重完善职称系列，将不同领域范畴的职称系列分类分层进行整合，以能力本位为导向，根据不同专业领域进行分类设置，形成科学健全的评分评价机制，使人才队伍结构更趋合理。高校应以同专业专家的评价进行改革，不同专业领域的教授对于本专业的学术并未有深刻了解，会导致无法做出公正客观的评价。

2. 要建立健全科学的考核评估工作系统

考核评估工作系统的建立过程是高校对人才培养质量进行检测的优化过程，在日常的教育教学与管理工作中，要根据创新基金、项目的完成情况、校企合作项目的孵化情况、学术论文的发表情况、国家专利的申报情况、学术活动的开展情况等，并根据考核评估的结果对优秀创新型人才和创新团队进行实时奖励。在此基础上，高校对创新型人才的培养与造就还要不断地增加平时考察、作品评估、解决问题等评估项目的权重，也有利于激发学生的创新热情，淡化标准答案意识，促进学生创新能力的发展。

3. 实施导师负责制的同时，加强教师指导小组建设

研究生创新能力的培养，只靠一位老师的力量是很难实现的。因此，发挥教师的集体指导作用，实行由导师负责的指导小组制也是非常重要的。通过对学生教学和科研的集体培养，让不同学术背景、知识结构、研究方向的教师共同指导学生，不但有利于学生博采众长，提高学术水平，也可以相互补充，弥补教师个人知识上的欠缺，有利于进一步提高教学水平和质量。

三 学生维度

（一）积极参与党团学生工作、社会实践，提升综合能力

学生的情感体验就是要求学生亲自去经历，用自己的心灵去感悟。有了情感体验，学习过程就不仅仅是知识增长的过程，同时也是身心和人格健全与发展的过程。学生只有通过自己的体验，达到对知识的理解和获取，才能实现思维的发展。缺乏学习者对知识的体验，这样的知识是僵化的，很难实现迁移的惰性知识。而且，学生通过亲身体验得到的知识和技能等，其影响比教师单纯的说教要深远得多。第一，鼓励大学生参加校内实践活动，培养大学生实践能力。大学生在课堂学习之余，适当参加校内的实践活动，既能丰富大学生的大学生活又能使大学生在活动中提高社会适应能力。第一，加大体育锻炼，在拥有健康体魄的同时，也能锻炼心理素质。除了必要的体育课程外，多鼓励参加校际体育比赛或校园体育俱乐部，在比赛中培养应对挫折的能力；在俱乐部的活动中培养人际交往能力、心理适应能力及责任感。第二，参与大学生社会服务活动，培养社会服务能力。我国高校大学生的社会服务意识比较淡薄，而美国高校中社会服务能力被当作考察合格大学生的标准。大学生社会服务能力的培养，不仅能锻炼大学生的服务意识、工作能力、社会适应能力，更能为部分优秀学生提供就业机会，提高高校的就业率，保障了大学生就业的成功率。大学生志愿者可以为社会分担照顾老年人、残疾人等需要帮助的人，这些社区服务活动也能够帮助社会缓解压力，能够培养大学生的人际交往能力，培养大学生的社会服务意识和能力，让大学生的自我价值得到实现，培养了大学生的社会责任感和自信心。

（二）主动利用学习资源，提升对内外资源的整合能力

在"灌输式"教育中成长的中国学生，进入大学后往往还是习惯于"等靠要"，学习态度比较被动。所以从对大学生的入学教育开始，就要帮助学生对院校环境形成积极认知，帮助学生分析实现自己学习目标需要哪些资源支持以及从何处去获取这些资

源，个体对外部资源的内化以及对内外资源的整合是这一过程的关键。将外部资源内化和整合为内部动力，让外部资源与自身内部需求形成一个相互促进的良性循环，将院校支持充分"为我所用"，以更加积极主动的姿态"求学""乐学"，促进自身的成长与发展。可以通过对信息源相关知识的学习，了解各种信息源的内涵、特点及作用，利用互联网强大的功能与丰富的信息资源，进行信息的获取、分析、评价、总结。对计算机、搜索引擎、多媒体实践操作能力的培养，具备初步的信息能力，也就是能够针对不同的文献资料信息能够选择相宜的信息源，从而提高整合资源信息的速度和效率。

（三）明确沟通的价值，增强人际沟通能力

目前高校学生人际沟通能力整体状况不理想。首先，师生沟通过程中，硕士生与老师缺乏主动性。其次，硕士生人际沟通的实践效果不理想。另外，通信软件的盛行对于传统的面对面沟通产生了冲击。要想促进个人"知行一致"，首先，个体需要认识到为什么要培养人际沟通能力，因为认识是行动的驱动力，所以硕士生应主动学习人际沟通理论，明确沟通的目的和价值，树立正确的交往原则，形成正确的沟通观念。其次，老子说"知人者智，自知者明"，所以只有正确地认识自我，才能认清楚自己在群体中的角色。个体要树立自主意识，使得自己在沟通的过程中既不显得自卑，也不显得自负，从而与人进行良好的沟通。通过树立正确的沟通理念，加深对自我的认识，与外界建立起良好的人际关系，提升个人的人际沟通能力。让沟通能力成为自我学习的迫切需要，积极地与父母和室友同学进行沟通，积极地参加学校举办的活动，并可以根据自身的兴趣参与设计各种活动。要打开交友圈、走出舒适圈、走向外面的世界，加强与外界的沟通交流。例如，参加演讲比赛、辩论赛这类既锻炼表达能力又锻炼胆识的比赛，克服害羞胆怯的心理，打破"不敢说""不会说"的困局。同时积极地参加运动会、校园马拉松等这类既能强健体魄又能培养团队精神的活动，强健的身体有利于形成积极乐观的心态。

（四）培养质疑精神、钻研精神

后现代知识观认为，知识具有"不确定性""境域性"和"价值性"，教育的最终目的是培养创造者。这就意味着学生在学习知识的过程中也应该遵循知识的"不确定性"原则，学会用质疑的眼光看待知识，试图对习惯性的"偏见"和给定的"习惯"发出挑战，强化意识的批判来增强反馈。新颖性能够引导对已有知识以真正革命的方式予以改造，使之超出教的范围。任何单一的解释只是知识的必要不充分条件，有可能错过知识的多维视角和不同的意图，多种观点看待事物可促使观点之间相互作用，而每一种不同的解释都可能产生特殊的价值并产生转变性发展。知识的批判是对知识更充分的反思和诠释，对概念、论点的基础进行合理分析，知识的发展需经过质疑和假设，不断地进行"批判性检验"和消除错误。学生在课堂上的知识与学生的认知能力大致相当，有能力批判与反驳所学的知识，并大胆猜想，提出新的假设。在意识到知识具有持久性的同时，保持有思想、有条理性的质疑和探究精神。自主探索行为是培养对待知识理性思考态度的关键所在。课堂已成为结合学生实践活动，运用自己的经验批判与质询的场所。学生应激励、引导大胆地质疑问难的意识，成为独立自主的批判学习者，注重求知过程，激发自主学习的热情，注意把对知识的理解和质疑引入具体运用上来，从而使得个性尽情表露。

（五）培养自我教育与创新能力

高校学生能不能取得创新性成果，成为具有创新精神的人才，其自身的素质与能力是起决定作用的。因此，高校在培养过程、加强有利于研究生创新的环境建设及导师队伍建设的同时，要加强研究生自我教育，端正学习动机，克服功利心理；不要以固定的模式看待事物，要树立科学的怀疑精神；克服想走捷径的不良习惯，树立兢兢业业、不怕困难的攀登作风；克服对权威的过分迷信，在继承的基础上敢于突破和超过前人；克服自我束缚的缺陷，不断拓宽知识面和研究领域；克服怕失败的心理，勇于在失败中总结经验，开拓前进。培养创新意识。通过高校课堂教学和课外活动等方法来培养创新意识。学生积极主动去解决问题，寻找与他人不同的解决路径，标新立异，不墨守成规。锻炼创新思维，学会用发散性的思维去思考和解决问题。多参与类似"创业计划大赛"的培养创新思维的活动，乐于创新、勇于创新。鼓励创新行为，用新的思维去思考问题时，要将创新思维转化为创新行为。这样才会更有创新的动力，让创造力、想象力得到充分的发挥。当然这些素质和能力是在长期的实践中锻炼和积累起来的，"千里之行，始于足下"，每位学生都应从小事做起，从大处着眼，努力把自己培养成为创造性人才。①

（六）参与大学生科研项目，培养学生科研能力

科研活动能够培养大学生独立思考能力、学习能力、人际交往能力及心理适应能力，因此，科研活动对培养大学生社会适应能力有不可磨灭的作用。我国高校对大学生科研能力的培养比较薄弱，高校的科研活动也很少要求大学生参加。高校应多建立适合大学生的科研项目，制订本科生科研计划，鼓励大学生参加科研活动。也可以让大学生建立自己的科研计划，学校、教师提供金钱和技术的指导，鼓励大学生将自己感兴趣的问题及研究付诸实践。高校可以建立本科生参与科研活动的制度，将本科生科研活动算入大学生的学分中，这就保证了本科生参加科研活动的积极性。以科研项目为依托培养学生的创新能力，可以借助科研项目具有价值的研究课题、丰富多元的科研资源、广阔的科研平台，为学生开展科研活动提供有利的条件。在这一过程中开阔学生的眼界，增长见识，发散思维，实现创新意识与创新能力的有效提升。学生通过经历一个完整的科研项目过程，可以在一定程度上提升个人的综合能力和自信

---

① 周志平、郭素珍、张明轩、陈兰新、张星辰：《高校学生科研与创新实践能力的培养》，《教育理论与实践》2010年第24期。

心,这对学生今后的就业、创业都具有十分重要的指导意义。①②

第四节 提高高校人才德育水平的对策建议

一 高校维度

(一) 确立高校德育环境优化的先进理念

一是要树立以人为本的德育环境意识,这是由德育的目标决定的,也是德育需要与时俱进,不断更新发展的内在要求。二是要打造全面、开放的德育环境,要以社会为依托,全面地考虑学生德育工作所面临的积极和消极因素,以开放的态度建立社会、学校、家庭、学生四位一体的德育体系,建立起能够积极地与社会、与时代互动的德育模式,让学生能够真切地感受到理想状态与现实社会的差距,在学生完全进入社会之前能够有所适应和准备,便于学生以后更好地工作和学习。同时,学校德育工作又能够引导学生在价值观多元化、现实社会复杂化的情况下,面对生活工作中出现的诱惑、面对困难和挫折的时候,能够树立正确的价值观、世界观、人生观,建立稳固的理想信念,增强抵御错误观念和腐朽思想的能力。③

(二) 完善高校德育制度建设

德育工作的高效开展离不开科学完善的制度建设,教师对于智育和德育的工作开展是基于学校培养制度来进行的。一是优化制度环境首先高校要根据《中华人民共和国教育法》《中国普通高等学校德育大纲》《中共中央关于进一步加强和改进大学生思想政治教

---

① 鲁俊蓉:《以科研项目为引导的高职学生创新能力培养分析》,《现代职业教育》2021年第30期。

② 韦化、唐纪良:《以科研促进实验教学改革培养学生的创新精神和实践能力》,《中国大学教学》2008年第3期。

③ 李化树:《现代德育论》,西南交通大学出版社2013年版,第147页。

育的意见》等法律文件的要求，建立强有力的德育工作管理体系和良好的德育工作运行机制，设立专职部门和领导负责德育工作，制订长短期结合的全面的德育实施规划。二是建立学校德育综合评估制度，对老师的德育工作开展情况进行测评，建立与学生互动的德育教育反馈机制，及时了解学生对德育教育的需求与建议，及时进行德育教学改进。三是建立学生德育综合测评制度，了解学生的道德教育开展情况，建立知识自测和学生互评相结合的评价体系，将德育测评结果作为全面评价学生综合素质能力的重要组成部分，与智育考核制度相结合，全面地多维度地对学生进行评价。

（三）配齐高校德育基础设施条件

德育工作的开展实施和智育工作一样需要高校在硬件和软件条件上为老师和学生提供保障。一是要为老师和学生进行德育活动提供必要的活动场所，例如专门的心理辅导室及心理咨询师，可以为师生提供专业的心理健康课程和心理咨询服务；有条件的学校可以为老师及其指导学生提供固定的工作室，或者建立流动的灵活的教师工作室制度，让老师能够在舒适的环境中与学生进行德育教育工作，尽可能地为老师和学生提供便利的条件支持德育工作。二是将传统教材和网络资源相结合，通过视频、图片、图书等多种形式，为教师提供德育工作的教辅资料，在提升教师德育水平的同时为教师提供德育教育辅助资料，提升教师在德育教学过程中的教学水平。三是高校德育要加强人力投入，除了教师、辅导员是学生德育工作的最核心的主体外，校领导以及党政群工团、各行政部门都要参与其中，在人力资源方面为德育工作提供保障，实现全员联合参与德育工作的目标。四是高校要发挥带动引导学生党团组织、学生会、社团发挥德育工作积极作用，为其提供必要的制度保障和经费支持，鼓励开展多样化的德育活动，让学生自己组织、参与积极向上的德育活动，有利于提升学生综合能力，更加深入了解德育的内涵，有效地实现高校德育环境优化的目标。

第七章　智育德育视角下高校人才培养存在的问题及对策建议 / 259

（四）全面提升教师德育工作水平

提高人才培养质量，关键在于教师队伍建设。高素质专业化的学术德育工作队伍是提高高校德育质量的基石。一是开展高校德育高质量教师队伍建设，要确保教师师资力量在数量上有保证，达到德育工作开展合适的师生比例，根据学校教职工数量、教职工工作性质合理分配德育工作任务，根据教职工的不同工作职能从不同角度发挥作用，既要确保老师有足够的时间精力完成德育工作任务，又要实现全方面地保障学校深入开展学生德育工作。二是学校要为教师提供丰富的德育教学培训活动，需要先加强高校教职工队伍的道德建设，提升教职工的职业道德水平，以其自身为榜样通过学识魅力和人格魅力，在学生德育工作中发挥表率和榜样力量，潜移默化地影响和教育学生。高校要建立和完善教职工德育教学培训制度，通过岗前培训、日常培训、专题培训和骨干培训相结合的方式，多渠道、多种形式、分层次开展多样化德育教学培训工作，并通过设立相关基金课题和德育教学比赛等活动，通过资金资助和奖项鼓励等方式对优秀德育工作者在科研和晋升方面给予倾斜，促进教职工对德育工作进行研究，展示优质德育工作成果，通过典型优质德育案例带动全校德育工作的高质量发展。三是为优秀德育工作者搭建发展平台。高校科研在各培育单位建立德育工作队伍，按照学院、年级来完善德育工作组织架构，鼓励专职辅导员通过在思政教育、心理教育、就业指导、创业辅导、日常管理等方面为学生提供德育教育活动，推动辅导员德育工作的专业化和日常化发展，为辅导员德育工作搭建发展平台，通过举办辅导员评优评奖活动让他们有更多展示、学习、交流的机会，增强辅导员在德育工作的积极性，提升辅导员德育工作能力。

（五）做好高校德育工作宣传引导机制

在信息高速流通的时代，高校做好宣传引导工作十分必要。媒体的多样化、技术的先进化让学生接触的信息十分丰富、传递信息十分便捷，但信息传递的迅速和内容的繁杂是双刃剑，需要学校做好宣传引导工作，让师生在德育方面能够接收正面和积极的信息。一是高校要加强媒体宣传体系建设，将视频、图片、文章等通过公众号、小程序、电脑网页、电视节目、广播等载体对师生进行日常德育宣传教育，为师生提供德育相关的报纸、杂志、书籍等印刷出版物，在校园内设置专门的宣传栏、宣传橱窗或者张贴海报、宣传画、宣传语的形式来进行德育教育知识的宣传和普及，让高校师生随时随地能够感受到学校进行的德育宣传。二是高校在宣传引导德育时，重视通过现实事件和人物案例来进行教育，让师生对于德育内容的学习不只是空洞的话语和口号，可以有具体的人物和事件来感受学习，比如宣传全国道德模范人物的事迹，宣传全国高校师生的典型案例，或者宣传本校师生的先进事迹来让学生能够找到身边的榜样，更加具备学习和参考意义。三是高校要重视舆论引导工作，重视高校舆论环境，在自由开放的舆论环境中，通过倡导积极向上的德育环境，进行正面的舆论引导，加强舆论监督和管理，促使学习舆论环境的优化，育人环境的优化，对提升高校德育实施效果有显著的实用性。

（六）实现高校与社会德育教育功能相结合

高校为师生提供服务地方经济社会发展的平台，利用假期社会实践和实习项目等方式组织发动师生深入基层，利用自己的理论知识去服务地方，让学生在实践过程中感受德育教育。一是高校学生具备了一定的专业知识，可以到基层政府、企业中开展服务和交流学习，硕士、博士研究生可以开展技术支持和专业咨询服务，让学生通过服务政府、服务群众和"产学研"结合的活动来实现学以致用的目标，充分发挥个人价值，在实实在在的工作中提升其社会责任感。二是高校可以通过组织公益活动，关爱和帮助社会弱势群体，设立志愿者管理部门，开展支教、捐助、文化辅导、心理辅导、义工服务等方式进行帮扶，建立志愿服务档案，记录参与志愿服务师生开展的时间、内容、形式、次数以及心得体会、收获感悟等内容，通过志愿服务实现服务社会和德育教育的双重目的。三是鼓励师生建言献策，关注社会民生发展问题。通过学校组织、老师带动、学生积极参与社会经济事务的实施情况，关注社会发展的热点和难点问题，进行深入调研和学习思考，发展问题并找到解决办法，积极为政府建言献策，让学生积极参与社会管理中，在整个思考过程中潜移默化地学习德育知识。①

（七）完善高校与家庭联合机制

当前高校规模不断扩大，学校在德育工作方面难免会存在遗漏，教师和辅导员对学生学习、生活、工作等方面难以面面俱到，只是依靠高校来开展德育教育工作任务十分艰巨。家长在学生德育教育中扮演着重要角色，加强高校与学生家庭之间的联系就非常必要。一是高校和学生家长之间要建立联系机制，让学生家长对学校有一定的了解，学校和家长在德育目标、方式和理念协调配合，才能形成有效的合力，从而有力地促进学生品德、个性和能力的完善和提高。二是高校可以建立学生档案，将现代的管理方法结合科学的方式，通过网络、媒体、实践活动和专题教育等方式应对良好的外部环境。建构家长参与学校学生管理的平台，促成学校、家长、社会教育网络的形成，对提高学校教育管理工作的针对性、时效性，对促进学生全面发展具有十分重要的作用。鼓励高校或者培育单位设立家长座谈会，通过视频会议或者由家长代表开展德育沟通交流会议，建立与家长沟通的平台，及时了解学生出现的异常情况，将问题在初期解决，避免出现不良影响。②

二 教师维度

（一）提高对学生德育工作的重视程度

如果说学校是德育实施的主阵地，那么课程就是德育实施的主渠道，老师是德育课程实施的主体，提升老师对于德育工作的重视

---

① 本书编委会：《德育理论探索与实践育人体系建设》，中共文史出版社2014年版，第77页。

② 马鼎鑫：《高校"知行合一"的德育教育研究》，硕士学位论文，中北大学，2014年，第45页。

程度就非常有必要。"师者，传道授业解惑也"，这句韩愈的经典名句就告诉我们，老师的首要任务是在于德育。当下，高校老师的教学考核目标明确，规则详尽，老师会重视专业知识教学任务而轻视了德育教学工作，老师需从根本上重视德育工作，以培养德才兼备的学生为教学目标，继而才能在智育的同时做好德育工作。

（二）提高个人思想品德水平

苏霍姆林斯基提道："不管教育方针定得如何好，也不管校长有哪些规定，学生的情况最后还是取决于教师。"教育家加里宁也说："教师的世界观，他的品行、他的生活、他对每一现象的态度，都这样那样地影响全体学生。"教师的思想政治素质和职业道德水平直接关系学校的德育工作和学生的健康成长，关系国家的前途命运和民族的未来。从教育强国、教师兴国和人才强国的高度来看，师德建设具有重大意义，也对新时代提高教师的思想政治素质提出了更高的要求。一是教师应提升职业认同感、教育使命感和社会责任感，以培育优秀人才、建设先进文化和推进社会进步为己任，始终站在时代前列，将努力成为学生满意的好老师作为毕生追求。二是教师坚持以德立身、以德立教和以德立学，自觉抵制各种错误思潮和腐朽思想文化的侵蚀。三是教师应树立中国特色社会主义理想和马克思主义信仰，在教育工作中始终坚持正确的政治方向，在大是大非问题上立场坚定、旗帜鲜明。四是教师应积极参加"扶贫、扶智"和"传播真善美、抵制假丑恶"的教育实践活动，接触社会、了解社会和服务社会，不断提高认识、分析和解决问题的能力。五是教师应拥有积极向上的心态，提升德行和规范行为，坚守师德底线和追求高尚境界，积极发挥教师职业的作用，正确处理职业关系，以学识风范和人格魅力教育感染学生，从而为国家发展和社会进步立德树人。[①]

（三）将德育教学融入课堂教育

教师是与学生频繁接触的德育施育者，要运用好课堂主渠道，

---

① 糜海波：《论现代师德发展的三重意》，《高等教育研究》2021年第1期。

将德育教育融入教学全过程。习近平在全国思想政治工作会议上强调:"要用好课堂教学这个主渠道""使各类课程与思想政治理论课同向同行。"德育工作与思想政治课的情况有异曲同工的地方,德育也要利用好课堂教学这个主渠道,做好德育知识进教材、进课堂、进头脑的工作。一是要把好德育内容"进教材"的起点关。要将丰富的德育知识融入各类教材之中,高校教师还可以组成团队,编写德育知识辅助教材或大学生学习读本,使大学生对德育知识能够学而能见、学中常见。二是要把好德育知识"进课堂"的核心关。无论是德育专职教师还是专业课教师,都要在学懂弄通德育教育内容的同时,将教材话语转化为教学话语,根据课程性质和学生需求精心准备,以学生喜闻乐见的形式完成课堂教授。三是把好德育知识"进头脑"的目的关。"进头脑"强调的是入脑入心,这需要教育者花心思、用技巧,将德育知识与大学生的利益诉求相结合,使其想学、想听,更能够学有所得、学而能用,如此才能切实地内化于心,自觉地外化于行。[①]

(四)提高网络技术的使用能力

要利用好网络主战场,实现德育教育融入网络时空。随着网络技术的飞速发展,高校都已实现了互联网全覆盖,大学生更是众多网民群体中的"主力军"。开展学生德育工作绝不能忽视网络空间这个主战场,一定要将德育内容全面融入校园网络之中,实现德育教育的"全天候在线",多元互动平台的搭建和推进对师生德育共同体的形成至关重要。首先,老师与学生之间在网络上组成灵活多种形式的互动小组,例如学习活动交流小组、职业计划训练、学业规划发展小组、兴趣指导成长服务小组,鼓励师生之间沟通交流学习、生活、工作情况,实现师生学习共同体的共生互学、教学相长,增强学生的归属感和认同感。其次,老师要与时俱进地利用网络技术,通过网络

[①] 龙献忠、胡义尹、陈方芳:《新时代大学生文化自信:价值意蕴、问题归因与提振之道》,《高等教育研究》2019年第7期。

将德育常识、中华优秀传统文化知识、思政知识、优秀人物案例等内容借助"两微一端"来推动德育知识在网络的传播，以大学生喜闻乐见的方式来进行德育知识教学，提升学生的品德修养。

（五）增强与学生之间的德育互动

老师在开展德育工作时，要以一种平等尊重的态度来进行，老师不仅是教授德育知识，也要听取学生的意见反馈。老师作为教育者，其教授的方式与内容应与受教育者的需求相适应，需要老师理解、包容、支持受教育者的意见反馈，不能一味以完成工作任务、考核指标为目的，要以培养学生成为德才兼备的人才为目的，就需要与学生进行沟通交流，听取反馈意见来调整德育教学模式和内容。同时，老师在开展德育教育工作时，要注重普遍性与特殊性的问题，每个学生的情况千差万别，他们有不同的生活学习背景，面临不同的困难问题，对学生的德育教育需要针对不同的情况来制定教学内容，对于较为特殊的学生，要有针对性地进行德育教育，为其制订个性化的培育方案，尽可能地解决学生面临的问题，引导学生积极地面对生活学习。

（六）加强与学生家庭的联系互动

老师是与学生相处较多，并且得到学生信任的教育主体，应加强与学生家庭的联系互动。不同于大学以前的教学模式，学生在小学、初中、高中阶段，家长作为未成年人监护人，与老师、学校的联系较为密切，学生一般在成年时进入大学，在学生大学学习阶段，家长与老师、学校的沟通联系变得较少，老师与家长之间的沟通对于学生德育工作的开展非常重要，能够破解两个信息孤岛的问题。学生在大学学习阶段依旧处于人际关系简单、思想较为单纯和行为较为冲动的阶段，老师与学生家长之间的沟通对于处理学生心理问题、冲动行为等情况非常有效，能从多个方面开解学生心结，帮助其解决困难问题，建立自信，与同学、老师友好相处，两方合力帮助其树立正确的人生观、价值观和世界观。一是老师和学生家庭的沟通可以通过学校平台、微信、QQ、电话、邮箱等方式进行联系，及时沟通反馈学生情况，共同建立德育培育共识。二是老师也可以通过学校、学院来组织、参与线上线下家长会，让家长了解学生在学校的信息，了解学校开展的教育工作，彼此之间的沟通交流能够增加信任，让家长对于学校的教学工作、学生生活情况有更深入的了解，有利于家长与学校共同进行德育教育工作，提高家长参与大学生培养的积极性。

三 学生维度

高校学生作为德育受教的主体，也是主动学习德育的主体，在高校德育工作是最为重要的角色。进入高校学习的大学生、研究生大多数都已经成年，具备独立学习、思考、行为的能力，不再只是被动接受学习的对象，尤其是在德育方面，其基本的人生观、价值观和世界观都已经形成，对个人的学习生活有一定的规划，与同学、老师相处时有一定的方式方法，对处理问题时有自己的计划和打算，其自身在德育学习过程中具备了扎实的知识，需要的是进一步地提升自身思想品德素养。

（一）树立主动学习德育知识的观念

一是德育知识涵盖内容丰富，包括爱国主义教育、理想教育、集体主义教育、劳动教育、人道主义与社会公德教育、自觉纪律教育、民主与法制观念教育、科学世界观和人生观教育、心理健康、中华优秀传统文化教育、生态文明教育等方面，高校学生在日常生活学习中，其言谈举止都与德育内容息息相关，德育的学习是在日常，德育的知识是容易获取的，这是学生能够学习德育知识的客观条件。二是大学生生活学习的环境是开放性的，与社会之间的"围墙"已经打破，各种社会文化思潮和价值观念不断地涌进大学校园，向学生扑面而来。学生面对的社会环境的复杂，信息传播的迅速繁杂，难免会受其影响，由于老师、家长甚至同学并非时刻都可以提供帮助，那么学生德育自我学习教育就显得非常重要，学生的自我教育就能提升自身思想品德能力，抵御不良信息和情绪的侵蚀。德育的自我教育需要学生保持积极的学习态度，主动学习德育知识，要增强道德意识，树立道德责任感，提高自觉学习德育知识的自觉性和主动性，追求高尚的道德境界，实现"修身"的目标，提升自身思想品德素养。

（二）积极主动地进行朋辈互助沟通交流

高校学生的德育水平不仅影响其在校期间智育效果，更影响其日后的生存与发展。在学生的德育工作方面可以参考中山大学在心理健康教育方面的"大学生朋辈互助心理辅导模式构建项目"。一是学生与朋辈之间开展互助交流，与专业德育教育相比，朋友互助具有自发性、义务性、亲情性、友谊性，能够有效促进德育教育的开展实施。朋辈教育需要学生主动积极地参与，因为学生既可以通过培训作为"同辈德育辅导员"提供服务咨询，也可以作为咨询者进行交流学习。二是组织参与朋辈德育教育活动，学生之间能够更加深入地了解德育教育，同龄和年龄相当的同学通常会有更为接近的价值观念、经验、体会，共同的生活方式、理念，关注的问题更为相似，视角更为接近。三是学生在组织、参与朋辈德育活动时，不仅可以提升自己的德育知识储备，也能在互相沟通交流中得到启发，互相学习、鼓励，共同提升自身德育修养，树立坚定的信念。

（三）加强与师长的沟通交流

在前面的问题中，我们发现学生存在着与老师、家长沟通较少的情况，在倡导学校建立校—家沟通桥梁，建议老师与家长进行交流沟通的同时，学生更应该主动地与老师、家长进行沟通，在德育方面、生活学习方面都要加强与老师和家长的沟通与交流。老师与家长不同于同辈、朋友的角色，老师和家长能够从更长远、更广阔的角度给予学生帮助，为其长远发展考虑，以自己的人生阅历给予更为成熟、合理的建议。一是学生主动与老师进行沟通交流，可以解决自己在学习中的问题与困惑，也能够从老师身上学到科学的学习方法，以及从老师的言传身教、潜移默化学习德育知识，是可以综合提升其智育和德育的有效沟通行为。二是加强与家长的沟通交流，让家长参与到学生的学习成长生活中，家长对于孩子无私的关怀与爱好能够提高学生的自信和安全感，家长给予的力量可以帮助学生克服学习生活中的困难问题，也为其提供心灵的港湾。所以，作为德育的主体，学生是在师长的教导中成长，需要学生积极主动地发现问题，不羞于向师长求助，与师长进行良性有效的沟通，来促进自己思想品德素养的提升。

（四）在实践活动中深入体会德育知识

高校学生在德育教育过程中，要积极地参加校内、校外社会实践活动，对社会进行深入了解和调查，更加切身体会我国的国情和社情。一是学生通过"助管、助教、助研"及党团工作组织、社团组织参加实践活动，能够锻炼学生的综合能力，学校的实践活动可以让学生从学校管理工作人员的角度去参与学校生活，能够让学生通过参与学校的教学、科研、行政工作充分激发学生主体意识，提升综合素质能力，也为促进学生与学院、学校之间的沟通起到桥梁作用，促进和谐有序校园管理的建设。二是学生可以通过参加学校组织的校外社会实践活动或者自主选择实践活动，参与服务基层、服务企业等活动，运用自己所学的专业知识，结合自身的情况，观察社会问题，运用科学理论和科学方法进行分析研究，总结出正确的社会观察结论，通过实践活动可以让学生学以致用，充分发挥社会价值，增强自信心。同时，获取对自身有所提升的心得感悟，学生可以通过社会实践增强自己对社会环境的适应能力、与人沟通交流的能力、协调处理事务的能力，更加真实地感受德育知识在工作中所发挥的重要作用，会帮助学生坚定理想信念，丰富学习生活开阔眼界。[①] 三是学生通过积极参与公益志愿服务是服务社会的直接体现，在支教、支农、扶贫济困、扶弱助残、学习雷锋等公益活动中可以实现巩固学习成果，深化其对价值观、人生观的认识，加深学生对于服务人民的使命感和责任感，增强学生的奉献意识。

（五）重点提升自身的思想政治素养

在前面问卷数据分析中，学生需要加强其自身的爱国主义情怀、

---

① 林滨、沈成飞、钟一彪：《"知识、价值与行动"三位一体的德育模式》，中国书籍出版社2015年版，第185页。

集体责任感，也需要提高其中华传统文化素养。一是学生提高其政治素质，可以通过加强党史学习，了解中国共产党的艰苦奋斗历史，了解国家的国情，有助于学生树立正确的世界观、人生观和价值观，有助于学生爱国爱党坚定理想信念的形成，有助于学生发扬勇于创新、艰苦奋斗、无私奉献的精神，为学生成为新时代的综合型人才奠定坚实的思想政治基础。二是学生要提高其文化素养，可以从学习中华传统文化来入手，完善中华优秀传统文化教育指导纲要对大学阶段学习优秀传统文化提出了要求，大学阶段要"增强学生传承、弘扬中华优秀传统文化的责任感和使命感""辩证地看待中华优秀传统文化的当代价值"，学生需要加强自主学习优秀传统文化，提升自身人文素养。

  在高校教育中，智育与德育是有机的整体，不可分割。对教育者的智育德育实施效果的评价实行量与质并举，发挥评价的导向、激励、凝聚等功能，不能一味以学生的成绩、就业率等量化指标为评价标准，而是让教育者充分发挥教师的价值，在平凡而伟大的岗位释放最华彩的力量。对于受教育的学生来讲，教师教受的智育、德育内容要主动适应受教育者，突出受教育者的主体地位，让智育成为受教育者提升其生命和生活价值的基础，让德育作为完善生命之学，通过人的精神塑造与建构，导向人的灵魂觉醒之本源和根基。[1] 德育与智育的有机结合，帮助受教育者完成提升人性及人的本质意义的使命，实现质的飞跃，促进受教育者自我的和谐发展或自由全面发展，拥有幸福的人生。[2]

---

[1] 雅斯尔斯：《什么是教育》，三联书店1991年版，第3页。
[2] 曾昭皓：《德育动力机制研究》，博士学位论文，陕西师范大学，2012年，第201页。

参考文献

《马克思恩格斯选集》，人民出版社1995年版。

《毛泽东文集》，人民出版社1999年版。

《毛泽东选集》，人民出版社1991年版。

《邓小平文选》，人民出版社1994年版。

《邓小平年谱》，中央文献出版社2004年版。

《史记》，中华书局2006年版。

《论语》，中华书局，2006年版。

《周易》，上海古籍出版社1989年版。

《孟子》，吉林人民出版社2007年版。

《资治通鉴》，上海古籍出版社2003年版。

丁志光：《走出课堂教学改革的认识"误区"》，《中国教师》2004年第8期。

万恒、王芳：《普通高中教师生涯指导胜任力评价指标体系的构建》，《教师教育研究》2021年第2期。

上海政法学院：《改革与思考——高校教育发展研究》，上海社会科学院出版社2009年版。

习近平：《习近平谈治国理政》，外文出版社2014年版。

习近平：《把培育和弘扬社会主义核心价值观作为凝魂聚气强基固本的基础工程》，《人民日报》2014年2月26日。

马鼎鑫：《高校"知行合一"的德育教育研究》，硕士学位论文，中北大学，2014年。

王仕民：《平衡与渗透：德育和智育关系的现代走向》，《中山大学学报（社会科学版）》2006年第5期。

王亚群：《论邓小平人才评价标准思想》，《湖北行政学院学报》2004年第6期。

王充：《论衡：效力篇》，岳麓书社2006年版。

王阳明：《王阳明全集》，红旗出版社1996年版。

王坤庆：《教育哲学：一种哲学价值论视角的研究》，华中师范大学出版社2006年版。

王忠良、张瑞丽、沈晓敏、刘梅榕、夏雨天：《"互联网+"背景下大学生创新创业实践平台建设面临的几个问题》，《教育教学论坛》2019年第47期。

王海福：《知识教育在基础教育中的地位》，硕士学位论文，华中师范大学，2009年。

王琪、章天金：《地方学生创新能力培养体系的构建与实践》，《大学教育》2021年第10期。

王策三：《认真对待"轻视知识"的教育思潮——再评由"应试教育"向素质教育转轨提法的讨论》，《北京大学教育评论》2004年第3期。

王策三：《教学论稿》，人民教育出版社1985年版。

王道俊：《知识的教育价值及其实现方式问题初探——兼谈对杜威教育思想的某些认识》，《课程·教材·教法》2011年第1期。

王道俊、王汉澜：《教育学》，人民教育出版社1989年版。

王道俊、郭文安：《主体教育论》，人民教育出版社2005年版。

王焰新等：《高校"三融合"人才培养模式的理论与实践》，科学出版社2020年版。

王瑞锦、吴劲、周世杰、张凤荔、张萌洁：《新工科背景下"信息安全系统研发"实验课程的重构》，《实验技术与管理》2020年第9期。

王瑾：《孟子德育思想对当代道德教育的价值研究》，硕士学位论文，河南理工大学，2014年。

韦化、唐纪良：《以科研促进实验教学改革培养学生的创新精神和实践能力》，《中国大学教学》2008年第3期。

中央教育科学研究所：《陶行知教育文选》，教育科学出版社1981年版。

中共中央文献研究室：《邓小平年谱1975—1997》，中央文献出版社2004年版。

尹文旺：《德育在大学生健全人格塑造中的作用研究》，硕士学位论文，南昌大学，2015年。

尹德涛、宋丽娜：《旅游问卷调查方法与实务》，南开大学出版社2008年版。

邓草心：《高校与学习型区域发展研究》，武汉大学出版社2017年版。

龙献忠、胡乂尹、陈方芳：《新时代大学生文化自信：价值意蕴、问题归因与提振之道》，《高等教育研究》2019年第7期。

北京大学哲学系外国哲学史教研室：《西方哲学原著选读》，商务印书馆1981年版。

卢梭：《爱弥儿》，商务印书馆1978年版。

叶颜春、韦斯积、刘焕兰：《态度、理念、行动——中职教师的成长之路》，北京理工大学出版社2015年版。

田会玲：《荀子道德教育思想及其当代价值研究》，硕士学位论文，西北师范大学，2018年。

田慧生：《活动教育引论》，《天津市教科院学报》1999年第2期。

冯平：《精神文明建设者的自律和他律》，《社会科学研究》1997年第2期。

冯建军：《论新时代中国特色社会主义教育理论》，《南京社会科学》2021年第10期。

冯契：《冯契文集》，华东师范大学出版社2014年版。

皮连生：《论智力的知识观》，《华东师范大学学报》1997年第

3期。

皮连生:《学与教的心理学》,华东师范大学出版社1997年版。

皮连生:《教育心理学》,上海教育出版社2004年版。

成中英:《合外内之道:儒家哲学论》,中国社会科学出版社2001年版。

成中英、曹绮萍:《中国哲学中的知识论(上)》,《安徽师范大学学报》2001年第1期。

朱才菊:《大学生思想品德的缺失与自律精神的培养》,《内江科技》2009年第5期。

朱柏铭、王晓莹:《以互动式教学培养研究生的怀疑精神》,《研究生教育研究》2020年第4期。

朱家存:《德育目标探析》,《徐州师范学院学报》1991年第3期。

朱智贤:《心理学大词典》,北京师范大学出版社1989年版。

朱熹:《白鹿洞书院学规》,庐山白鹿洞书院2000年版。

朱熹:《朱熹卷》,安徽人民出版社2019年版。

伍远岳:《知识获得及其标准研究》,博士学位论文,华中师范大学,2015年。

任碧波:《德育与智育的关系辩证》,《河南师范大学学报(哲学社会科学版)》1998年第3期。

刘玉荣、张进、韩涛、李璐、雷宇:《材料类卓越工程师人才培养的探索与实践》,《高教学刊》2018年第5期。

刘英杰:《中国教育大事典》,浙江教育出版社1993年版。

刘彦艳:《高校德育在个体全面发展中的作用研究》,硕士学位论文,宁夏大学,2015年。

刘磊、傅维利:《实践能力:含义、结构及培养对策》,《教育科学》2005年第2期。

齐永智、姜奕帆:《高校"以赛促教、以赛促学"实践教学模式探析——基于山西财经大学营销策划大赛的经验》,《山西财经大学学报》2020 年第 42 期。

关谊：《德是人才的灵魂更是执政者的根本》，《干部人事月刊》2001 年第 10 期。

江潭瑜：《"实践教育"的意义与价值》，《学术界》2008 年第 3 期。

许晓桃：《德才关系的历史审视与现实意义》，《中共中央党校学报》2014 年第 3 期。

约翰·杜威：《民主主义与教育》，人民教育出版社 2001 年版。

约翰·杜威：《我们怎样思维·经验与教育》，人民教育出版社 1991 年版。

约翰·杜威：《学校与社会·明日之学校》，人民教育出版社 1994 年版。

孙喜亭：《基础教育的基础何在？》，《教育理论与实践》2001 年第 5 期。

苏霍姆林斯基：《给教师的一百条建议》，天津人民出版社 1981 年版。

杜卡斯、霍夫曼：《爱因斯坦谈人生》，世界知识出版社 1984 年版。

杜威：《教育即生活》，上海辞书出版社 2014 年版。

杨成荣、张屹山、张鹤：《基础教育公平与经济社会发展》，《管理世界》2021 年第 10 期。

李化树：《现代德育论》，西南交通大学出版社 2013 年版。

李刚、辛涛：《基础教育质量的内涵与监测评价理论模型》，《华东师范大学学报》2021 年第 4 期。

李均、黄丹阳：《"人"的回归与高等教育研究的微观转向——来自微观史学的启示》，《江苏高教》2021 年第 8 期。

李定仁、徐继存：《教学论研究二十年》，人民教育出版社 2001 年版。

李春林、翁钢民：《一流学科的演进特征及网络协同演化机理》,《中国科技论坛》2017年第1期。

李炳慧:《略谈高校德育质量观》,《学理论》2011年第30期。

李艳:《论思想政治教育的理论彻底性问题》,《马克思主义研究》2014年第4期。

李淑文:《创新思维方法论》,中国传媒大学出版社2006年版。

吴联星:《真善美的统一:德育与智育的价值回归》,《上海教育科研》2006年第8期。

伯顿·R.克拉克:《高等教育系统:学术组织的跨国研究》,杭州大学出版社1994年版。

伯顿·R.克拉克:《高等教育新论:多学科的研究》,浙江教育出版社2001年版。

余献朝、徐静文:《关于大学生德育目标的几点思考》,《辽宁高等教育研究》1989年第3期。

冷天吉:《孔子的知识论》,《河南师范大学学报(哲学社会科学版)》2005年第2期。

宋争辉:《中国优质高等教育资源区域分布非均衡化的历史演变与现实思考》,《高等教育研究》2012年第5期。

张大良:《课程思政:新时期立德树人的根本遵循》,《中国高教研究》2021年第1期。

张孝学:《改革体育教学不能削弱体育知识技能的传授》,《成都体院学报》1985年第3期。

张金鲜:《新形势下提升大学生高质量就业能力的策略分析》,《黑龙江高教研究》2014年第3期。

张周志、李明:《师道的自觉——赵馥洁先生从教五十年纪念文集》,中央编译出版社2016年版。

张焕庭:《西方资产阶级教育论著选》,人民教育出版社1964年版。

张楚廷:《大学里,什么是一堂好课》,《高等教育研究》2007年第3期。

张新君、李铁、沈学利：《构建大学生科技实践创新能力培养体系的探索与研究》，《教育教学论坛》2016年第25期。

陆启越：《德育评价范式：内涵、类型及演变》，《大学教育科学》2021年第1期。

陈向东：《论高校"德育为先"的观念培养和制度构建》，《广西警官高等专科学校学报》2011年第6期。

陈寿：《三国志》，中华书局2005年版。

陈怡琴：《金融硕士专业学位研究生专业实践体系的构建路径探索》，《学位与研究生教育》2021年第6期。

陈涛、巩阅瑄、蒲岳：《探寻社会化意义：大学生在线教学交互及其对学习效果的影响——基于334所高校在线教学的调查》，《高等教育研究》2020年第6期。

陈理宣：《知识教育论：基于多学科视域的知识观与知识教育理论研究》，人民出版社2011年版。

陈磊、唐桂华、王秋旺、何雅玲、陶文铨：《新工科背景下能源动力专业大学生交叉创新创业能力培养机制的探索与实践》，《高等工程教育研究》2019年第S1期。

邵瑞珍：《教育心理学》，上海教育出版社1999年版。

林丹、王静、白秋晶：《改革开放以来我国中小学德育政策分析：内容、特点与走向》，《教育科学研究》2021年第2期。

林滨、沈成飞、钟一彪：《"知识、价值与行动"三位一体的德育模式》，中国书籍出版社2015年版。

拉尔夫·泰勒：《课程与教学的基本原理》，中国轻工业出版社2008年版。

罗红杰：《"以文化人"到"立德树人"的系统逻辑》，《系统科学学报》2002年第3期。

罗杰斯：《课堂行为的有效管理策略》，中国轻工业出版社2011年版。

周远清：《深化高等教育管理体制改革》，《求是》1996年第

19 期。

周志平、郭素珍、张明轩、陈兰新、张星辰：《高校学生科研与创新实践能力的培养》，《教育理论与实践》2010 年第 24 期。

周希贤：《马克思主义"三观"意识是创新素质的灵魂》，《马克思主义与现实》2008 年第 2 期。

周治金、杨文娇：《论知识与创造力的关系》，《高等教育研究》2007 年第 10 期。

郑直：《应用型本科院校学生创新能力培养的内涵与路径》，《社会科学家》2016 年第 12 期。

宗晓华、余秀兰、谢鑫：《追求有温度的指标：新时代本科教育质量评价的德育之维》，《江苏高教》2021 年第 10 期。

赵振洲：《现代西方道德教育的策略研究》，山东人民出版社 2010 年版。

赵卿敏：《课程论基础》，华中科技大学出版社 2004 年版。

胡守棻：《德育原理》，北京师范大学出版社 1989 年版。

胡金敏、谢双维：《论学生创新能力培养中教师的主导作用》，《继续教育研究》2011 年第 3 期。

胡金敏、谢双维、丁振军：《工程光学教学中培养学生创新能力模式探析》，《中国成人教育》2010 年第 2 期。

胡金焱：《创新创业教育：理念、制度与平台》，《中国高教研究》2018 年第 7 期。

胡放荣、黄新、陈满娥、陈元枝：《新工科背景下科教协同培养创新型人才的方法研究》，《西部素质教育》2019 年第 2 期。

胡厚福：《德育学原理》，北京师范大学出版社 1997 年版。

胡锦涛：《进一步加强和改进大学生思想政治教育工作大力培养造就社会主义事业建设者和接班人》，《人民日报》2005 年 1 月 19 日。

胡德海：《教育学原理》，甘肃教育出版社 1998 年版。

柏拉图：《柏拉图全集》（第二卷），人民出版社 2003 年版。

柳友荣、项桂娥、王剑程：《应用型本科院校产教融合模式及其影响因素研究》，《中国高教研究》2015年第5期。

钟柏昌、刘晓凡：《创新能力培养的学理机制与4C教学模式建构》，《现代远程教育研究》2021年第4期。

侯怀银、宋美霞：《我国德育研究的基本状况、特点与趋势——基于2010—2019年全国教育科学规划德育课题的统计分析》，《现代教育管理》2021年第3期。

郝会锁、艾秀廷：《立德树人让学生终生受益》，《人民论坛》2021年第12期。

施良方、崔允漷：《教学理论：课堂教学的原理、策略与研究》，华东师范大学出版社1999年版。

费孝通：《生育制度》，北京联合出版公司2018年版。

班固：《汉书》，中华书局2005年版。

埃德加·莫兰：《复杂性理论与教育问题》，北京大学出版社2004年版。

夏丽志：《〈圣经〉〈论语〉知识论之比较》，《齐鲁学刊》2009年第5期。

顾明远：《教育大词典》，上海教育出版社1990年版。

卡西尔：《人论》，上海译文出版社1985年版。

钱璇：《我国理工科高校培养高素质创新型人才的重要途径》，硕士学位论文，首都师范大学，2009年。

钱穆：《人生十论》，九州出版社2014年版。

徐爱瑛：《德育与智育的关系探微》，《现代教育》2015年第Z2期。

徐鑫：《"以赛促教"教学模式的思考》，《科技视界》2017年第22期。

高茂泉：《德育目标的特性》，《河北师范大学学报》1988年第3期。

高侠：《论高校人文社会科学教育》，《教育发展研究》2004年第 9 期。

郭小香：《比较思想政治教育的"比较"意蕴研究》，《思想理论教育》2021 年第 10 期。

唐美玲、王明晖、王雁：《高校问卷调查研究方法与实践》，同济大学出版社 2019 年版。

陶行知：《陶行知文集》，江苏教育出版社 2008 年版。

黄文、李文：《以学生发展为中心的学生创新能力培养模式》，《大学教育》2021 年第 7 期。

黄济：《教育哲学通论》，山西教育出版社 1998 年版。

菲利浦·科特勒：《科特勒行销全攻略》，北京现代出版社 2004 年版。

阿特巴赫：《比较高等教育：知识、大学与发展》，人民教育出版社 2001 年版。

曹成伟、刘荆洪、贺亚茹：《技能型人才创造品格与素质培养》，南海出版公司 2009 年版。

曹孚编：《外国教育史》，人民教育出版社 1962 年版。

崔喜艳、宋惠、姜秀云：《建设优良学风，做合格大学生》，《高教研究》2009 年第 2 期。

第斯多惠：《德国教师培养指南》，人民教育出版社 2001 年版。

康德：《道德形而上学原理》，上海人民出版社 1986 年版。

章志光：《社会心理学》，人民教育出版社 1996 年版。

梁平：《德法兼修：新时代卓越法治人才培养的实践进路探索》，《河北法学》2021 年第 3 期。

梁柱：《坚持德育与智育的辩证统一》，《中国高等教育》2000 年第 5 期。

联合国教科文组织国际发展委员会：《学会生存：教育世界的今天和明天》，教育科学出版社 1996 年版。

董宇艳：《德育视阈下大学生情商培育研究》，《黑龙江高教研究》2010 年第 8 期。

董纯才：《中国大百科全书·教育卷》，中国大百科全书出版社1985年版。

董焱、王晓红、牟静：《问卷调查数据分析实务》，首都经济贸易大学出版社2019年版。

蒋萍、宋瑛：《问卷调查法》，东北财经大学出版社1990年版。

韩延明：《高等教育学新论》，山东人民出版社2012年版。

覃鑫渊、任少波：《德育共同体：建构导学关系的新视野》，《学位与研究生教育》2021年第9期。

雅斯尔斯：《什么是教育》，三联书店1991年版。

傅文玉：《朱熹德育思想探析》，海南师范大学出版社2011年版。

傅丽容、王锐萍、汪继超、关亚丽、梁伟：《"三平台、三阶段、三层次"实验教学体系的构建与成效》，《海南师范大学学报》2019年第4期。

奥古斯丁：《忏悔录》，商务印书馆1963年版。

鲁俊蓉：《以科研项目为引导的高职学生创新能力培养分析》，《现代职业教育》2021年第30期。

鲁洁：《教育学》，河海大学出版社1991年版。

鲁洁、王逢贤：《德育新论》，江苏教育出版社1994年版。

童雷：《以赛促教、以赛促学——大学生实践创新能力培养模式探索》，《科技风》2020年第33期。

曾昭皓：《德育动力机制研究》，博士学位论文，陕西师范大学，2012年。

曾素林：《论实践教育——基于实证方法与国际比较》，博士学位论文，华中师范大学，2013年。

谢火木、刘李春、钟杰、翁挺：《构建"一体四翼"实践教学体系　加强本科生实践创新能力培养》，《中国大学教学》2017年第8期。

谢伟、张矛矛、曹洪军：《基于项群理论的高校体育课程思政探索》，《体育学刊》2021年第4期。

谢维和：《教育活动的社会学分析》，教育科学出版社2000年版。

雷凡：《孔子德育思想研究》，硕士学位论文，辽宁工业大学，2017年。

路易斯·拉思斯：《价值与教学》，浙江教育出版社2003年版。

鲍宗豪：《论知识：一个新的认识域》，上海人民出版社1991年版。

靖国平：《教育的智慧性格——兼论当代知识教育的变革》，湖北教育出版社2004年版。

赫斯特：《现代西方资产阶级教育思想流派论著选》，人民教育出版社1980年版。

蔡元培：《中国伦理学史》，商务印书馆2017年版。

蔡冬、闫雪：《新形势下高校大学生创新能力培养的研究》，《当代职业教育探索》2009年第1期。

蔡建培、陈桂芬、刘国宁：《依托科研办学 探索高校培养高素质人才的教育模式》，《黑龙江高教研究》2006年第1期。

蔡建培、姚玉霞、刘晓彦：《大学生创新能力自我培养的研究与探讨》，《吉林师范大学学报》2010年第1期。

薛金刚：《试论市场经济与道德行为的统一》，《天津党校学刊》1998年第2期。

薛珊、刘智颖：《在"传统"中"立新"——杜威教育论在中国高校的回响与借鉴》，《延边大学学报（社会科学版）》2020年第6期。

霍红颖、李勇：《中西"德育"概念的比较——贝雷迪比较四步法在中西"德育"概念比较中的应用》，《深圳信息职业技术学院学报》2018年第10期。

糜海波：《论现代师德发展的三重意》，《高等教育研究》2021

年第 1 期。

瞿保奎、施良方、唐晓杰:《教育学文集·智育》,人民教育出版社 1993 年版。

瞿葆奎、吴慧珠、蒋晓:《教育学文集·课外校外活动》,人民教育出版社 1991 年版。

后　　记

　　人才强国的基础在于人才培养,我们应该培养什么样的人才?如何培养人才?党的十九届六中全会《决议》提出"教育的根本任务是立德树人,培养德智体美劳全面发展的社会主义建设者和接班人"。党的十八大以来,围绕"培养什么人、怎样培养人、为谁培养人"的价值导向,习近平进行了一系列重要论述。例如,在2018年的全国教育大会上,习近平就明确提出:"培养什么人,是教育的首要问题",在人才培养过程中,"坚持把立德树人作为根本任务""要在加强品德修养上下功夫,教育引导学生培育和践行社会主义核心价值观,踏踏实实修好品德,成为有大爱大德大情怀的人。"为适应现代建设对新知识、新技能的要求,习近平还指出:人才培养"要在增长知识见识上下功夫,教育引导学生珍惜学习时光,心无旁骛求知问学,增长见识,丰富学识,沿着求真理、悟道理、明事理的方向前进"。习近平关于人才的一系列重要论述告诉我们,人才培养,不仅要增长知识,通过"知识"的学习和研究,增长人才;而且更加强调"德"在人才培养中的重要性,立德树人是根本。正因为如此,教育不仅要育"才",更要育"人";教育因人而发生,人因教育而成其为"人"。人成为"人"不在于其财富的多少,更在于其内在品格的优异。

　　依托教育部新农科研究与改革实践项目"农林学科创新创业人才培养三维实践模式",以习近平关于教育的一系列重要论述为指导,我们构建了一个人才培养的分析框架,这一框架的核心在于以知塑型,以德铸魂。通过理论分析的调查研究,对新时代的人才培养进行了较为系统的研究。参加这个项目调查和本书撰写的有娄磊、邵美婷、贾秀楠、曹豪爽、龙娇、田梦婕、史琼等，初稿完成之后，我组织大家进行了多次研讨和修改。同时，本书还是教育部全国高等学校农业经济管理类专业教学指导委员会"以德铸魂，以知塑型——德智双育视角下农经专业人才高质量培养研究"项目的成果。项目的顺利完成得到贵州大学教务处、经济学院及有关院校的大力支持，经济学院为我们的研究提供了良好工作环境，正是在大家的关心、支持和帮助下，使我们的研究任务得以顺利完成，书稿的顺利出版得益于中国社会科学出版社戴玉龙编辑积极工作和付出。在此，一并致谢！

洪名勇

2023 年 5 月 1 日